LETTRES

SUR

LES ÉTATS-UNIS

ET

LE CANADA

DU MÊME AUTEUR

Lettres sur la Russie. 1 vol. grand in-18. 1861. Bruxelles,
A. Lacroix, Verboeckhoven et Cⁱᵉ . . . . 4 fr. »

Cours d'économie politique, fait au musée royal de
l'industrie belge, 2ᵉ édition. 2 vol. in-8. 1863.
Bruxelles, A. Lacroix, Verboeckhoven et Cⁱᵉ . . . . . 12 fr. »

Les Clubs rouges pendant le siége de Paris. 1871.
1 vol. grand in-18. Garnier frères.. . . . . 3 fr. 50

Le Mouvement socialiste *et les réunions publiques*
avant la révolution du 4 septembre 1870, suivi de
la pacification des rapports du capital et du tra-
vail. 1872. 1 vol. grand in-18. Garnier frères. . . . 3 fr. 50

La République tempérée, brochure grand in-8.
1873. Garnier frères. . . . . 1 fr. 50

Typographie Lahure, rue de Fleurus, 9, à Paris.

LETTRES

SUR

LES ÉTATS-UNIS

ET

LE CANADA

ADRESSÉES AU *Journal des Débats*

A L'OCCASION DE L'EXPOSITION UNIVERSELLE DE PHILADELPHIE

PAR

M. G. DE MOLINARI

MEMBRE CORRESPONDANT DE L'INSTITUT

———

PARIS

LIBRAIRIE HACHETTE ET CIE

79, BOULEVARD SAINT—GERMAIN, 79

—

1876

A

MONSIEUR ET MADAME

CHARLES MALI

WILLOW STREET, BROOKLYN

SOUVENIR AFFECTUEUX

DE LEUR CORDIALE HOSPITALITÉ

LETTRES

SUR

LES ÉTATS-UNIS

— ET —

LE CANADA

I

LA TRAVERSÉE

A bord du Canada, en rade de New-York,
le 29 juin 1876.

C'est, si je ne me trompe, en 1838 qu'un bateau à vapeur a franchi pour la première fois l'Océan, quoique le très-savant docteur Lardner eût démontré de la façon la plus péremptoire l'impossibilité d'appliquer la vapeur à la navigation transatlantique. Maintenant, des lignes régulières de bateaux à vapeur sillonnent tous les océans, et ce n'est plus qu'un jeu d'aller en Amérique. Il y a notamment, pour le service de Liverpool, du Havre et de Hambourg à New-York, à Boston et à Philadelphie, une demi-douzaine de grandes Compagnies qui se font une concurrence serrée : Anchor line, Allan line, Cunard line, Inman steamship C°, National line, North German Lloyd, White Star line, et finalement notre Compagnie générale transatlantique, qui possède un des chevaux de course les plus renommés de l'Océan, *le Pereire*. Tous les jours, ou à peu près, on peut trouver un steamer en partance pour New-York, *et vice versâ*, et comme ces omnibus de l'Océan suivent une route presque directe, sauf une inflexion du nord au sud dans les parages du banc de Terre-Neuve, on s'y rencontre et l'on s'y croise ni plus ni moins que si l'on allait de la Madeleine à la Bastille. On s'y croise même de trop près ; cette route maritime est fréquentée au point que les abordages commencent à compter au nombre des dangers de la traversée. Un jour viendra où il faudra, dans l'intérêt de la sécurité publique, tracer sur les ondes mobiles une voie pour l'aller et une autre pour le retour. A part cette éventualité que des sinistres récents ont rendue inquiétante, et celle de la rencontre inopinée d'un *iceberg* par une nuit de brouillards, à part enfin le péril des incendies à bord, — car le feu est plus à redouter que l'eau elle-même en plein Océan, — la sécurité dont on jouit est aussi complète qu'on peut raisonnablement l'exiger au-dessus d'un abîme de 3 à 4,000 mètres de profondeur. Et quels miracles de célérité et de bon marché on est parvenu à réaliser ! Lorsque les pieux et énergiques pèlerins, *pilgrims fathers*, que chassait l'intolérance religieuse, allèrent fonder les colonies de la Nouvelle Angleterre, berceau des États-Unis, leur navire, la *May-Flower*, ne mit pas moins de soixante-trois jours pour atteindre la côte américaine. Aujourd'hui, la durée de la traversée est de dix à douze jours et on peut la faire, quand on ne regarde pas de trop près au charbon, en huit ou neuf jours. L'économie d'argent n'est pas moindre. La Compagnie générale transatlantique transporte du Havre à New-York ses passagers de 1re classe pour 575 fr. et 625 fr. selon les cabines, de 2e classe pour 370 fr., de 3e pour 200 fr., et les émigrants pour 125 fr., la nourriture comprise avec le logement ! En vérité, c'est pour rien, et l'on ne s'explique pas que la mode ne soit pas encore venue d'aller passer ses vacances en Amérique.

Je n'attendrai pas la mode, et, puisque vous le voulez bien, j'essaierai de vous raconter ce que je vais aller voir à toute vapeur de l'autre côté de l'Atlantique. Il y a douze jours, le samedi 17 juin, à quatre heures du soir, je m'embarquais au Havre sur *le Canada*, un superbe steamer de 4,500 tonneaux environ, d'une encolure solide et rassurante, filant aisément ses 12 nœuds à l'heure. 1 nœud équivaut à 1 mille, 1 mille contient 1,852 mètres et on en compte 3,200 du Havre à New-York. Les passagers de cabines sont rares, en dépit de l'Exposition de Philadelphie. La liste coquettement imprimée que

j'ai sous les yeux n'en porte que **42**; il y a en outre
34 délégués des ouvriers parisiens à l'Exposition et
120 émigrants allemands; en tout, **200** passagers
environ, dont le transport exige un équipage et un
personnel de service presque aussi nombreux; le
service de la machine seul occupe **52** mécaniciens,
chauffeurs, etc. Les marchandises n'affluent pas plus
dans la cale que les passagers dans les cabines,
quoique le fret pour New-York soit tombé plus bas
que le fret pour Londres, — **15** fr. la tonne, —
après avoir monté, aux jours de prospérité commerciale, jusqu'à **130** fr. et au-dessus. Ai-je besoin
d'ajouter que le protectionnisme transatlantique est
pour beaucoup dans ce triste état de nos relations
avec les États-Unis? Mais c'est un point qui mérite
d'être traité à part. Embarquons-nous d'abord.

A cinq heures, on fait l'appel des émigrants à qui
l'on remet leurs papiers en règle, et qui se précipi-
tent sur le pont comme un troupeau de moutons. A
cinq heures un quart, on retire la passerelle, après
avoir mis à bord les sacs de dépêches, que la poste
apporte au dernier moment; et au bout d'une demi-
heure de manœuvres laborieuses nous passons devant
la jetée, où la foule salue les partants en agitant
force mouchoirs; nous tirons un coup de canon, et
nous voici en mer. Chacun se case de son mieux
dans cette hôtellerie ambulante qu'on ne quitte
point à volonté, et cherche à s'orienter au milieu de
la petite société dans laquelle il va vivre, séquestré

de la grande. Rien de confortable comme l'aménagement d'un transatlantique. Les passagers de 1re classe ont à leur disposition une vaste salle où l'on pourrait faire danser deux cents personnes, décorée avec goût et bordée d'un immense divan en velours grenat. C'est à la fois le salon et la salle à manger. Des armatures mobiles en cuivre, supportant au-dessus des tables de longs plateaux rectangulaires où sont amarrés les verres, les bouteilles et les carafes, peuvent, à la vérité, sugg(er des réflexions mélancoliques aux infortunés qui ne se sentent pas aguerris contre le mal de mer ; mais on passe vite, on enfile un long couloir et on va prendre possession de sa cabine. Une cabine est, sans contredit, une très-petite chambre, et, circonstance tout à fait aggravante, c'est une chambre à deux lits, et même à trois lits superposés comme les tiroirs d'une commode. La mienne n'a pourtant pas moins de 3 mètres de long sur deux mètres en largeur et en hauteur ; elle renferme en double le mobilier nécessaire d'une chambre à coucher, fixé de manière à défier les soubresauts les plus inattendus. Deux bidons en forme d'entonnoir sont agrafés au rebord de chaque couchette, à la hauteur de la tête, ce qui explique la préférence que les habitués donnent à la couchette de dessus. La cabine est éclairée de l'extérieur au moyen d'une lanterne logée dans la cloison, que l'on éteint régulièrement à onze heures du soir, et le règlement du bord interdit sagement toute autre lumière. Du reste, ce réduit étroit, peint en vert clair et qui reçoit le jour d'un œil-de-bœuf, en langage marin un *hublot*, est utilisé avec une entente merveilleuse, et les propriétaires parisiens eux-mêmes pourraient s'y perfectionner dans l'art de tirer le plus grand parti possible du plus petit espace. Les passagers étant peu nombreux, la plupart des cabines n'ont qu'un seul locataire ; on replie la couchette de dessus, et, sauf les secousses combinées du roulis et du tangage, sauf le rauquement furieux de l'hélice quand le va-et-vient des vagues la fait sortir de l'eau, sauf le bruit strident et horriblement agaçant du sifflet par les temps de brouillard, on peut, en imposant à ses membres un strict alignement et en évitant soigneusement de se retourner dans ce lit que Charles Dickens comparait, dans ses *American Notes*, quoique avec une exagération manifeste, à un cercueil, on peut, dis-je, y dormir comme chez soi. D'ailleurs, à moins qu'on ne soit obligé de faire un trop fréquent usage du récipient que j'ai décrit plus haut, on n'abuse pas du séjour de la cabine; on passe la journée sur le pont, au fumoir et dans la salle à manger, où les mortels privilégiés dont l'estomac est blindé contre le mal de mer peuvent absorber régulièrement deux repas au grand complet et trois lunchs. La cuisine du *Canada* a un cachet cosmopolite en harmonie avec la clientèle qu'elle est appelée à desservir. Je relève sur les menus, qui font honneur à l'érudition composite du

cuisinier, le potage à l'andalouse à côté de la crème
de volaille à la reine, le caneton à la Sévigné faisant
pendant aux côtelettes à la Saratoga, et le carry à
l'indienne précédant le gâteau à la Madison. Que
nous voilà loin du temps où le menu ordinaire des
passagers transatlantiques se composait de biscuits
et de salaisons! Tous les jours on a de la viande et
du poisson conservés dans la glace, du pain frais et
des pâtisseries sortant du four. Aussi les gens que le
mal de mer ne rend pas absolument indifférents au
choix des mets accordent-ils une préférence raison-
née à nos transatlantiques.

Mais ne nous attardons pas dans la salle à manger, montons sur le pont, où le spectacle est aussi
animé que pittoresque au moment du départ. Le
capitaine, entouré de ses officiers, commande la
manœuvre du haut de la passerelle qui surplombe
l'avant du navire ; les deux grosses cheminées
peintes en rouge vomissent leur fumée; les voiles
demeurent carguées le long des mâts, car nous
avons vent debout, et nous le garderons pendant la
plus grande partie de la traversée. On installe dans
un box un superbe étalon de la race Orloff, destiné
au croisement des trotteurs russes avec les trotteuses
américaines ; il est maintenu debout au moyen
d'une sous-ventrière et ne se couchera qu'à New-
York ; à côté, est attaché un joli chien d'arrêt tacheté
de brun, aux oreilles frisées, qui tourne vers son
maître des yeux inquiets et pleins d'inexprimables

reproches; les passagers s'essayent à arpenter le pont en titubant; à l'avant; des émigrants, groupés çà et là, jettent un dernier regard sur cette terre qu'ils ne reverront plus; quelques-uns, encore à la mamelle, sont en train de dîner de bon appétit *coram populo*. Malgré la place dominante qu'ils occupent, les mâts, leurs agrès et leur voilure ne sont que des accessoires; le vrai propulseur, c'est l'hélice que met en mouvement une superbe machine de 850 chevaux, enfouie dans les entrailles du navire avec ses 3 chaudières à 24 foyers, qui consomment 65 tonnes de charbon par jour. Il a donc fallu en embarquer un millier de tonnes, c'est-à-dire un million de kilogrammes, et encore les perfectionnements apportés aux machines dans ces derniers temps ont-ils permis de réaliser de notables économies sur cet article. Il y a quelques années, on consommait 85 tonnes de charbon par jour pour faire seulement une dizaine de nœuds à l'heure au lieu de 12. L'économie réalisée est de près de 30 p. 100. Un autre progrès a substitué au gouvernail primitif, mû péniblement et lentement à grand renfort de bras, un gouvernail à vapeur qui fonctionne avec la précision d'un mouvement d'horlogerie. La force du bras d'un enfant suffirait aujourd'hui pour diriger ou arrêter la marche du Leviathan de fer, nourri de charbon, qui nous porte docilement d'Europe en Amérique.

Pendant toute la première nuit, le capitaine et

l'équipage ont fort à faire. A chaque instant, le son d'une trompe qui retentit à l'avant avertit de notre approche les navires — des bateaux pêcheurs pour la plupart — qui affluent dans ces parages, et qui pourraient bien, par le brouillard, ne pas apercevoir le feu rouge et le feu vert accrochés aux deux côtés du grand mât. Le lendemain matin, de bonne heure, on aperçoit la côte d'Angleterre et bientôt nous entrons dans la rade de Plymouth, dont le vaste port, fermé par un long brise-lames, abrite une flotte de cuirassés à l'ancre sous un gros fort blindé. Un petit vapeur, — Dieu merci inoffensif, celui-là ! — vient nous accoster. On débarque et on embarque des passagers et des lettres. Un jeune marchand de journaux monte à bord avec le *Wèstern Daily Mercury*, édition du matin. Le *Western Daily Mercury* ne nous apprend rien de nouveau, si ce n'est qu'une troupe d'habiles amateurs a donné la veille au public distingué de Plymouth une représentation délicieuse. On n'en achète pas moins avec empressement le *Western Daily Mercury*, et on le paye, sans marchander, 50 centimes que le *boy*, très au courant du change, consent à accepter pour l'équivalent d'un penny. N'allons-nous pas être privés de journaux pendant une éternité de douze jours? Le boy ingénieux s'en retourne enchanté de l'emploi de sa matinée, et nous continuons à longer la côte d'Angleterre jusqu'au cap Lizard, où un poste du *Lloyd*, dont l'enseigne en lettres gigantesques se voit à une distance de plusieurs milles, demande le nom du navire. On le lui donne en hissant de petits drapeaux carrelés blancs, bleus, jaunes, puis nous laissons à notre droite ces îlots mal famés qu'on appelle en anglais les Scilly, en français les Sorlingues, et dans lesquelles des savants inventifs ont retrouvé les îles Cassitérides, où les Phéniciens allaient chercher l'étain, mais qui ne sont que d'abominables chicots de rochers, placés là pour la perdition des navires. Il y a pourtant un phare à la pointe extrême du dernier roc, mais par les brouillards épais de l'Océan, même la lumière des phares cesse parfois d'être visible, et on va alors, comme au bon vieux temps, à la garde de Dieu.

Passé les Scilly, c'est la pleine mer pendant 5,000 milles ; heureusement, la traversée débute bien, l'Océan est uni comme un lac dans cet horizon mobile et flottant de 12 à 15 milles de diamètre qui forme la limite de notre vue, et chacun se berce de l'espoir, hélas ! fallacieux, d'échapper au mal de mer. C'était le dimanche soir. Dans la région aristocratique de l'arrière, les passagers américains donnent à leurs compagnons européens une leçon de gymnastique suédoise ; à l'avant, les habitants de l'entrepont jouent tout bonnement à la main chaude ou au cheval fondu ; les délégués des ouvriers à Philadelphie chantent en chœur, et quelques-uns ont de fort belles voix. Pour le dire en passant, ces délégués plus ou moins intransigeants n'ont rien de rébarbatif, et je suis heureux de trouver chez eux une modération d'idées et un détachement des vieux fétiches de la démocratie et du socialisme révolutionnaires, auxquels je ne m'attendais guère. Leur tenue est exemplaire, et je ne doute pas qu'ils ne laissent aux États-Unis une impression des plus favorables.

Donc, le dimanche soir, on faisait de la gymnastique suédoise et l'on chantait à plein gosier. Le lundi, c'était une autre gamme. La mer avait grossi, le vent faisait rage. Les lames, précipitées les unes sur les autres, moutonnaient en lançant leur écume blanche et fumante sur le fond profondément labouré de l'Océan, dont la couleur tournait du vert au gris plombé. Au milieu de ces moutons affolés et enragés, notre puissant et énorme steamer dansait, secoué comme une coquille de noix. L'avant du navire, plongeant dans la vague, embarquait de gros paquets de mer qui balayaient le pont. L'arrière se relevait jusqu'à découvrir l'hélice. On ne riait plus, et les visages se décomposaient à vue d'œil, passant les uns au jaune citron, les autres au vert. Les dames avaient disparu, et les gymnastes les plus déterminés, eux-mêmes, foudroyés par le mal, se laissaient choir inertes sur les bancs et les canapés.

C'était comme une invasion de la peste ou du choléra. Au dîner, les convives se trouvent réduits à une demi-douzaine, et ils ne s'attardent guère autour d'une table où les verres vacillent, où les plats et les assiettes s'entre-choquent, et où il a fallu coucher les bouteilles. La nuit arrive, une nuit terriblement accidentée. Cependant tout ce fracas finit par s'apaiser, l'Océan redevient calme et uni comme s'il avait voulu donner simplement à ses visiteurs novices un échantillon de son savoir-faire, et les paquets informes et inertes qui la veille garnissaient les bancs reprennent peu à peu figure humaine.

Cette épreuve subie — et elle a été cruelle — chacun s'applique à occuper son oisiveté forcée et à passer aussi agréablement que possible les longues et uniformes journées de la traversée. Mais les ressources ne sont pas précisément abondantes. Point de journaux du soir ni de journaux du matin. Aucune autre distraction extérieure que le passage d'un navire, un vol de mouettes ou d'hirondelles de mer, l'apparition d'un troupeau de marsouins ou de quelque cachalot fourvoyé. Que faire donc? On joue aux cartes dans le fumoir, on y joue même trop, et il est arrivé plus d'une fois à des joueurs malheureux de perdre, avant d'avoir abordé en Amérique, la somme qu'ils comptaient y dépenser, tandis que sur le pont on joue d'une manière plus économique et hygiénique au *coq* ou au *schuffleboard*, le palet américain adapté aux voyages transatlantiques ; on essaie de lire, on cause, et cette conversation entre gens qui ne se connaissaient pas hier, qui ne se connaîtront plus demain, n'est pas une des moindres originalités de cette vie originale. Parmi les passa-

gers, les uns sont des habitués, gens d'affaires, négociants en draps, en soieries, en articles de Paris,
qui font régulièrement quatre traversées par an ;
d'autres sont des gens de loisir qui ont passé l'hiver
à Paris, des ingénieurs en mission ou de simples
touristes ; il y a plusieurs Californiens. Ce monde
bigarré, mais plus américain qu'européen, paraît
s'intéresser médiocrement de la question d'Orient ;
en revanche, il se passionne pour ou contre l'immigration des Chinois ; les négociants maudissent le
tarif américain et le papier-monnaie chiffonné et ma-
culé de l'Union ; ils en exhibent des spécimens
dignes de Porcopolis ; enfin, on ne tarit point sur
le chapitre palpitant d'actualité des accidents et
des sinistres maritimes. Nous avons précisément à
bord un des rares survivants de l'incendie du
Golden-Gate, M. Ch..., un des *pilgrims fathers*
des placers californiens. Le *Golden-Gate* était un
splendide steamer du Pacifique. Au moment où il
allait aborder au petit port de Manzanillo, le feu
prend dans la cuisine, et en quelques minutes le
navire, échauffé par un soleil torride, n'est plus
qu'un vaste brasier, 250 passagers périssent dans la
fournaise. Quelques-uns réussissent à s'échapper dans
des chaloupes. M. Ch... se jette à la mer, muni
d'une double ceinture de sauvetage, avec une centaine d'autres passagers. D'heure en heure ces malheureux disparaissent. Demeuré seul, M. Ch... flotte
à la dérive pendant vingt-trois heures, dans ces pa-

rages infestés de requins, et il est porté par le courant à une distance de 40 milles, où une barque finit par le recueillir. Les ceintures de sauvetage servent donc à quelque chose, et nous contemplons maintenant avec un vif intérêt celles dont la sollicitude de la Compagnie a muni nos cabines. Puis ce sont des histoires palpitantes du juge Lynch, ce magistrat expéditif, qui a résolu le problème de la simplification des formalités judiciaires. Sitôt pris, sitôt pendu, comme dit le proverbe populaire. Le juge Lynch compte de chauds partisans parmi nos passagers californiens, qui se plaisent à nous faire apprécier la nécessité de son intervention et le mérite de ses procédés. Un voleur est signalé dans un campement de mineurs, où une simple toile protége la propriété de chacun, une propriété que l'on a chèrement acquise à la sueur de son front. Faut-il, en l'absence d'une police régulière, lui accorder le bénéfice de l'impunité ? Mais alors il n'y aura plus de sécurité pour personne, ou, pour mieux dire, la seule industrie protégée sera celle du vol. Que fait-on? On forme un comité de vigilance, on met la main sur l'individu que sa physionomie et ses allures désignent aux soupçons, on le juge. S'il y a un doute, on lui en accorde le bénéfice en lui administrant cinquante coups d'une forte lanière, après quoi on l'expulse du campement. S'il n'y a pas de doute, on le pend au premier arbre venu, ou à défaut d'arbre, on l'abat à coups de revolver. Aussitôt la sécu-

rité renaît et chacun se remet au travail avec tran-
quillité. Sans doute, on peut reprocher au juge Lynch
de ne pas s'être suffisamment assimilé la maxime
équitable de Beccaria : « que la peine doit être pro-
portionnée au délit » ; mais le juge Lynch n'a pas
eu le temps de pâlir sur les livres, et, d'ailleurs,
a-t-il à son service des prisons et des geôliers ?
Hourra donc pour le juge Lynch !

La question de l'immigration chinoise est plus
controversée. D'un côté, on fait valoir la nécessité
de protéger le travail national de l'ouvrier américain contre un concurrent qui travaille à moitié
prix, dont la peau est d'un jaune sale, et qui porte
une queue ! D'un autre côté, on constate qu'une
foule de travaux ne pourraient être entrepris sans
l'aide de l'émigrant chinois, et que bien des fonctions
modestes mais indispensables resteraient vacantes.
Sans lui, le chemin de fer du Pacifique ne serait
pas construit, on serait réduit à blanchir son linge
et à cirer ses bottes soi-même, la richesse croîtrait
moins vite, la vie serait moins supportable, et,
comme une conséquence finale, l'ouvrier américain
trouverait aujourd'hui en Californie un débouché
moins vaste et moins avantageux. Ce serait donc,
même au point de vue étroit de l'intérêt de l'ouvrier américain, un mauvais calcul de prohiber,
comme il en est question, l'importation des Chinois,
sauf à laisser pendante la grave affaire de la queue !
Est-ce un meilleur calcul d'opposer à l'entrée des

draps, des soieries et de la plupart des autres articles de confort, des droits prohibitifs de 60 à 70 0/0, payables en or, le gouvernement américain refusant, comme chacun sait, d'accepter aux offices de sa douane son propre papier-monnaie ? Nos compagnons américains eux-mêmes conviennent que ces droits prohibitifs n'ont pas empêché l'industrie nationale de subir depuis trois ans une crise désastreuse, et la marine marchande de tomber en pleine décadence. Ils conviennent aussi que l'exagération des droits a amené la corruption de l'administration et, par contre-coup, la démoralisation du commerce, en mettant les importateurs scrupuleux hors d'état de concourir avec les autres. Comment lutter, par exemple, avec telle maison qui importait en franchise, à titre d'objets d'art, des statues de Christophe Colomb et autres personnages majestueux et ventrus en plomb sans que la douane y trouvât à redire ?

Les journées finissent par s'écouler, et à mesure que nous descendons au sud, où nous longeons le *Gulf Stream*, la température se réchauffe. Les nuits étoilées comme sous le ciel de l'Orient, sont magnifiques ; la mer, qui a passé du vert foncé au bleu indigo, devient phosphorescente ; l'avant du navire rejette à droite et à gauche les vagues éclairées comme par des feux du Bengale ; l'arrière laisse un long sillage d'argent en fusion, où éclatent des milliers d'étincelles. Nous avons franchi sans encombre *le Trou du Diable*, une région mal famée qui précède le banc de Terre-Neuve, et «le point» que l'on affiche tous les jours à midi sur le pont nous annonce que nous gagnons décidément du terrain. Nous sommes au samedi 24 juin et nous avons fait près des deux tiers de la traversée. Mais voici que les *moutons* rentrent de nouveau en danse et qu'une brume épaisse enveloppe le navire, tandis qu'un tuyau trop échauffé l'oblige à stopper pour quelques heures, juste dans la région fréquentée de préférence par les *iceberg*, sur lesquels on raconte de lugubres histoires. On leur impute — est-ce à tort? — la perte du *Président* et de la *City-of-Boston*, dont on n'a jamais eu de nouvelles, sans parler du menu fretin des navires à voiles. Le bruit non interrompu du sifflet, le fracas des grosses vagues, les soubresauts de l'hélice agacent les nerfs, jettent pour la seconde fois la perturbation dans les estomacs et font défiler sous les yeux des passagers et des passagères impressionnables les fantômes de l'*Oceano Nox* :

> Oh ! combien de marins, combien de capitaines,
> Qui sont partis joyeux pour des courses lointaines,
> Dans le morne horizon se sont évanouis !
> Combien ont disparu, dure et triste fortune,
> Dans une mer sans fond, par une nuit sans lune,
> Sous l'aveugle Océan à jamais enfouis !

Les « habitués » ne s'émeuvent point pour si peu, et ils se moquent volontiers des novices qui commencent à éprouver, au milieu de ce désert monotone, la nostalgie de la terre. Pendant deux jours, c'est à peine si l'on aperçoit vaguement la silhouette d'un navire; pas un oiseau, pas un poisson! « Mon royaume pour un cheval! » disait Richard III; que ne puis-je dire : Mon navire pour un brin d'herbe! Allons! encore un peu de patience! Voici, en attendant le brin d'herbe, des *raisins du tropique*, de la forme et de la couleur des éponges, qui flottent en longues files dans l'eau du Gulf Stream échauffée à 22°; voici enfin qu'on juge opportun de s'occuper de la venue du pilote : les passagers américains organisent, suivant l'usage consacré, une *poule* sur le numéro de son bateau. Il y a 24 bateaux à New-York faisant le service du pilotage, et ils font parfois jusqu'à 200 milles à la recherche des clients. On distribue donc 24 numéros, et chacun de plonger avidement ses regards dans la brume. Le lendemain mercredi — hier — à huit heures du matin, on signale un bateau portant, dessiné sur sa maîtresse-voile, un 8 colossal. Le pilote monte à bord. La journée est splendide, l'Océan uni comme un lac. A quatre heures, une ligne incertaine apparaît dans le lointain brumeux. C'est la côte de Long-Island. Tous les visages s'épanouissent. Le soir, un bal s'organise à l'avant au son du violon et de la harpe de deux petits Italiens qu'un *padrone* transporte aux États-Unis comme si la traite n'était pas abolie! A l'arrière, une Adresse de remercîments à l'aimable et excellent capitaine Francheul, au commissaire et aux officiers de l'équipage, se couvre de signatures. On n'hésite pas à déclarer à l'unanimité que jamais traversée plus agréable ne s'est faite depuis la découverte de l'Amérique. Vers minuit, on jette l'ancre. Nous sommes dans la rade de New-York. *All right!*

II

NEW-YORK

New-York, le 2 juillet 1876.

Après avoir stoppé pendant la nuit dans les *Nar-rows*, passe étroite qui coupe en deux la baie de New-York, *le Canada* lève l'ancre de bonne heure, le jeudi 29 juin, et nous nourrissons le vague espoir d'arriver à terre pour déjeuner; mais nous avions compté sans la quarantaine et la douane. A sept heures, un léger steamer nous accoste, et le médecin de la quarantaine saute à bord. On fait monter tous les émigrants sur le pont. Le médecin, qui a l'œil américain, constate en quelques minutes qu'il n'y a dans ce troupeau aucun cas de choléra, de peste ou de petite vérole; il délivre une patente sanitaire au commandant et prend congé de lui. Remonté sur le pont de son léger steamer, il s'étend tout de son long sur un fauteuil de canne en fumant son cigare. Nous sommes en règle avec la quarantaine. Reste la douane, dont les officiers ne tardent pas à nous aborder à leur tour, avec les délégués des ouvriers de New-York, qui viennent souhaiter cordialement la bienvenue à leurs frères de France. La matinée est superbe, et le spectacle que nous offre la baie de New-York ne reste pas au-dessous de notre attente. Voici à notre droite la ville de Brooklyn, annexe de New-York, — une annexe de près de 500,000 âmes — dont elle est séparée par la rivière de l'Est. Sur les deux rives s'élèvent à une distance de 1,595 pieds deux tours colossales qui ressemblent de loin à des flèches de cathédrale ; ce sont les deux piles d'un pont suspendu qui va bientôt réunir la Cité Impériale avec son annexe. En attendant, elles communiquent au moyen de *ferry-boats*, bacs à vapeur, avec lesquels je devais faire bientôt plus ample connaissance et qui sont de véritables rues flottantes. Les charriots, voitures, etc., se tiennent au milieu dans une double avenue : deux galeries latérales, garnies de bancs sur lesquels on est prié de ne pas mettre les pieds, sont affectées aux piétons. Défense de fumer dans la galerie réservée aux dames. Le *ferry* est peint en blanc rehaussé de bleu ; il est surmonté de deux tourelles à clochetons avec un gros bouton doré comme des bonnets de mandarins, où se tiennent le capitaine et les pilotes. En quelques minutes on passe la rivière

au prix modique de 2 cents (10 centimes) et même
de 1 cent de cinq à sept heures, moment de la
journée où la foule des négociants et des employés
logés à Brooklyn revient de la cité. Entre la rivière
de l'Est et l'Hudson s'étend, en face de la baie où
elles ont leur embouchure, la ville de New-York,
dont la forme allongée figure assez exactement un
monstrueux requin, la mâchoire tournée vers la
baie. L'extrémité de la mâchoire, c'est la *Batterie*,
jadis un jardin, aujourd'hui un parc, au milieu
duquel s'élève la rotonde de Castle-Garden, vaste
bâtiment affecté au service des émigrants. Les dents
du requin, ce sont les *wharfs*, jetées en pierres ou
en planches, entre lesquelles se logent les navires
au long cours et, en particulier, les puissants
steamers de quelques-unes des lignes transatlantiques, une vraie forêt de cheminées et de mâts!
Des bateaux à vapeur, pour la plupart surmontés
de leur balancier, les uns, grands comme des
transatlantiques, avec deux ou trois galeries superposées dans lesquelles les passagers circulent et
prennent le frais; d'autres, petits comme des co-
quilles de noix, sillonnent en tous sens les eaux
claires et transparentes de la baie. Le premier que
nous apercevons au milieu de cette nappe azurée,
était vraiment bien nommé *crystal wave*, la vague
de cristal. Voici la jolie petite île Bedloe, couverte
d'un bouquet d'arbres, emplacement heureusement
choisi pour la statue colossale de l'*Indépendance*, qui

va bientôt s'élever là comme un symbole de la cordiale entente de la république centenaire du nouveau monde et de sa toute jeune sœur du vieux monde. A gauche, les hauteurs boisées et couvertes de villas de *Staten-Island;* dans le lointain, en face, la ville de New-Jersey, plus loin Hoboken, qui sont, comme Brooklyn, des faubourgs de la Cité Impériale et qui forment avec elle une agglomération de plus de deux millions d'âmes. Quel saisissant témoignage de la puissance de l'industrie humaine que cette concentration de population et de richesse (là propriété soumise à l'impôt dans la seule ville de New-York est évaluée officiellement à 1 milliard.154 millions de dollars) sur ce rivage dont les Indiens et les loups des Prairies étaient, il y a deux siècles, les uniques habitants ! Mais nous abordons. Un petit steamer nous transporte à quai, le *wharf* des Transatlantiques étant en ce moment occupé par le *Labrador.* Nous passons une heure à nous mettre en règle avec la douane. La visite des bagages n'en finit pas ; on se montre sévère pour les gants et indulgent pour les cigares. Voici cependant un passager qui glisse discrètement quatre pièces d'or dans les poches d'un douanier, après une négociation édifiante. Oh ! oh !... Mais ne nous mêlons point des affaires d'autrui : il faut bien que tout le monde vive ! D'ailleurs, le système prohibitif expose les agents aussi nombreux que mal payés du fisc américain, à des tentations telles, qu'ils devraient être des anges pour ne point y succomber. Ils ne sont pas des anges.

Les cochers new-yorkais non plus, et l'on ne saurait leur en faire un crime. La concurrence illimitée des *cars* et des omnibus les met à la portion congrue. En voici un qui nous demande quatre dollars pour aller dans le bas de Broadway — une course d'un quart d'heure ; — nous haussons les épaules comme de vieux routiers qui ne sont pas embarrassés de leurs bagages ; nous les avons mis à l'*express*, une entreprise spéciale qui nous les apportera à domicile pour un prix modique. Un second cocher nous crie : deux dollars. Nous demeurons sourds. Un troisième : un dollar ! A quoi nous répondons dédaigneusement : Nous prenons le car. Le cocher : Un demi-dollar — cinquante sous ! — Marché conclu. Je suis heureux de rendre aux mœurs de la libre Amérique l'estime que l'épisode de la douane avait un moment compromise, et nous voici lancés à toute vitesse dans la direction de Broadway. Mais quels cahots ! On se croirait en Russie, dans une ville de troisième ordre. Le pavé est affreux, et quoique le thermomètre marque 35 degrés centigrades, il y a de la boue dans les rues de la vieille ville. La cité de New-York est riche cependant. Que fait-elle ou plutôt que fait-*on* de son argent ? La question est plus compliquée qu'elle n'en a l'air, et j'aurai long à dire sur ce chapitre quand je serai un peu orienté. Pour le moment, nous entrons dans Broadway, la

grande arête du poisson à laquelle se rattachent les
autres, irrégulièrement en bas, à angles droits dans
le haut, où la ville prend l'aspect d'un damier.
Broadway n'est pas plus large que notre rue de
la Paix, mais elle n'a pas moins de 5 à 6 kilomètres de longueur. Elle contient autant d'omnibus,
de voitures et de véhicules de tous genres, — les
cars sur tramways exceptés, — qu'une rue peut raisonnablement en contenir ; autant peut-on en dire
des passants qui vont au trot en files serrées, sauf
aux encoignures où quelques flâneurs et chercheurs
d'aventures se tiennent attroupés. Les physionomies
accusent, par leur diversité, les éléments composites
dont s'est formée la population de l'Union, Hollandais, Anglais, Allemands, Irlandais, avec un petit
appoint des races latines. Des hommes-affiches, revêtus d'une longue chemise de cotonnade multicolore où sont imprimées les armes de tous les États
de l'Union et même de tous les États du monde, circulent, à pas comptés, au milieu de cette foule affai-
rée, avec des annonces de drapeaux en détail ou à
moitié prix, et de feux d'artifice de premier choix
pour le *Centennial*, l'anniversaire séculaire du 4
juillet ; parmi eux, un Chinois, dont la longue
queue est enroulée sur le drapeau étoilé, fait sensation. Des maisons, hautes et étroites, en briques
rouges, en pierres grises ou chocolat au lait ; des
fenêtres, pour la plupart à tabatière, comme en
Angleterre, avec des stores bleus, des contrevents

rayés et des persiennes vertes ; des enseignes en grosses lettres dorées sur fond noir, ou en lettres noires sur fond d'or ; des étalages plus compactes qu'élégants, où toutes sortes de couleurs jurent de se voir accouplées ; des pharmacies où l'on vend, avec les drogues et les médicaments du codex, du sucre, des cigares et du soda-water ; au pied des magasins, des boutiques de journaux auxquelles font concurrence, surtout aux stations des *ferry-boats*, des légions de *boys* criards, qui vont économiquement pieds nus, le tarif de l'Union protégeant le cuir national, de préférence aux pieds nationaux ; des marchands de limonade et de groseille dont l'éventaire est chargé de deux énormes saladiers dans lesquels des blocs d'une glace transparente rafraîchissent ces boissons démocratiques, à 1, 2 et 5 cents le verre très-correctement rincé ; des colporteurs *licenced* qui vendent des morceaux d'ananas, des bananes rouges, de la confiture du Liban, et que sais-je encore ? des policemen, en courte redingote bleue avec leur numéro au chapeau, qui stationnent au coin des rues, aidant, à l'occasion, les dames à franchir le torrent des véhicules de la chaussée, voilà Broadway, type le plus complet de la rue marchande américaine. Çà et là, une église et un square, où l'asphalte des allées est en train de fondre. Nous passons à côté de City-hall Parc, où se trouve le nouvel Hôtel-de-Ville, encore inachevé, dont la construction et l'ameublement ont été l'occasion de concussions scandaleuses. Les tapis achetés pour le City-hall seul auraient suffi à couvrir l'emplacement de la ville de New-York. A deux pas du City-hall se trouve le nouvel hôtel des postes, une vraie merveille, sinon pour l'architecture, au moins pour le confort de l'installation et l'admirable entente des services. Dans le voisinage sont groupés les établissements des principaux journaux, le *New-York Herald*, la *Tribune*, le *Sun*, l'*Evening Post*. J'avise une sorte d'église en briques rouges, avec sept étages de fenêtres habillées de stores bleus, et surmontée d'une haute tour à cadran : c'est le bureau de la *Tribune*. A mesure que nous avançons dans le haut de Broadway, les magasins deviennent plus vastes et plus élégants, tandis que la foule diminue. Un peu plus loin commence la 5e avenue, qui se prolonge jusqu'au *Parc central*, grand comme notre bois de Boulogne, mais formant un rectangle d'une régularité absolument mathématique. Ici point de magasins, rien que des demeures aristocratiques, plus que jamais couleur chocolat au lait, dans le style des hôtels du West-End de Londres.

Un de mes amis de New-York m'a offert dans son cottage de Brooklyn une aimable et cordiale hospitalité ; mais on ne revient de New-York à Brooklyn qu'après que les affaires sont finies, de cinq à sept heures. En attendant nous allons prendre un lunch, à la mode américaine. Nous entrons dans une cave, où il y a un *bar*, qui n'est pas sans analogie avec le comptoir de nos marchands de vin, sauf une barre sur laquelle s'appuie le consommateur. On vend là toutes sortes de bières — parmi lesquelles les bières américaines tiennent un rang distingué, et une infinie variété de *drinks* glacés. Il y a partout profusion de glace. On sait que les États-Unis en expédient de nombreuses cargaisons jusqu'aux Indes Orientales. Au fond de la pièce, se trouvent des *boxes* pour les consommateurs qui veulent luncher à part; mais ils sont peu nombreux. La plupart se hissent sur des tabourets de quatre pieds de haut devant une table longue et étroite; on leur sert des mets froids ou chauds, parmi lesquels je note les *clams*, coquillages délicats, grands comme une huître d'Ostende. On emmagasine les *clams* dans des blocs de glace creusés au milieu en forme de boîtes; on les en retire et on les ouvre devant vous. Vous les arrosez de *lager bier* glacée, vous vous essuyez les mains à des serviettes suspendues de distance en distance, le long des hauts tabourets, et en cinq minutes vous avez fait un lunch que priseraient, — sauf peut-être le détail de la serviette, — les plus fins gourmets. Si vous êtes curieux de connaître les derniers cours de la Bourse ou les nouvelles les plus récentes des Conventions du parti démocrate à Saint-Louis, et du parti républicain à Cincinnati, qui viennent de désigner, la première Tilden, et la seconde Hayes, comme candidats à la prochaine élection présidentielle, il y a au milieu de la pièce un petit télégraphe sur lequel un ruban sans fin est en train de se dérouler. A mesure qu'il se déroule, vous voyez une petite roue activement occupée à y imprimer des lettres et des chiffres. Ce sont les nouvelles, et la merveilleuse machine vous les donnera jusqu'à huit heures du soir, sans aucune augmentation de votre addition. Cette addition vous ne la payez pas au garçon. Il vous donne un ticket dont vous soldez le montant à la caisse, et ni là ni ailleurs, — la douane exceptée, — on ne sait ce que c'est qu'un pourboire.

Mais voici venir l'heure de la fermeture des bureaux, prenons le *stage*, autrement dit l'omnibus du *Fulton ferry*, dont la tête de ligne est à l'embarcadère de la rivière de l'Est. C'est un omnibus légèrement construit, peint en blanc et en bleu, sans oublier un merveilleux paysage représentant, tantôt une amazone élégante, tantôt un *stage* emporté par quatre chevaux fougueux. Par cette chaleur accablante, le cocher, abrité cependant sous un immense parapluie en laine de lama plus ou moins authentique, — *guanaco umbrella*, — le cocher ne presse point ses chevaux ; mais, en contemplant ce paysage excitant, le voyageur pressé a du moins le sentiment de la vitesse. Maintenant, à qui payer le prix de la course ? Il n'y a pas de conducteur. Une inscription plusieurs fois répétée vous prie de déposer, en entrant, 10 cents dans une boîte placée bien en vue, au fond de l'omnibus. Si vous n'àvez pas de monnaie, tirez le cordon d'une sonnette fixée à côté de la boîte. Le cocher vous remettra dans une enveloppe fermée, jusqu'à concurrence de deux dollars de monnaie. Vous ouvrez l'enveloppe et vous mettez dix cents dans la boîte.

Il ne semble pas que ce système — dans lequel le public se contrôle lui-même — donne lieu à des fraudes, et il a l'avantage d'économiser un conducteur. Nous traversons la rivière de l'Est sur le *ferry bòat*, et nous voici dans une rue ombragée d'arbres et garnie de jolies maisons proprettes, dans le style des cottages anglais. Dans ces demeures tranquilles on se croirait à mille lieues du brouhaha de Broadway, et pourtant on peut y communiquer d'une manière presque instantanée non-seulement avec New-York, mais avec l'Europe. Un télégraphe, appartenant, comme celui du *bar*, à une Compagnie particulière, est installé dans la chambre à coucher. Il suffit de presser à toute heure de jour ou de nuit un bouton pour appeler un messager qui arrive au bout de quelques minutes prêt à porter un télégramme, une lettre, un paquet, à aller chercher un médecin, etc. Pressez deux fois le même bouton, c'est un agent de police qui accourra ; pressez-le trois fois, et vous ne tarderez pas à entendre le triple galop des chevaux qui amènent les pompiers et les pompes. Le tout moyennant un loyer de 2 dollars 50 (12 fr.) par mois, plus le paiement des messagers, à raison de 15 cents la demi-heure, et sans aucun frais d'installation. Est-il nécessaire d'ajouter que la télégraphie est une industrie libre aux États-Unis, et que l'idée d'en faire un monopole du gouvernement n'entrera jamais dans une tête américaine?

Mais ma journée n'est pas finie. Je suis gracieusement invité à assister au dîner annuel de la réunion des Chambres de commerce, chez Delmonico, au coin de la cinquième avenue et de la quatorzième rue. Je m'habille à la hâte, et me voici au milieu de cent ou cent cinquante gentlemen en cravate blanche, dans les grands salons du célèbre restaurateur, décorés des armes des États-Unis et de l'Angleterre (des délégués anglais et canadiens assistent à la réunion), ainsi que de nombreux drapeaux; j'y remarque le drapeau français, et le drapeau vert avec la harpe d'or de l'Irlande. Dans un petit salon voisin, un orchestre exécute des airs nationaux, mêlés à des morceaux choisis de *la Fille de Madame Angot*. Le menu du banquet est en français, comme tous les menus du monde civilisé; mais le chef de Delmonico n'a pas le génie inventif du cuisinier du *Canada* : le seul plat d'actualité qui soit offert aux dîneurs patriotes du *Boärd*, c'est le « crabe à la Centennial! » le crabe, un animal qui marche à reculons, symbolisant la république progressive des États-Unis! Mais le dîner est bon, si l'épigramme est mauvaise. Vien le dessert, et les toasts de succéder aux toasts. On

boit d'abord au Président des États-Unis ; ensuite,
le consul d'Angleterre étant présent, assis à la
droite du président, M. Samuel Babcock, on boit à
Sa Majesté Victoria, reine de la Grande-Bretagne et
de l'Irlande, protectrice de la foi et impératrice des
Indes ; puis à nos hôtes étrangers, à nos voisins du
Canada, à la presse, au Centenaire futur avec cette
glose : Il se peut certainement que les hommes de
1976 soient aussi sages, aussi honnêtes et presque
aussi modestes que nous-mêmes ! Le temps me
manque malheureusement pour vous donner une
analyse des discours, quelques-uns remplis d'une
vigoureuse humour, qui ont été prononcés, et qu'en-
trecoupaient des *hear, hear*, et des *hourrahs* d'une
véhémence rapidement croissante. Il y a été beaucoup question de la dépression dont souffrent depuis
1873 l'industrie et le commerce américains, des
deux systèmes du *hard money* et du *soft money* ou
de l'*inflation*, c'est-à-dire de la monnaie de métal
et du papier-monnaie, un peu de la liberté du
commerce. M. Wright, délégué de Birmingham, a
même réussi à faire applaudir énergiquement le
nom de John Bright, le compagnon de Cobden. Les
démocrates ont acclamé Tilden, à quoi les républicains ont répondu en acclamant Hayes, mais sans
qu'il en résultât aucune conséquence fâcheuse pour
l'harmonie du banquet.

Vous le voyez, j'ai employé à l'américaine cette
première journée passée sur le sol américain. J'aurai

à vous parler avec détails du Post-Office et de l'établissement de Castle-Garden que j'ai visités le jour suivant; mais je pars demain pour Philadelphie, où m'appellent les fêtes du *Centennial* et l'Exposition.

III

LE CENTENAIRE DE L'INDÉPENDANCE AMÉRICAI

Philadelphie, le 6 juillet 1876.

J'ai quitté New-York dimanche soir 2 juillet pour venir à Philadelphie assister aux fêtes du *Centennial* et visiter l'Exposition. Le système démocratique des *cars* et des omnibus a certainement ses avantages, et je ne veux pas en médire, mais les cars ne passent pas partout, et il n'y a guère d'omnibus en activité le dimanche. A la rigueur, on peut se procurer une voiture ; — on trouve, en sachant où s'adresser, de vastes landaus à quatre ou six places attelés de deux chevaux, au prix de 3, 4 ou 5 dollars. Décidément, malgré tout ce qu'on peut dire des cochers, nos fiacres ont leurs bons côtés, et je crois bien qu'un Américain entreprenant, qui introduirait aux États-Unis ce véhicule de la vieille Europe, ne ferait pas une mauvaise affaire. On prend son ticket pour Philadelphie sur la rive gauche de l'Hudson ; on passe la rivière sur un *ferry*, son sac de nuit à la main, à moins qu'on n'ait confié son bagage à l'express, et l'on attend le moment de se mettre en route dans une vaste gare en bois, ornée d'une fontaine de soda-water et d'immenses horloges dont les aiguilles marquent les heures des départs des trains. Il y a peu de monde. On ne voyage guère le dimanche. Je glisse sur la description des voitures de chemins de fer. Elles sont suffisamment connues... de réputation, et nous pourrions, à notre tour, trouver profit à les imiter. Elles peuvent contenir environ 50 personnes commodément assises deux par deux sur de larges bancs dont le dossier mobile se retourne au besoin, de chaque côté d'une allée où l'on peut circuler. A un bout de la voiture, un gros poêle en fonte ; à l'autre bout une fontaine remplie d'eau glacée, sans oublier une petite porte avec ces deux initiales bienfaisantes : W. C. Il n'y a eu jusqu'à ces derniers temps qu'une seule classe de voitures, mais les gens aisés donnent maintenant la préférence aux voitures à lits ou à fauteuils mobiles, *sleeping cars* ou *drawing cars* de M. Pullmann. Celles-ci sont d'un luxe inouï. Il y en a une à l'Exposition, tout en palissandre, ornée d'une profusion de dorures et de glaces, avec cuisine et salle à manger, qui revient à 100,000 dollars. Nous franchissons en 2 heures 3/4 les 88 milles qui séparent New-York de Philadelphie.

La vitesse des trains est moindre qu'en Europe : les
trains ordinaires ne font guère que 50 kilomètres à
l'heure; les express, 45. Les prix sont à peu près
les mêmes que les nôtres, plus bas même dans les
directions où plusieurs lignes se font concurrence,
— quoique la vie soit généralement plus chère. Il
est 11 heures 1/2 du soir. Une douzaine de cars et
deux landaus sont en vue; parmi tous ces cars, il
y en a un évidemment qui se dirige du côté de Brown
street, où ma chambre est retenue dans un *boarding-
house*, mais lequel? C'est un mystère que je ne
cherche point à approfondir. Je me rabats sur les
landaus. Ils sont remplis. J'avise néanmoins un
cocher et je lui crie : *Brown street!* Ma prononcia-
tion est probablement défectueuse, car il secoue la
tête d'un air de doute. J'insiste en variant mes
intonations : « Bronne street, Braun street, Broone
street. » Il reste impassible. Enfin je lui crie de
toute la force de mes poumons : « John Brown! »
C'est un cocher abolitionniste, il a compris, et il me
huche à côté de lui sur le siége. Nous faisons environ 4 ou 5 kilomètres par des rues obscures — où
l'on est encore plus cahoté qu'à New-York; mais
nous finissons par arriver dans Brown street. Je
respire et je paye avec reconnaissance à ce cocher
secourable la taxe modérée qu'il lui plaît de fixer
lui-même, ci : 2 dollars[1]. Le lendemain, de bonne

1. Le dollar en papier — il n'y en a pas d'autres en circulation —
équivaut en ce moment à 4 fr. 60.

heure, je me procure le *Guide des visiteurs à l'Exposition* et je n'ai aucune peine à m'orienter, quoique Philadelphie occupe une superficie plus considérable que celle de Paris. Elle a 817,000 habitants, logés dans 151,000 maisons, et ces deux chiffres vous apprennent qu'il n'y a guère qu'une famille par maison. Qui a vu une rue et une maison les a vues toutes. Les rues, absolument droites, vont les unes du nord au sud, les autres de l'est à l'ouest; celles-ci portent des noms, celles-là des numéros. On n'y connait pas les omnibus, mais la plupart des rues ont leur ligne de tramways sur laquelle circule un car. Vous voulez par exemple aller au nord, vous prenez le car de la sixième rue ; vous voulez revenir au sud, vous prenez le car de la cinquième. On peut acheter ses tickets d'avance ; on vous accorde même un rabais quand vous en prenez une demi-douzaine, et ils servent pour toutes les directions. Rien de plus commode, et il y a toujours de la place, pourvu, bien entendu, qu'on n'ait point emporté d'Europe la manie surannée de vouloir absolument être assis et pas plus de quatorze dans une voiture où l'on peut, avec de la bonne volonté et de l'élasticité, se mettre quarante. Le pavé des rues se compose de cailloux roulés qui ont dû être portés là dans les grandes inondations de la Delaware et du Schuykill, et qu'on n'a pas dérangés. Les maisons sont bâties uniformément en briques rouges, les fenêtres avec des linteaux et des volets blancs ; on accède aux portes par trois ou

quatre marches en pierre ou en marbre blanc, sur
lesquelles les habitants ont conservé l'habitude, économique et patriarcale de passer leur soirée. Les
trottoirs sont, comme les maisons, en briques
rouges ; la poussière est rouge, et Dieu sait qu'il
n'en manque point par cette température tropicale !
Ajoutons, pour compléter cet aperçu de la physionomie de la ville de Guillaume Penn, que les maisons y sont, comme dans toutes les autres villes des
États-Unis, distribuées par blocs. Un bloc se compose ou doit se composer de cent maisons, entre
deux rues ; quand le compte n'y est pas, c'est comme
s'il y était, on passe à un autre bloc sans s'inquiéter
des lacunes. Si la maison que l'on cherche porte le
numéro 514, par exemple, on sait qu'elle se trouve
dans le cinquième bloc. Au coin de chaque bloc, il y
a une lanterne sur laquelle se trouvent inscrits les
noms des deux rues qui se croisent. Ayez soin de les
chercher là, et pas ailleurs.

En temps ordinaire, ce damier, qu'égaient pourtant çà et là, dans les rues principales, des allées
d'arbres, peut sembler monotone ; mais nous
sommes, ne l'oublions pas, le 3 juillet, veille du
centenaire de l'Indépendance des États-Unis, et
toutes ces rues, tous ces blocs sont pavoisés d'une
multitude de drapeaux : drapeaux étoilés de l'Union,
de tous les formats ; drapeaux des États, drapeaux
étrangers, c'est par mille et par dizaine de mille
qu'on les compte. Il y a, dans les grandes artères

du Market et de Chesnut, des maisons qui disparaissent sous ce vêtement multicolore. Dans les
rues, règne une animation extraordinaire. Ce n'est
pas exagérer que d'évaluer à 300,000 les visiteurs
que le *Centennial* a attirés à Philadelphie. Tout
ce monde est proprement vêtu, mais sans luxe.
— Les hommes sont en paletot et en chapeau de
paille ou en chapeau mou, sans gants; les dames en
robe de toile ou de coton, sans queue, les mains
économiquement couvertes de gants de filoselle.
A. New-York comme à Philadelphie, les costumes
sont d'une simplicité qui n'exclut pas toujours la
négligence et le laisser-aller. Même dans les voitures
de chemins de fer ou dans les cars, je remarque
des gens en bras de chemise; il est vrai qu'une
chaleur de 40 degrés peut passer pour une circonstance atténuante. On attend avec impatience
la *Torch-light*, la Procession des Torches, qui est la
partie populaire du programme du Centenaire. Les
membres des diverses commissions étrangères de
l'Exposition et les journalistes sont convoqués à dix
heures du soir, à l'hôtel Saint-Georges, pour assister
à ce spectacle dans des voitures que le comité d'organisation du Centenaire a mises gracieusement à
leur disposition. A dix heures donc, me voici à
l'hôtel Saint-Georges. Les chambres du rez-de-
chaussée sont remplies d'une foule d'officiers de
l'armée, de la marine et de la milice, que je prends,
à leurs épaulettes à gros grains, pour des généraux,

mais qui ont des grades plus modestes ; il y a
aussi une grande variété de « délégués », reconnais-
sables à des écussons flamboyants qu'ils portent à la
boutonnière. A onze heures, les voitures arrivent, et
elles prennent la file. Je m'aperçois alors qu'au lieu
d'être de simples spectateurs, c'est nous qui sommes
le spectacle. Très-utilitaires, ces Américains! Des
transparents sur lesquels on a imprimé en grosses
lettres : France, Espagne, Chili, Japon, sont hissés
sur les voitures destinées aux commissions, et fouette
cocher! Nous passons au milieu d'une foule compacte, sous un premier arc triomphal formé de becs
de gaz où éclatent ces mots : *Welcome to all nations!* La bienvenue à toutes les nations! Des files
interminables de lanternes chinoises bleues, vertes,
rouges, jaunes, tricolores, multicolores, s'entre-
croisent dans les rues, grimpent sur les maisons et
s'accrochent aux lanternes à gaz ; aux côtés de chaque voiture, des porteurs de torches, probablement
brevetées, — elles sont d'un nouveau système, en
fer-blanc, à godet mobile, — font concurrence aux
lanternes chinoises ; bientôt la pyrotechnie se met
de la partie : des feux de Bengale de toutes couleurs
s'enflamment le long des blocs, projetant des lueurs
fantastiques sur les maisons pavoisées, sur le cortége
et sur la foule qui grossit à vue d'œil, — une foule
d'apparence plutôt chétive que vigoureuse. On s'a-
perçoit que Philadelphie est le foyer du protectionnisme américain, et l'on ne peut s'empêcher de re-

marquer que, s'il a fait grandir vite les industries dans sa serre chaude, ç'a été, comme ailleurs, aux dépens de la taille et de la vigueur des ouvriers. Ce n'est pas tout : entre autres libertés, les citoyens américains possèdent celle de tirer à volonté des feux d'artifice, et Dieu sait s'ils en usent! Ce qu'on a dépensé, dans cette journée mémorable, en fusées, pétards, soleils tournants, etc., suffirait pour payer une bonne partie de la dette de l'Union. Les pétards éclatent par douzaines entre les jambes de nos chevaux, qui ne s'en émeuvent pas autrement ; ils y sont habitués. Les fusées se croisent : à peine en a-t-on tiré une à gauche, qu'une seconde y répond à droite en formant au-dessus de nos têtes des arceaux lumineux qui se résolvent en une pluie d'étoiles ; quelques-unes s'égarent sur les têtes, sur les mains ou sur les habits, mais on a bien le temps d'y prendre garde! Voici les détachements des milices avec leurs musiques : il y a des uniformes gris-clair avec passementerie dorée sur la poitrine et aux basques ; il y a des chemises rouges de garibaldiens ou de zouaves, des casques en cuir bouilli et des chapeaux de maréchal de France avec les plumes ; voici encore le « Club calédonien », en costume national, qui s'avance au son de la cornemuse et du pibroch ; voici les chars des métiers, avec toutes sortes de corporations et d'*Unions* des deux sexes ; le char des imprimeurs, qui compose le programme du *Centennial* ; le char des couturières,

avec une vieille femme en lunettes tournant un
rouet, 1776, et une jeune fille faisant mouvoir
la *sewing machine*, 1876 ; le char des scieurs, avec
une scie circulaire en activité, qui donne sa note
dans l'orchestre ; le char des tailleurs, des employés
des chemins de fer, des banques, des raffineries de
sucre, des magasins de confection — avec la rue et
le numéro ; — voici un gong chinois, un vrai gong
à sa place dans cette fête des lanternes, et dont le
bruit formidable éteint un moment tous les autres
bruits ; voici une troupe de sauvages plus ou moins
authentiques ; voici même, Dieu me pardonne ! un
Arlequin et un Polichinelle. La foule de plus en plus
épaisse a des remous effroyables, mais elle n'em
piète pas sur la place réservée au cortége : c'est
une mer houleusequi s'o uvre d'elle-même, comme
la mer Rouge au passage d'Israël : ici, c'est le bâton
du policeman qui remplace la baguette de Moïse.
Pendant deux heures le cortége se déroule dans
l'immense cité, et il semble que la multitude de-
vienne plus compacte à chaque pas : il y a bien un
million d'hommes dehors pour voir passer la *Torch-
light*. Un moment, le bruit des acclamations domine
celui des pétards et du gong chinois : c'est l'empereur du Brésil qui vient se joindre au cortége avec
ses aides de camp. L'empereur du Brésil est populaire à Philadelphie, où il vit comme un simple citoyen ; on crie : *Welcome Dom Pedro !* puis encore,
toujours des pétards, des fusées, de la musique calé-

donienne ou chinoise, des grincements de scie et des coups de pistolet jusqu'à minuit, jusqu'à une heure, jusqu'à deux heures. Enfin, le délire commence à s'apaiser, le cortége se sépare, la foule se disperse, nous revoici devant l'hôtel Saint-Georges. Il y a 4 ou 5 kilomètres de blocs jusqu'à Brown street. Plus de voitures, point de cars, mais qu'importe? la soirée est superbe, et la route est tout illuminée par les feux d'artifice libres que la jeune Amérique des deux sexes ne se lasse point de tirer en l'honneur du glorieux *Centennial !*

Le lendemain 4 juillet, à dix heures, a lieu la cérémonie commémorative officielle, en face d'*Independance Hall*, la salle où fut signée la Déclaration d'indépendance des États-Unis. Une estrade en planches a été élevée pour recevoir les autorités et les invités. Le président Grant n'est pas venu ; en revanche, on se montre les généraux Sherman et Sheridan, et les *politiciens* les plus notables du Congrès. L'arrivée des envoyés du Japon en costume national, puis de l'empereur du Brésil, fait sensation ; un orchestre de deux cent cinquante musiciens exécute l'ouverture de la « Grande République » ; le vice-président, M. Ferry, lit une Adresse; le révérend W. Bacon Stevens, évêque de Pennsylvanie (épiscopalien) récite une prière; on chante un hymne de bienvenue aux nations; M. Richard Henry Lee, de la Virginie, descendant d'un des héros de l'Indépendance, donne lecture de la « Déclaration » au bruit des hourras; M. Bayard Taylord, poëte et voyageur distingué, récite une « ode nationale » qui remplit une colonne et demie en petit texte de l'*Evening Bulletin*; puis M. W. Ewarts, de New-York, prononce un discours qui en remplit six. La cérémonie terminée, la foule s'approche d'une pancarte enfermée dans une sorte de coffre-fort et portant en manière de certificats les signatures du Président, de ses ministres, des membres de la Cour suprême et du Congrès; le tout avec la marque de l'inventeur de ce coffre-fort, *new patent*. On va visiter le vieil et respectable édifice d'*Independance Hall* transformé en musée historique. Sur l'escalier, le portrait en pied de Lafayette fait pendant à celui de Guillaume Penn; enfin, le soir, des cars pleins jusqu'à déborder, de matière vivante, se dirigent vers les hauteurs de Fairmount, où la ville de Philadelphie fait les frais d'un feu d'artifice officiel, indépendamment des feux d'artifice libres qui continuent à se tirer jusqu'à extinction complète de la provision disponible des *fire works*. Le programme est épuisé, et, à moins d'être devenus terriblement sourds, les pères de l'Indépendance américaine ont dû entendre du fond de leurs glorieux tombeaux le bruit de cette fête dont ils étaient les héros. Dieu veuille qu'elle soit suivie de beaucoup d'autres!

IV

L'EXPOSITION UNIVERSELLE DE PHILADELPHI

Philadelphie, le 9 juillet 1876.

Le parc de Fairmount, où se trouve installée l'Exposition universelle de Philadelphie, ressemble à notre bois de Boulogne, si ce n'est qu'il est beaucoup plus accidenté, partant plus pittoresque. La partie ouest, dans laquelle on a taillé un morceau de 256 acres, environ 100 hectares, pour y placer l'Exposition et ses annexes, renferme un lac, une jolie vallée, des pelouses ornées de bouquets d'arbres ; elle est enclose par des pieux à claire-voie. Ce vaste et agréable morceau de terre a la forme d'un bonnet de coton, ou, si cette comparaison vous paraît manquer de noblesse, d'un bonnet phrygien. Dans la coiffe sont les deux bâtiments principaux, le Main-Building et la galerie des machines, im-

menses parallélogrammes jumeaux, bâtis en fer et
en verre, que précède un édifice en pierre où l'on
a placé l'Exposition dés beaux-arts ; la pointe du
bonnet est occupée par *Agricultural-Hall*, construction énorme et originale, formée de deux transepts
croisés à angle droit, en style ogival, flanqués de
tours en bonnets d'évêques et de petits dômes que
l'on peut comparer, sans irrévérence, à des citrouilles ; le tout peint en vert, les citrouilles exceptées,
qui sont du plus beau jaune. L'intervalle qui sépare
le Main-Building et le bâtiment des machines d'*A-
gricultural-Hall* est rempli par une multitude de
constructions de toutes les dimensions, de tous les
styles, de toutes les couleurs, affectées aux destina-
tions les plus variées. Il y a le bâtiment de l'exposition du gouvernement des États-Unis, celui de
l'exposition des femmes, une annexe du Main-Building, renfermant des locomotives et des voitures,
le bazar japonais, les cottages des différents États
de l'Union, les restaurants et les cafés, et une foule
d'annexes et d'édicules particuliers, en tout 171
bâtiments couvrant une superficie de 75 acres, séparés par des allées qu'on a eu la fâcheuse idée de
couvrir d'asphalte ; des pièces d'eau et des fontaines
jaillissantes ; — il y en a une fort jolie de M. Bar-
tholdi, l'auteur de la statue de l'Indépendance, — et
reliés par un chemin de fer qui n'est pas le moindre
agrément de l'Exposition. La couleur chocolat au
lait, si chère aux Américains, domine comme de

raison dans le Main-Building et dans la galerie des
machines; mais ailleurs éclatent toutes les couleurs
de la palette, avec toutes les formes possibles et im-
possibles de l'architecture. Surmontez cette ville
cosmopolite des drapeaux et des banderoles des diverses nations de la terre, se détachant sur un ciel
bleu, pendant qu'un soleil tropical fond l'asphalte des
allées, peuplez-la d'une foule bigarrée qui circule
armée d'un parasol et d'un éventail chinois ou japonais, qui se presse aux gares du chemin de fer intérieur, qui s'attable sous les tentes des restaurants
et sous les auvents des cafés, affamée d'ombre, la
figure en sueur et la bouche desséchée par un si-
roco dont le souffle chargé d'asphalte fait la fortune de la multitude des débitants de boissons qua-
lifiées de rafraîchissantes, ice creams, sodawater au
gingembre, à la salsepareille, aux fraises, aux ananas, limonade glacée, café glacé, bière glacée, et
vous aurez une idée approximative de l'aspect extérieur de l'Exposition.

Le parc de Fairmount est passablement éloigné de
Philadelphie, 10 bons kilomètres; mais nous ne sommes pas ici dans le pays des monopoles : des véhicules de toutes sortes, cars, omnibus, chemins de
fer et bateaux à vapeur, se font concurrence pour
nous y transporter, sans que jamais nous soyons exposés à attendre plus de cinq minutes et à payer
plus de 10 cents (50 c.). Prenons le chemin de fer
de Pennsylvanie qui nous mettra en une demi-heure

à l'une des dix-sept portes à tourniquet de l'Exposition. Inutile de se presser aux guichets : on vend, comme des timbres-poste, les tickets des chemins de fer et des cars, et, lorsque vous en achetez six, vous n'en payez que cinq. Montons dans le train. Il a commencé à marcher, mais peu importe! Le conducteur nous laisse faire. Nous avons pu lire une affiche placée bien en vue et avertissant les voyageurs qu'il est dangereux de monter dans les voitures quand le train est en marche. Cela suffit, la Compagnie est en règle avec nous. Le reste nous regarde. Aux stations du chemin de fer intérieur, on y ajoute la recommandation de prendre garde aux pick-pockets, de ne pas mettre la tête en dehors de la voiture (la Compagnie de Pennsylvanie a préféré griller ses fenêtres, précaution utile, mais contraire aux principes), de ne pas fumer, parce que cela incommode les dames, enfin de se plaindre des employés qui se montrent peu respectueux à l'égard du public. Nous arrivons à une station qui fait face au Main-Building. Nous présentons un billet de 1 dollar au tourniquet, on nous renvoie à un bureau de change ouvert à côté, où l'on nous remet deux billets de 50 cents, la Compagnie n'acceptant que des pièces ou des billets ronds de cette somme, pour la facilité du contrôle.

Prenons à droite, et allons d'abord jeter un coup d'œil sur l'exposition des beaux-arts. Sous le péristyle, une femme piquant un buffle représente la

marche en avant, toujours en avant, des Etats-Unis.
A côté, le président Blanco, du Venezuela, à cheval,
fait pendant à un prince de Bismarck à pied. Entrons à droite : c'est l'exposition française. Voici
les Sept pendus, de M. Becker, le portrait équestre
de mademoiselle Croizette, des paysages et des tableaux de genre. En face, c'est l'exposition alle-
mande. Voici *la Capitulation de Sedan*, dont il a
été fait quelque bruit. Mais était-ce bien la peine?
Un vaincu pâle et d'apparence malingre s'incline devant un vainqueur bien en chair et haut en couleur.
Entre eux, la partie n'était-elle pas vraiment par
trop inégale, et peut-on savoir mauvais gré au pein-
tre d'avoir fait ressortir d'une façon aussi palpable
combien peu de mérite un vainqueur si gras avait
eu à venir à bout d'un vaincu si maigre? Mais passons, et jetons un coup d'œil sur l'exposition des
États-Unis. Quelques portraits montrent de sérieuses
qualités. Voici M. Thiers, par Healy, qui a pris sur le
vif cette physionomie spirituelle et malicieuse; voici
un Lafayette en pantalon jaune serin ; puis M. Wash-
burne et le président Lincoln à ses derniers moments.
Un des assistants est assis sans façon sur le lit du
mourant. C'est de la couleur locale. Viennent ensuite
quelques bons paysages représentant la célèbre et
romantique vallée de Yosemite, une des merveilles
de la Californie; une récolte de la canne à sucre
dans le Sud, qu'il est prudent de regarder avec un
verre noirci, de crainte d'ophthalmie; enfin un

tableau historique, bien américain celui-là, représentant l'effet de l'électricité sur la culture de l'homme. Il est à compartiments et divisé en deux époques, intitulées l'Ère de l'imagination et l'Ère de la science. Dans la première, on voit un homme et une femme peu vêtus, qui reculent épouvantés devant les éclats de la foudre ; cette terreur ignorante donne naissance au mythe de Jupiter lançant ses carreaux, appuyé sur un aigle ; après quoi un personnage d'une longueur extraordinaire, en costume de jésuite, répand les nuages de la superstition et fait allumer le bûcher de Jean Huss. On pourrait signaler ici une légère erreur de chronologie, et faire remarquer que les jésuites n'existaient pas au temps de Jean Huss. Mais ce serait du pédantisme de la vieille Europe, et nous sommes en Amérique. Il y paraît bien dans la seconde période. On y voit d'abord Washington tenant d'une main le drapeau étoilé et de l'autre la Constitution américaine, éclairée par un jet de lumière électrique, avec cette légende : « La Constitution américaine clôt l'ère de la superstition en assurant la liberté de la pensée. » Après Washington, voici Franklin, accompagné de son fils tenant un cerf-volant ; il reconnaît l'identité de la foudre avec l'électricité. Voici encore Galvani, Volta, Œrstedt, dans des attitudes scientifiques, qui découvrent les moyens de développer le fluide électrique, et finalement Morse, l'Américain Morse, qui invente le mécanisme nécessaire pour l'utiliser. Le désert et l'Océan attestent, dans les deux derniers compartiments, la découverte de Morse ; le désert est représenté par un buffle qui se précipite avec une rage impuissante contre un poteau du télégraphe, tandis qu'au fond de l'Océan un gros poisson ahuri s'accroche au fil transatlantique. On voit que l'Amérique possède des peintres dont l'originalité ne le cède en rien à celle de nos réalistes et de nos impressionnistes.

Mais nous avons une longue course à fournir. Quittons l'Exposition des beaux-arts et son annexe pour entrer dans le Main-Building. A l'intérieur, ce bâtiment principal de l'Exposition fait l'effet de deux gares de chemins de fer juxtaposées et reliées par un immense vestibule ; mais les vitraux colorés, les étalages bariolés, les drapeaux et les bannières rouges sur lesquels se détachent les noms des nations exposantes, les fontaines de soda-water en marbre avec leurs naïades en ruolz qui surmontent d'ingénieuses machines à rincer les verres, lui donnent un aspect original et gai ; le son d'un orgue colossal y domine le bruit des pianos de toutes provenances et de tous formats, et même la voix d'une reine du chant irlandais, qui fait les délices du public assis autour d'un orchestre placé au centre de l'édifice. Des policemen en uniforme bleu, un bâton blanc à la main, se promènent gravement, tandis que des « pousseurs » en uniforme gris font circuler de petites voitures dans lesquelles des visiteurs des

deux sexes parcourent sans fatigue l'Exposition à
raison de 50 cents l'heure. Des prises d'eau auxquelles des tuyaux de pompes toujours prêts peuvent
être adaptés en un clin d'œil attestent que toutes
les précautions nécessaires ont été prises contre l'incendie. Par une dérogation à l'une des libertés les
plus chères au peuple américain en ce temps de *Centennial*, une pancarte bien en vue va jusqu'à interdire formellement aux visiteurs de tirer des feux
d'artifice dans l'enceinte de l'Exposition. Quoique
les restaurants abondent au dehors, il y en a un dans
le Main-Building, avec deux vastes cabinets de
toilette munis de leurs annexes parfaitement tenues :
l'un pour les gentlemen, l'autre pour les ladies. Les
commissions étrangères sont installées dans de grandes cabines, au milieu même de leurs expositions,
ou dans les galeries. D'admirables glaces de Saint-
Gobain, hautes comme des maisons, signalent aux
regards l'exposition française ; voici la céramique de
Limoges ; là librairie parisienne : Hachette, Charpentier, Hetzel, Jouaust, des reliures adorables ;
voici même notre vieille connaissance, le *Journal
des Économistes ;* voici un merveilleux étalage de
dentelles de Valenciennes, de Grammont et de
Bruxelles, devant lequel s'arrêtent avec une admiration respectueuse des ladies vêtues de robes
de toile ; voici un excellent modèle de maison d'é-
cole exposé par la Belgique ; voici des meubles et
des pianos des États-Unis, de formes massives et

lourdes : le goût fait défaut, mais il y a des tenta-
tives originales pour sortir des chemins battus ; qui
sait s'il n'en sortira pas un nouveau style? Seulement, l'orthographe laisse encore à désirer. Une
législation garantissant la propriété des modèles et
dessins de fabrique, et de bonnes écoles de dessin
industriel ne seraient pas inutiles aux États-Unis.
Voici des lits américains, aussi larges que longs, des
lits de famille. Tirez une ficelle ou poussez un ressort, et le lit se métamorphose en commode ou en
bibliothèque. Voici des montres américaines fabri-
quées à la mécanique, et qui pourraient bien faire
une rude concurrence aux montres de Genève : la
fabrique en produit 2,500 par semaine. Traversons
le transept, où des ladies plus que jamais en robes
de toile font émeute devant l'éblouissant étalage de
Tiffany, le grand joaillier de New-York, une annexe
des *Mille et une Nuits*. Nous y rencontrons la riche
exposition de l'Angleterre et de ses colonies, des
tapis magnifiques et beaucoup de savons, des verres
de Bohême d'une légèreté idéale, de l'orfévrerie
russe, des coupes, des tabatières en argent niellé,
une cheminée en malachite, des tables en lapis-
lazuli, de somptueux ornements sacerdotaux ; tout
cela, riche, original et de bon goût, quoique un
peu massif. Mais la perle de l'Exposition, c'est sans
contredit l'étalage de la Chine, et surtout celui
du Japon. On voudrait être millionnaire, ne fût-ce
que pour acheter ces deux vases élancés comme des

lis en porcelaine de Kyoto, et ces vieux bronzes, et
ces laques et ces ivoires ! Allons-nous-en ! La tentation est trop forte. L'exposition du Japon est le grand
succès de Fairmount Park, et les Japonais, en gens
positifs, ne se sont pas contentés du tribut d'admiration que leur apporte le public : ils ont établi un
peu plus loin un bazar où ils récoltent une ample
moisson de dollars. Très-pratiques, ces Japonais !

Sortons du Main-Building en jetant un coup d'œil
sur son annexe, spécialement consacrée à la carros-
serie ; des voitures de chemins de fer formant des
appartements complets, cuisine comprise, y sont rangées à côté de jolis bogheys américains en bois
d'hickory, léger et solide comme du fer, de lourds
landaus et de graves corbillards. Entrons dans la
salle des machines, presque aussi vaste que le Main-
Building. Un énorme moteur de Corliss, de 1,400
chevaux, donne le mouvement et la vie à un monde
de machines qui filent, tissent, impriment, cousent,
brodent, ne laissant plus à l'homme que le soin de
diriger leur activité bruyante. Voici une machine à
fabriquer des cheveux, et vraiment la clientèle ne
lui manquera pas ; voici une cataracte, une vraie
cataracte de 20 pieds de hauteur, dont les eaux répandent leur fraîcheur bienfaisante dans un vaste
bassin d'où une pompe les fait remonter ; voici des
canons et encore des canons, au milieu desquels un
krupp colossal ressemble à un gros bouledogue entouré de simples mâtins. Il y a pourtant, dans les,

expositions de l'Angleterre et des États-Unis, des
monstres assez bien engueulés pour lui donner la
réplique. Le gouvernement des États-Unis expose,
dans un bâtiment à part, un formidable et complet
assortiment de ses engins de guerre, monitors, tor-
pilles, mitrailleuses Gatling, sans oublier non plus
une machine à tailler des pantalons. Dans le même
bâtiment, à côté du matériel de guerre, se trouve
placé le matériel de l'instruction. — Ceci tuera cela,
dirait M. Victor Hugo ; mais, hélas ! ceci ne se presse
pas.

De l'exposition spéciale du gouvernement des
États-Unis à l'exposition non moins spéciale des
femmes, il n'y a qu'un pas. Toutes les industries et
tous les produits du travail féminin y sont exhibés.
A la porte, on vend un journal rédigé par des
femmes et pour les femmes : *the new Century for
Woman*. A l'intérieur, des femmes, de jolies misses,
auxquelles on est prié de ne pas adresser la parole,
sont en train de composer le prochain numéro.
D'autres tissent des rubans ou cousent à la machine ;
on ne coud plus autrement aux États-Unis. Voici
un ingénieux appareil de sauvetage, spécialement
destiné aux personnes du sexe faible, et dont une
gravure illustrée fait ressortir tous les avantages au
double point de vue de la sécurité et du confort. Une
jeune lady naufragée avec ses deux babies est assise,
au milieu des vagues de l'Océan déchaîné, sur un
matelas insubmersible et breveté. Dans ses grands

yeux limpides, on peut lire, avec une expression
d'inquiétude que sa position isolée et la présence des
deux babies peuvent raisonnablement justifier, les
sentiments d'indicible bien-être dont il lui est impossible de se défendre en reposant ses membres délicats sur ce matelas élastique et moelleux. Que celui
qui s'aviserait encore, après cette expérience décisive, de refuser aux femmes le génie de l'invention,
soit précipité dans les abîmes de l'Océan sans matelas insubmersible !

Prenons maintenant, au prix de 5 cents, un des
trains du chemin de fer circulaire qui se succèdent
presque de minute en minute et descendons à une
des stations d'Agricultural-Hall. Une partie de cette
immense construction est occupée par des instruments d'agriculture, charrues d'une centaine de
modèles, quelques-unes entièrement en acier, machines à semer, à moissonner, à couper l'herbe,
sans oublier une jolie machine à peler les pommes
de terre, qui fonctionne avec activité au milieu d'un
cercle féminin. Mais il n'y a pas seulement des machines à Agricultural-Hall. Voici, au centre, un
moulin à farine, à côté une collection d'animaux
antédiluviens, un dinotherium, un megatherium, un
glyptodon, des défenses gigantesques de l'*Elephas
ganera*, une boutique de dragées, des caisses de tomates illustrées, des boucauts de tabac gardés par
un Indien féroce en bois peint, une cage grande
comme une chambre à coucher avec un serin vivant,

un kiosque élégant, entièrement construit avec du coton du Brésil, une famille de tigres empaillés, des instruments de pêche, des aquariums remplis de tortues multicolores et de grenouilles vertes, des vins de champagne de la Champagne et de la Californie, du claret, du sherry, du tokay américains, du whisky du *Centennial;* bref, assez de vins et de spiritueux pour griser tous les visiteurs de l'Exposition, si les Sociétés de tempérance n'en avaient, assez sagement, on en conviendra, fait interdire la vente au détail. En sortant d'Agricultural-Hall, jetons un coup d'œil sur le campement des miliciens vêtus de gris clair, avec de grosses épaulettes blanches, dont la musique et les exercices sont une d   *attractions* les plus prisées du public américain. On aime ici l'uniforme et la parade tout autant qu'en Europe, et le goût des décorations y est peut-être encore plus vif. Je ne rencontre que gens dont la boutonnière est garnie de médailles ou d'écussons bariolés, et voici deux francs-maçons qui portent avec gravité un immense collier tricolore, avec des étoiles en verre coloré et deux clefs d'argent en sautoir. La seule différence, c'est qu'aux États-Unis les décorations sont « libres » comme les feux d'artifice, tandis qu'en Europe les gouvernements s'en sont attribué le monopole. Gardons-nous d'éveiller les susceptibilités des décorés des deux mondes en discutant les mérites de l'un et de l'autre système. Prenons plutôt un ticket pour traverser ce vallon boisé

sur l'*elevated railway*, un chemin de fer suspendu
sur une seule ligne de piliers en fer, dont la locomotive et l'unique voiture circulent à cheval sur
des poutrelles posées en triangle, auxquelles mordent
les petites roues horizontales de la locomotive. Ce
système est appliqué, nous dit-on, à New-York. De
là faisons une visite sommaire aux cottages particuliers de chacun des États de l'Union ; on y trouve
des salons de réception pour les ladies, avec pianos
et cabinets de toilette, des salons de lecture, des
rocking-chairs où les visiteurs fatigués peuvent se
balancer agréablement. Le Colorado et le Kansas y
ont ajouté une collection de leurs produits naturels,
avec une vieille commode à vendre qui a appartenu
au président Lincoln. Traversons la région des
restaurants : il y a le grand restaurant améri-
ricain ; le restaurant des États du Sud tenu par
des nègres luisants et polis ; le restaurant des
Trois Frères provençaux et le restaurant Lafayette, où se manifeste la supériorité indiscutable
de la cuisine française ; le restaurant autrichien ; le
département du *public confort* où l'on peut luncher
à l'américaine, sur un tabouret de quatre pieds de
haut, pour la modique somme de 50 cents. Dans le
même département se trouvent réunis la poste, le
télégraphe, la vente des tickets pour les chemins de
fer et les théâtres. Un avis imprimé en sept langues,
y compris le chinois, avertit le public que la levée
des boîtes aux lettres a lieu toutes les heures. Dans

le voisinage, le département de la presse met une grande *hall* et des salons particuliers au service des journalistes des deux sexes. Mais l'heure s'avance, et nous sommes à bout de forces. En vain le kiosque de la Société biblique nous offre au choix la Bible traduite en cent langues ; en vain une séduisante princesse égyptienne âgée de trois mille ans et coquettement momifiée nous invite à entrer dans le kiosque de l'illustre Cook, l'entrepreneur des voyages en Palestine et de tous les voyages : la vraie providence des voyageurs, cet illustre Cook ! il leur délivre des tickets à prix réduits pour faire le tour du monde, avec réduction de 20 pour 100 dans les hôtels ; mais en ce moment, nous refuserions de faire le tour du monde, même sur le matelas moelleux et insubmersible de la *Women's Exibition*. Voici pourtant, un peu à l'écart, un kiosque d'une architecture simple, d'un aspect tranquille, qui invite au repos. Nous ne pouvions mieux rencontrer pour finir. C'est l'exposition des *Centennial caskets*, cercueils du centenaire, de MM. Schuyler et Armstrong, de Philadelphie, et quels *caskets !* en ébène, en palissandre, capitonnés de satin, lamés d'argent ou de vermeil. Voulez-vous un cercueil sérieux, un cercueil de politicien, de clergyman, de *lawyer* ou de *stock broker?* prenez ce majestueux *casket* revêtu de satin noir, barré et lamé d'argent. Préférez-vous un *casket* de satin blanc? en voici au choix, tous du goût le plus exquis. Aimez-vous mieux un *casket* de fantaisie? en voici de gros bleu ou de bleu tendre, avec capiton rose ou aventurine, ornés et enjolivés comme des boîtes à gants. Les visiteurs ne s'attardent pas dans le kiosque où sont coquettement étalées ces merveilles, et je remarque même qu'ils s'abstiennent généralement de prendre les cartes d'adresse des exposants, quoiqu'on y puisse trouver des renseignements utiles, en cette saison féconde en insolations, congestions cérébrales, attaques d'apoplexie, pleurésies, etc. Le public est informé que MM. Schuyler et Armstrong, de Philadelphie, restent à sa disposition à toute heure du jour et de la nuit, et qu'ils sont, de plus, brevetés pour un procédé de « conservation des corps par l'air froid. » Pour moi, je l'avoue, si j'étais capable de formuler un souhait quelconque après le terrible voyage de *circum Exposition* que je viens de faire par une température de 40 degrés, ce serait d'aller goûter un repos bien gagné dans l'un ou l'autre de ces rafraîchissants et délicieux *caskets*.

CASTLE-GARDEN — LE POST-OFFICE
CONEY-ISLAND

New-York, le 15 juillet 1876.

En rentrant à New-York dimanche soir, j'aperçois
un grand remue-ménage auprès de la Batterie qui
forme la pointe de l'île Manhattan et l'extrémité
de l'immense ville. C'est *Castle-Garden*, le dépôt
des émigrants, qui vient de brûler, en dépit de la
puissance des pompes et de l'activité justement
renommée des pompiers de New-York. J'avais visité
Castle-Garden le lendemain de mon arrivée. C'était
une vaste rotonde moitié en briques, moitié en planches, parfaitement appropriée à sa destination. Les
émigrants y étaient débarqués directement, et on
leur donnait la nourriture et le logement pour une
nuit. Dans la grande halle qui en formait le centre,

on apercevait d'abord un bureau télégraphique et un
bureau de change, où était affiché le tarif de toutes
les monnaies du monde civilisé, puis, sur les murs,
une série d'avertissements en sept ou huit langues —
y compris le russe — prévenant les assistants qu'ils
pouvaient se procurer à *Castle-Garden* des billets
de chemin de fer à prix réduits, les invitant à déposer leurs valeurs au bureau, donnant à ceux qui
voulaient séjourner à New-York les adresses de boar-
ding-houses à bon marché : 1 dollar par jour ou 6
dollars par semaine, nourriture et logement ; enfin,
un avis imprimé en anglais seulement, engageant
les employés à faire honnêtement leur devoir et à
mettre à la porte les étrangers à l'établissement. Les
piéges tendus aux émigrants à leur arrivée justifiaient
cette précaution, et j'ai pu constater, à ma satisfaction, qu'elle était strictement observée. Un gardien
m'expulse sans cérémonie ; toutefois, l'autorité supérieure, mieux informée, casse cet arrêt sommaire, et je
continue ma visite. Une seconde salle, divisée en compartiments, était affectée aux bagages : les émigrants
n'avaient point à s'en préoccuper ; on les leur remettait
sur présentation de leur ticket à la destination qu'ils
indiquaient. Rien de plus simple et de plus commode
que le système des tickets des bagages aux États-
Unis. On vous donne un numéro, dont le double est
attaché à votre bagage ; à votre arrivée, vous remettez
ce numéro avec votre adresse à un agent quelconque
d'une entreprise d'*express*, qui vous délivre un

reçu en échange, et vous n'avez plus à vous en inquiéter ; on vous le rend à domicile sans retard. — Dans
une troisième salle était installé un bureau de place-
ment pour les émigrants des deux sexes : une vingtaine d'hommes se tenaient assis sur des bancs d'un
côté de la salle, autant de femmes de l'autre. Ce
bureau a des correspondances dans toute l'é-
tendue de l'Union, et il place de 15 à 18,000 personnes par an. Derrière, s'ouvrait l'embarcadère du
chemin de fer de l'Erié, issue par laquelle *Castlé-
Garden*, incessamment rempli, était incessamment
vidé. Dans certaines années, il arrivait à New-York
jusqu'à 1,000 émigrants par jour ; depuis quelque
temps, le mouvement s'est ralenti ; mais, en dépit
du protectionnisme, de la corruption politique et
administrative, et des autres plaies dont souffrent
actuellement les États-Unis, il y a peu d'apparence
qu'il s'arrête. Tout émigrant sain et vigoureux,
accoutumé aux travaux agricoles ou possédant un
métier, peut acquérir dans l'Ouest un morceau de
bonne terre au prix de 15 à 22 francs l'hectare, ou
trouver un emploi, s'il a une spécialité quelconque ;
en outre, il échappe aux exigences du service militaire, — les États-Unis n'ayant qu'une armée de
26,000 hommes recrutée par voie d'enrôlements
volontaires. J'ai rencontré à Philadelphie une famille
qui avait émigré il y a vingt ans d'un pauvre village
de la Poméranie, où elle vivait, dans un taudis, de
pain noir et de saucisses aux pois… quand elle avait

des saucisses aux pois! Après avoir prospéré dans l'Ouest, elle était venue s'établir à Philadelphie; la mère était allée chercher ses vieux parents en Europe, et tout ce petit monde vivait à l'aise dans une maison proprette, éclairée au gaz, pourvue d'un cabinet de bain où, grâce à une de ces ingénieuses inventions qui ajoutent tant ici au confort domestique, un double robinet amène de l'eau froide et de l'eau chauffée, sans frais, au moyen d'un serpentin enroulé autour du poêle; au lieu de pain noir, de la viande et du pain blanc à discrétion, sans parler des délicatesses un peu rudes de la cuisine américaine, rouleaux de maïs, froment concassé avec de la mélasse, toutes les variétés de *pies*, et le reste. Enfin, il y avait un piano dans le salon. Tous les émigrants ne se tirent pas aussi bien d'affaire, mais à qui la faute? Nous avions à bord du *Canada* un malheureux teneur de livres qui émigrait aux États-Unis avec sa femme et deux petits enfants. Il ne savait que le français, et pas un mot d'anglais! et il arrivait à l'aventure en pleine crise financière et commerciale! A moins d'un miracle, celui-là, assurément, n'aura pas à se louer d'avoir émigré. Voici encore, dans le vestibule de *Castle-Garden*, une jolie fille qui pleure à chaudes larmes. C'est une Ariane abandonnée que l'on éconduit, l'administration ne se chargeant pas de retrouver les séducteurs fugitifs ou latitants. Aucune institution n'est parfaite! Toutes les nations de l'Europe ont envoyé des hôtes à *Castle-Garden;*

le jour de l'incendie, 250 mennonites venaient d'arriver de Russie, où la grande Catherine avait accordé à leur secte pacifique l'exemption du service militaire pour un siècle. Cette exemption ne pouvant plus être renouvelée en ce temps de service militaire non moins obligatoire qu'universel, les mennonites émigrent aux Etats-Unis. Maintenant que voici *Castle-Garden* brûlé, il faudra le reconstruire ou placer ailleurs le dépôt des émigrants. On s'en occupe, en même temps que le Congrès élabore un bill destiné à empêcher plus efficacement l'immigration des malfaiteurs, des individus contrefaits et des *paupers*.

De *Castle-Garden*, l'omnibus de Broadway nous amène en quelques minutes au *Post-Office*, dont l'aménagement vaudrait bien la peine d'être imité. C'est un énorme bâtiment, le plus élevé de New-York. Le sous-sol et les étages inférieurs servent à la poste, tandis que les étages supérieurs sont réservés aux offices des tribunaux. Au rez-de-chaussée, une vaste halle, en fer et en verre, est consacrée à la réception et à la distribution des lettres. Les journaux sont reçus, et distribués dans une halle analogue, pratiquée dans le sous-sol, à laquelle le jour arrive par une mosaïque de verre qui remplace les dalles du trottoir. Une multitude de boîtes en cuivre sont établies dans la cloison qui sépare la salle de distribution des lettres d'un vestibule circulaire accessible au public. Parmi ces boîtes, les unes, destinées aux journaux, sont en communication avec le sous-sol ; les autres reçoivent les lettres et les circulaires. Chaque État et même chaque ville importante de l'Union a sa boîte particulière ; les pays étrangers ont aussi les leurs, ce qui facilite singulièrement le triage ; puis viennent les guichets des lettres bureau restant : par une galanterie tout américaine, il y a un guichet spécial pour les lettres adressées aux ladies. Des coupures de journaux affichées dans le vestibule contiennent les adresses des lettres restées en souffrance ; l'Office postal les communique chaque jour aux journaux de chaque nationalité ; enfin, le reste de la cloison est rempli par une multitude de jolies boîtes en bronze doré format in-12, que la poste loue, moyennant 16 dollars par an, aux personnes qui envoient chercher leurs lettres ou vont les prendre elles-mêmes. L'employé dépose les lettres dans ces boîtes, que le locataire ouvre du dehors au moyen d'une petite clef. La boîte étant à claire-voie, il peut s'assurer, avant de se donner la peine d'ouvrir, si elle contient des lettres ou si elle est vide. Je n'en ai pas compté moins de 5,795 ; chaque maison de quelque importance a la sienne, le *Post-Office* se trouvant naturellement placé au centre du quartier des affaires. Les journaux ont aussi leurs boîtes, d'un format plus grand et qui occupent un compartiment à part. L'entre-sol et le premier étage sont consacrés aux lettres chargées, aux envois d'argent, à la recherche des lettres perdues, aux services administratifs; le *postmaster*, — dont l'obligeance polie m'a ouvert l'accès de toutes les parties de ce *Post-Office* modèle, — et l'assistant du *postmaster*, sont installés au premier étage, et ils communiquent avec leurs employés par un télégraphe à portée de la main; leurs bureaux ne sont ni plus ni moins confortables que ceux de leurs employés; il serait impossible, du reste, qu'ils, le fussent davantage. Un ascenseur met en communication les quatre étages occupés par le *Post-Office*. Un dernier détail: plusieurs dames, vêtues avec une élégante simplicité, sont au nombre des employés des bureaux, notamment dans celui de la recherche des lettres égarées. Le *Post-Office* de New-York a coûté fort cher; mais la merveilleuse entente avec laquelle les services y sont distribués permet de réaliser des économies de temps et d'argent qui ne tarderont pas à couvrir, et au delà, les frais de cette installation, plus intelligente et pratique encore que luxueuse.

En sortant du *Post-Office*, traversons Fulton street et jetons un coup d'œil sur le marché. C'est une grossière construction en bois, sans élégance aucune, mais où la glace employée à profusion fait régner une fraîcheur relative. On conserve dans la glace le poisson, la viande, la volaille. On me montre une oie qui a été tuée au mois de décembre dans le Canada, et qui est demeurée des plus appétissantes. Çà et là quelques tortues. La Société protectrice des animaux vient d'intenter un procès aux marchands

qui ont l'habitude barbare de retourner sur le dos
ces intéressantes bêtes. Le procès n'est pas vidé encore, et les arguments pour ou contre ne manquent
pas : d'un côté, étant donné la structure particulière des tortues et les efforts persistants et doulou-
reux auxquels elles se livrent pour reprendre leur
position normale, il est certain que ce système peut
donner prise à des critiques fondées; mais, d'un
autre côté, comment procurer aux tortues le confort
et les distractions nécessaires pour les retenir de
leur plein gré dans l'enceinte du marché, d'où elles
sont destinées à passer dans les cuisines, et les empêcher de se diriger de préférence vers la rivière?
Question ardue, et que nous ne nous chargeons pas
de résoudre.

Prenons plutôt un billet pour Astoria, aux abords
du détroit qui sépare *Long-Island* du continent. Les
grands navires de mer pourraient prendre cette voie
pour arriver à New-York, et éviter ainsi la navigation
difficile des *Narrows*, si un énorme pâté de rocs
n'obstruait l'entrée du détroit, à *Hell Gate*. Le
gouvernement a entrepris de faire sauter ces rochers, et l'opération sera exécutée avant peu. On a
creusé dans le roc, sous le lit du détroit, une série
de galeries en éventail, en laissant seulement debout
assez de blocs ou de piliers pour empêcher l'effon-
drement partiel du rocher. Une multitude de trous
ont été percés dans ces piliers : quand tout sera
prêt, on les remplira de dynamite et on fera sauter

les galeries au moyen d'une étincelle électrique. Le récif enlevé, New-York aura sur l'Océan deux grandes portes au lieu d'une. Nous visitons avec conscience les *government-works*, et nous nous attablons auprès de la station devant un verre de *pop bier*, en attendant le retour du steamer qui fait le service de la rivière de l'Est jusqu'au haut de l'île Manhattan. La *pop bier*, c'est la bière recommandée par les Sociétés de tempérance : de l'eau glacée avec du gingembre, pétillant comme du vin de Champagne. Ce n'est qu'une illusion, mais une illusion hygiénique. Voici un léger steamer qui aborde au *pier*, avec le drapeau brésilien à l'avant et le drapeau des États-Unis à l'arrière. Il amène l'empereur don Pedro, le plus infatigable des empereurs, qui vient visiter, sans aucun apparat, selon son habitude, les *government-works*. Voici enfin notre steamer à double étage, le *Morisania*, d'où s'échappent les sons joyeux d'une harpe et de deux violons. On danse à bord du *Morisania*. Deux ou trois *picnics* y sont réunis : une école d'enfants de différents âges, garçons et filles mêlés, avec leurs institutrices, et un autre *picnic* de jeunes gens et de jeunes filles. On valse et on danse des contredanses : un bossu figure au nombre des danseurs les plus déterminés, sans que personne y trouve à redire et à rire ; tout ce monde s'en donne à cœur joie. Nous longeons *Blackwell-Island* où se trouvent accumulés la prison, le workhouse et la maison des fous, sur laquelle la foudre vient précisément de tomber ; mais cela ne ralentit pas les danses, qui se prolongent jusqu'au moment où le joyeux steamer stoppe à l'embarcadère de Brooklyn. De là nous allons visiter un asile-école pour les enfants des rues, établi et soutenu par des personnes charitables de Brooklyn. Moyennant la modique somme de 10 cents (50 c.), et de 15 cents, selon les âges, on y donne aux garçons des rues, vendeurs de journaux, nettoyeurs de souliers, apprentis, etc., le souper, le gîte pour la nuit et le déjeuner. Le *manager* décide souverainement, sur leur physionomie, s'il y a lieu de les admettre ou non ; il leur remet le numéro de leur lit et de la caisse destinée à renfermer leurs habits, reçoit leur argent en dépôt, et les fait passer dans une salle de bains d'où ils sortent les pieds propres, — n'oublions pas que les souliers sont un luxe absolument inconnu à cette variété de *boys*, — pour entrer dans une vaste chambre bien aérée où sont rangés deux étages de lits. On éteint le gaz à dix heures, et à six heures du matin tout le monde est levé. Un déjeuner substantiel, composé de pain, de thé et de viande froide, est servi, et chacun va à ses affaires. En hiver, une école est annexée au refuge ; les dames patronnesses de l'Œuvre y viennent à tour de rôle donner des leçons. Il y a aussi dans la même maison une école de couture pour les filles ; on leur enseigne à se servir de la machine à coudre moyennant la modique somme de 1 dollar, et, lorsqu'elles ont achevé cet apprentissage indispensable, on leur délivre un certificat de capacité. Il y a en Europe des institutions analogues, mais je n'ai vu nulle part régner autant d'ordre et une propreté aussi exquise.

Les Américains en général, et les habitants de Brooklyn en particulier, ont une manière de passer leurs soirées qui pourrait, à la rigueur, sembler monotone, mais qui a l'avantage de n'exiger aucun effort du corps et de l'esprit. Ils se balancent mollement dans leurs *rocking chairs* (chaises à bascule) ou s'asseyent tout bonnement sur l'escalier de la rue. Les riches aussi bien que les pauvres — à Brooklyn du moins — partagent cette habitude démocratique. Que faire, au surplus, par cette chaleur tropicale où tout mouvement est une fatigue, et où les maisons sont des fournaises? L'aristocratie de la 5e avenue est allée chercher la fraîcheur dans les stations de bains; elle est à Saratoga, à Newport, à Long-Branch, où les dames étalent des toilettes qui ne doivent rien à celles de leurs sœurs, les élégantes habituées de Trouville; tous les conforts et tous les plaisirs sont réunis dans les immenses hôtels de ces lieux de villégiature aristocratique. C'est de là que les modes, — venues de Paris, — rayonnent sur les régions les plus reculées du Nouveau-Monde. On ne s'y habille point et même on n'y marche point avec la simplicité et le laisser-aller qui m'ont frappé à New-York et à Philadelphie. Les reines de

la mode ont même inventé une nouvelle manière
de marcher, dite à la Kanguroo, dont les journaux
du *high-life* étaient naguère unanimes à vanter les
attitudes et les mouvements gracieux. Bien cambrées
sur les hanches, le buste autant que possible en
saillie, les avant-bras collés au buste, les deux pattes,
— je me trompe, — les deux mains portées en avant
à la manière distinguée de l'animal venu d'Australie, les *Kanguriennes* procèdent par une série de
soubresauts légèrement ondulatoires, dont l'effet est
inénarrable et irrésistible. Les loisirs me manquent
en ce moment pour aller admirer les Kanguriennes
à Newport ou à Saratoga. Je me contente de
chercher le frais à *Coney-Island*, la station de bains
la plus rapprochée et la plus populaire de New-
York : on y va en une heure par le car et le chemin
de fer. On peut se passer de bateau à vapeur. Quoique *Coney-Island* se décore du nom d'île, qui éveille
généralement des idées rafraîchissantes, elle n'est
séparée que par un simple ruisseau de la terre
ferme. La brise y fait totalement défaut ; en
revanche, les moustiques y déploient une activité de
Yankees.

Au retour, des groupes animés des deux sexes se
livrent aux douceurs de la *flirtation*. Les jeunes
misses sont très-démonstratives ; mais les lois de la
décence ne cessent point d'être observées. Évidemment, la liberté dont jouissent les jeunes Américaines est très-grande ; peut-être même seraient-elles

tentées d'en abuser, si elles trouvaient plus aisément des complices. Mais la complicité coûte cher ; nous sommes ici dans un pays qui admet la validité des promesses de mariage et la recherche de la paternité. Cela donne à réfléchir aux gens les plus entreprenants, quoique l'illustre jurisconsulte allemand, Zacchariæ, comparant les femmes à des forteresses, ait soutenu, avec une galanterie toute germanique, que les forteresses féminines succombent plutôt par suite de la mollesse de la défense que grâce à la vigueur de l'attaque : d'où il concluait à la nécessité d'interdire la recherche de la paternité, afin d'encourager au plus haut point la défense. On m'assure que les lois américaines obtiennent un résultat satisfaisant en refrénant la vigueur de l'attaque ; c'est pourquoi je me plais à espérer que la *flirtation* animée dont j'ai été témoin à mon retour de *Coney-Island* n'aura pas eu de conséquences regrettables.

VI

LES MINES DU NEW-JERSEY — BALTIMORE

New-York, le 20 juillet 1870.

Me voici de retour de deux excursions faites l'une dans la région minière de l'État de New-Jersey, l'autre à Baltimore et à Washington. Nous avions pris de bon matin, pour aller dans le New-Jersey, le train de retour du lait : — celui du soir apporte le lait à New-York, le nôtre emportait les boîtes vides, avec adjonction d'un petit nombre de voyageurs. L'aspect de New-York entre cinq et six heures du matin n'est pas précisément flatteur. On ne rencontre guère que des balayeurs en petit nombre, des ouvriers et des ouvrières se rendant à leur travail dans des costumes très-négligés : les hommes portent invariablement un chapeau mou qui ressemble au fameux armet de Membrin, et qui est, par excel-

lence, la coiffure américaine ; les femmes sont vêtues d'un indescriptible ramassis de vieilles robes,
de vieux châles troués et tachés, et de chapeaux
fanés, à ne pas toucher avec des pincettes. Cette habitude de se vêtir de défroques de seconde ou de
troisième main, que les Irlandais ont importée
aux États-Unis, doit évidemment contribuer à conserver la pureté des mœurs, et nous commençons,
grâce au ciel, à nous désinfecter assez de la corruption de la vieille Europe pour ne pas préférer des
mœurs moins pures et des robes plus propres : Peut-
être, à la vérité, la cherté des étoffes neuves —
n'oublions pas que nous sommes dans un pays
protectionniste à outrance — oblige-t-elle les gens
pauvres à user jusqu'à la corde et au delà ce qui a
été une robe et un habit. Quoi qu'il en soit, c'est une
habitude plus économique et morale qu'esthétique.

Le *Middland railway*, qui nous emporte avec un
nombre formidable de boîtes à lait, a une gare
commune avec le chemin de fer de Pennsylvanie.
C'est un chemin de fer en faillite ; on l'exploite
pour le compte des créanciers de la Compagnie, et
le fait n'est pas rare aux États-Unis, où un chemin
de fer est une entreprise comme une autre. La concurrence non limitée et réglementée produit naturellement, dans cette industrie, ses effets bons et
mauvais ; mais les premiers l'emportent singulièrement sur les seconds. Les actionnaires des lignes
qui tombent en déconfiture sont à plaindre sans

doute, mais comme le public est servi! Avec quelle sollicitude les Compagnies concurrentes s'occupent de son bien-être, et parfois aussi avec quelle ardeur salutaire elles se disputent sa clientèle! En ce moment, par exemple, d'immenses pancartes affichées dans Broadway annoncent d'énormes réductions de prix pour Chicago et les autres grandes villes de l'Ouest, *trains directs*. Quatre lignes rivales se disputent dans cette direction les voyageurs à grande distance; il est possible qu'elles finissent par s'entendre, — mais, en attendant, les voyageurs profitent de la concurrence qu'elles se font, — et s'il leur arrivait de s'entendre trop après ne s'être pas entendues assez, un cinquième concurrent ne manquerait pas d'intervenir. En tout cas, l'immense avantage de ce système, c'est d'avoir porté à son maximum la multiplication des chemins de fer, — les États-Unis en ont à eux seuls, pour 40 millions d'habitants, presque autant que l'Europe pour 300 millions. — La production des moyens de locomotion y est aussi abondante qu'elle peut l'être, et l'on sait qu'abondance est partout et toujours synonyme de bon marché. A ne consulter que les tarifs, les prix peuvent sembler aussi élevés qu'en Europe, mais il ne faut pas oublier qu'on dépense ici aussi aisément 1 dollar que chez nous une pièce de 2 francs ou même de 1 franc, et, d'un autre côté, que les localités où n'existent ni chemins de fer ni tramways sont l'exception, tandis qu'elles sont encore la règle dans la plus grande partie de l'Europe ; or, l'absence ou l'insuffisance des moyens de transport perfectionnés, n'est-ce pas l'équivalent du maximum de cherté des moyens de transport?

Le *Middland railway* est aménagé d'une façon conforme à l'état de sa fortune ; les bancs de notre longue voiture sont en bois, mais on y trouve comme partout une fontaine d'eau glacée où l'on peut aller s'abreuver à discrétion et sans frais, et dans l'allée du milieu circulent librement les marchands d'*ice creams* et les *boys*, pieds nus, avec leurs assortiments de journaux. Le pays est montueux et boisé : on se croirait dans les Vosges. Les maisons, comme la plupart de celles que j'ai vues dans les campagnes, sont en planches, et, grâce à l'abondance du bois, elles coûtent peu à bâtir : les plus élégantes sont peintes en blanc avec des persiennes vertes ; le plus grand nombre ne sont pas peintes du tout. Les stations de chemins de fer, en bois comme les maisons, sont d'une simplicité primitive ; il y a un bureau pour les tickets, un bureau pour le télégraphe dont le cliquetis se fait entendre sans désemparer, une salle pour les *gentlemen*, une autre salle pour les *ladies*, avec des chaises de bois : grandes ou petites, voilà toutes les stations américaines.

Même simplicité dans les aménagements industriels. A Franklin, petite agglomération de quelques centaines d'habitants, nous visitons une mine, ou plutôt une carrière — car on y travaille à ciel ouvert — de *franklinite*, un minerai des plus riches, de fer, manganèse et zinc. Une simple cabane abrite le conducteur de l'exploitation. La veine est superbe, mais peut-être n'en tire-t-on pas tout le parti qu'on en pourrait tirer. Au dire d'un ingénieur de nos compagnons, les Américains, qui sont les mécaniciens les plus hardis et les plus ingénieux du monde, sont, en revanche, de médiocres chimistes. Les richesses minérales dont ils disposent sont telles, qu'ils peuvent encore se contenter de les exploiter *groso modo*. Les ouvriers sont payés à raison de 1 dollar ou 1 dollar 10 ; les *boys*, à raison de 50 cents pour la journée de dix heures. Les salaires étaient beaucoup plus élevés autrefois ; mais les États-Unis subissent aujourd'hui les désastreuses conséquences de la guerre et de la protection, et la crise qui a éclaté au mois d'octobre 1873 ne semble pas près d'avoir un terme.

De Franklin, nous allons à Ogdensburg, dans le district de Sparte, où se trouve une autre exploitation de minerai de zinc. Nous sommes dans le comté de Sussex. Chaque comté est divisé en districts d'un millier d'habitants au moins ; chaque district se gouverne lui-même, et l'administration locale peut naturellement s'y recruter beaucoup mieux que dans de petites communes de quelques centaines d'habitants. Ogdensburg ne possède que quelques maisons , parmi lesquelles deux *boarding houses*, hôtelleries de campagne qui n'ont rien à envier, sous le rapport de la propreté et du confort, aux grands hôtels des villes. Il y a un piano et des livres au salon, et, quoique nous soyons dans le district de Sparte, nous ne sommes pas réduits à manger du brouet noir. La nuit est tombée, ce qui nous permet heureusement d'échapper à *Gargling* et à *Sozodont*, qui nous ont poursuivis avec acharnement à New-York, à Brooklyn, à Philadelphie, à Franklin et à Ogdensburg, sur le *Middland railway* comme sur le *Pennsylvania*, et qui nous rattraperont bientôt, hélas ! à Baltimore et à Washington. A mon arrivée à New-York, le premier mot que j'avais lu à l'embarcadère, c'était Sozodont ! Je l'avais retrouvé le long des murailles et sur les planches des *piers*, tantôt seul, tantôt serré de près par *Gargling*, comme M. de Pourceaugnac poursuivi par les matassins. C'est un duel homérique entre le gargarisme de Gargling, *Gargling oil*, et la poudre dentifrice de Sozodont. Seulement Sozodont me paraît avoir l'avantage sur Gargling. Gargling affiche son gargarisme : *Gargling oil*, tandis que Sozodont n'affiche que : Sozodont.

Moi seul, et c'est assez....

Un moment j'avais cru, je l'avoue, à la victoire de Gargling : toutes les perches horizontales qui clôturent les champs le long du chemin de fer de Pennsylvanie célèbrent la gloire du *Gargling oil;*

mais, en retrouvant Sozodont imprimé sur les rochers les plus inaccessibles et jusque sous l'arche obscure d'un pont, j'ai compris la supériorité de Sozodont. C'est égal, c'est agaçant à la fin, Sozodont. Sozodont! que me veux-tu?

Nous repartons le lendemain samedi, à neuf heures dix minutes du soir, de New-York, et nous arrivons le lendemain, à quatre heures et demie du matin, à Baltimore, la ville la plus aristocratique des États-Unis et non la moins jolie. Une gracieuse hospitalité nous est offerte dans une maison de campagne du voisinage. Nous profitons de l'heure matinale pour faire un tour de promenade. Des bosquets, des prairies, des maisons en bois, ombragées d'arbres au feuillage touffu avec une *piazza*, galérie où l'on prend le frais dans un fauteuil à bascule, des plants de maïs de sept pieds de haut, une voiture attelée d'une manière irréprochable, qui traverse la route, conduite par un cocher noir à l'air comme il faut, un cocher du faubourg Saint-Germain, à la couleur près, voilà ce qui frappe d'abord nos regards. Derrière une clôture, sous un poirier, une jolie enfant de douze ans, à la physionomie avenante et fine, aux yeux pleins de douceur et de bonté, nous salue d'un *good morning* harmonieux, en nous offrant gentiment à mon compagnon et à moi deux poires qu'elle vient de cueillir. L'aimable bienvenue et le charmant pays!

Un peu plus tard, à l'heure des offices, nous pre-

nons le *car* pour aller visiter Baltimore. Une affiche
bien en vue pric les *gentlemen* de ne pas cracher sur
le parquet, par respect pour les dames. Des dames, il
y en a de toutes les couleurs : des blanches, aux traits
réguliers, avec des sourcils noirs, fins et bien arqués,
— des mulâtresses et des négresses dont les traits
semblent façonnés à la hache, celles-ci encore un
peu gauches et gênées d'être assises à côté des
blanches. L'une d'elles, vêtue d'une robe à couleur
voyante, avec un chapeau fleuri qui venait peut-être
du passage du Saumon, le menton prognathe accu-
sant une parenté rapprochée avec la race simienne,
montait pour la première fois dans un *car ;* elle ne
savait comment s'y prendre pour payer. Un gentleman blanc lui indique avec obligeance le *box* où
chacun dépose librement le prix de la course. Les
dames américaines n'exercent point dans les voitures
des chemins de fer et dans les *cars* la domination
tyrannique qu'on leur attribue : quand toutes les
places sont prises, elles restent debout, la main passée dans une des courroies qui pendent le long de
la travée ; mais, ce qui est vrai, c'est que les gentlemen assis s'empressent généralement de leur offrir
leurs places, qu'elles acceptent non moins généralement. On est frappé, du reste, de la politesse
réelle des mœurs américaines, malgré le sans-façon
de la tenue et des allures. Toutes les indications que
je suis obligé de demander, — dans quel anglais, ô
ciel ! — me sont données avec une obligeance par-

faite. On s'aperçoit vite qu'il n'existe dans ce pays, sauf exception, ni aristocratie ni populace ; on n'est affligé nulle part du spectacle de la grossièreté et des mauvaises mœurs — je n'ai vu encore qu'un ivrogne à New-York, deux ou trois mulâtresses s'étalant sur le trottoir à Washington, et je n'ai pas été témoin d'une seule rixe ; — mais l'absence de raffinement et d'élégance dans les manières n'est pas moins frappante. Le contact de la classe supérieure a élevé le niveau de la masse ; mais peut-être le contact de la masse a-t-il, d'un autre côté, abaissé le niveau de la classe supérieure. Les mœurs forment ainsi une sorte de moyenne, également éloignée de l'extrême grossièreté et de l'extrême raffinement.

Exemple à peu près unique aux États-Unis : Baltimore n'est pas bâti sur un terrain absolument plat ; on y monte et on y descend, et quoique les maisons rouges, à persiennes vertes et à escaliers d'une blancheur aveuglante, y soient en majorité, on en voit d'autres. Les magasins sont fermés à cause du dimanche, mais il n'y a pas de volets aux étalages. A Baltimore, comme à New-York, on se contente de laisser le gaz allumé toute la nuit ; les policemen, en faisant leur ronde, examinent si tout est en ordre, et les voleurs de nuit échapperaient malaisément à leurs regards et à ceux des passants. Voici un étalage de modiste, avec des *centennial corsets*, corsets du Centenaire. Voici une pharmacie avec sa fontaine d'eau de Vichy et de Kissingen. — On consomme en un jour aux États-Unis, combinée avec les sirops les plus variés, depuis le « nectar » jusqu'à la salsepareille, plus d'eau de Vichy que les sources n'en fournissent en un an. Voici le *holy tree*, restaurant de la tempérance ; voici un magasin de musique où s'étale la photographie du professeur William Miller, champion gréco-romain d'Amérique et d'Australie, un vigoureux gaillard, fort en biceps ; voici l'enseigne d'un « médecin spécial » pour les yeux et les oreilles, et d'un autre médecin non moins spécial pour la gorge et l'estomac ; voici une église méthodiste : un prédicateur maigre s'y promène avec agitation derrière son pupitre. Il énumère, en faisant des gestes d'une véhémence extraordinaire, les diverses tentations qui assiégent incessamment les hommes dans leurs maisons, à leurs comptoirs, dans les rues et jusque dans les églises. La seule tentation que paraisse éprouver son auditoire, muni d'éventails japonais, c'est de céder à une irrésistible somnolence. N'oublions pas que le thermomètre marque aux environs de 40 degrés centigrades au-dessus de zéro. Voici la cathédrale catholique, — Baltimore est le siége d'un archevêché et l'un des foyers principaux du catholicisme aux États-Unis. — C'est un assez bel édifice en pierre grise, avec un portique grec. Au milieu, une rotonde, autour de laquelle se déroule cette inscription en style lapidaire : « Ceci est la maison de Dieu, qui est l'église du Dieu vivant et la pierre angulaire de la vérité. »

Un prêtre dit la messe ; dans une galerie supérieure deux sœurs de charité, avec leurs bonnets à grandes ailes, accompagnent un troupeau de jeunes filles vêtues de blanc ; un fauteuil rouge sous un dais marque la place de l'archevêque ; assistance médiocrement nombreuse, mais recueillie, où le type irlandais domine. Voici enfin une église nègre, de la secte des baptistes ; à l'entrée, un avis en grosses lettres prévient le public « qu'il n'est pas permis de fumer dans cette église. » Il y a au rez-de-chaussée une salle vide ; montons au premier étage : l'office vient de finir, mais la salle — un vaste parallélogramme aux murs blanchis sans ornements — est encore remplie d'un auditoire dont la couleur va du noir d'ébène au brun clair, et même au blanc légèrement bruni. Auditoire très-proprement vêtu : les hommes portent des paletots noirs ou gris et des gilets blancs ; des chaînes d'or ou de similor avec des breloques s'étalent sur les gilets ; les femmes, les yeux vifs, la physionomie animée, ont des robes de toutes les couleurs ; il y a des parterres de fleurs sur les chapeaux. Trois gentlemen noirs, munis d'éventails japonais, sont accoudés au pupitre, où se trouve placée une sébile devant laquelle l'auditoire défile en déposant son offrande. Il s'agit d'une collecte pour l'entretien de l'église. On sait que les églises nègres, aussi bien que les églises blanches, sont entretenues uniquement par des contributions volontaires. Tout ce monde coloré a l'air fort gai ;

on dirait une bande d'écoliers faisant l'école buissonnière plutôt qu'un grave troupeau de fidèles
baptistes.

Les nègres sont admis dans les églises et ils
peuvent envoyer leurs enfants aux écoles blanches ;
mais, malgré tout, le préjugé de couleur n'est
pas encore dissipé. A l'église des blancs, la charité
chrétienne ne les tolère qu'avec une contrainte visible ; à l'école, les petits blancs se battent avec les
négrillons. Enfin, les nègres ont leurs cimetières
particuliers, aussi bien que les catholiques, qui refusent, aux États-Unis comme en Europe, de dormir
du sommeil éternel à côté des membres des autres
cultes. J'ai quitté l'intolérance dans l'ancien monde,
je la retrouve dans le nouveau. Un bureau de police
est ouvert à côté de l'église nègre. Nous y entrons.
Dans le vaste parloir, où deux agents de police sont
de service, nous nous arrêtons devant les photographies des voleurs et assassins notables que la justice
a logés ou loge aux frais de l'État. On emploie un
moyen bizarre mais efficace pour les décider à laisser reproduire leurs traits, généralement peu flatteurs pour la race humaine ; ceux qui refusent de
poser devant l'objectif sont promenés dans les rues
de Baltimore avec un écriteau portant en grosses
lettres : « Voleur ou Assassin ! » Ce procédé, qui
fait souvenir du roman de Nathaniel Hawthorne, *la
Lettre rouge*, manque rarement son effet. Les plus
récalcitrants finissent par se soumettre. Je constate,

à l'honneur du beau sexe, que les dames sont en minorité dans cette vilaine société.

Le lendemain, nous allons visiter le *Druids park*, parc des Druides, qui est le bois de Boulogne de Baltimore. Nous entrons en conversation avec notre cocher nègre. Il a été esclave et a servi pendant la guerre. Il ne sait pas écrire, mais il sait épeler et lit même assez couramment les caractères imprimés ; sa femme, qui est plus jeune que lui, — il a trente-trois ans et elle en a vingt-sept, — a pu aller à l'école, et elle sait très-bien lire et écrire. Elle est blanchisseuse, et gagne de 4 à 5 dollars par semaine, en travaillant chez elle. Elle gagnerait davantage en allant en journée, mais elle ne pourrait pas soigner son ménage et s'occuper de ses enfants. Ils en ont deux, un garçon et une fille. — « Les envoyez-vous à l'école ? — Non ; ils sont très-jeunes ; le garçon a huit ans, et la fille six. D'ailleurs, nous n'avons pas encore d'école quotidienne ; on est en train d'en bâtir une. — Pourquoi n'envoyez-vous pas vos enfants aux écoles des blancs ? — Nous n'aimons pas cela ; ils se disputent et se battent avec les enfants blancs. — A quelle religion appartenez-vous ? — Je suis catholique. — Avez-vous des prêtres de couleur ? — Non ; ils sont tous blancs, mais il y a des nègres qui étudient pour devenir prêtres. — Avez-vous des églises catholiques nègres ? — Oui, il y en a une, et on est en train d'en bâtir une seconde, avec une école où j'enverrai mes enfants. — Est-ce que vous

vous tirez d'affaire? — Oui, mais tout juste. Les loyers sont très-chers. Je paie 15 dollars de loyer par mois pour ma petite maison en bois. — Avez-vous des économies? — J'en avais avant mon mariage et je les avais placées dans une banque. On m'a dit que la banque n'était pas solide et je les ai retirées. Alors il m'a fallu payer des dettes et monter mon ménage ; maintenant, il ne m'en reste plus. — Êtes-vous content de n'être plus esclave? — Oh ! oui, certainement. — Et les autres, sont-ils contents ? — Je ne sais pas ce que pensent les autres, je parle pour moi. » — Un autre nègre qui nous a servi de guide le lendemain à Washington s'est montré moins affirmatif. Comme nous lui demandions s'il était satisfait d'être libre : — « Je crois que oui, nous dit-il. — Comment ! vous croyez que oui ? vous n'en êtes donc pas sûr ? — Je ne pourrais pas le jurer. » Et il nous fut impossible de tirer de lui autre chose que cette réponse laconique. Notre cocher de Baltimore a une physionomie douce et passablement intelligente, le front élevé, mais un peu étroit et fuyant, des yeux vifs et bons. Au retour, son petit négrillon vient nous ouvrir la barrière ; il s'y prend gauchement. Le père lui explique le mécanisme de la gâchette, en souriant avec bonhomie ; la porte finit par s'ouvrir, et le négrillon, tout joyeux d'avoir résolu ce problème difficile, s'éloigne en gambadant.

Dans l'après-dînée, nous faisons une excursion

en bateau à vapeur dans la Potapsca, branche de la baie de Chesapeake, sur laquelle est bâtie la ville de Baltimore. Nous visitons une fabrique de briques réfractaires et de tuyaux en *terra cotta*, dont on se sert pour les égouts de préférence aux tuyaux de fonte, et un *elevator*. Nous avions beaucoup entendu parler des *elevators* de Chicago. Celui-ci est construit sur le même modèle. C'est un énorme bâtiment en briques rouges de 180 pieds de hauteur, aussi long que haut et moins large de moitié, situé au bord de l'eau. Les wagons du chemin de fer viennent s'y décharger au rez-de-chaussée, d'où un ruban sans fin à godets monte le grain aux étages supérieurs. Il y reste emmagasiné jusqu'à ce qu'on juge le moment favorable pour l'exporter. Alors, il est versé par des tuyaux en bois dans le navire placé à quai. Deux machines à vapeur, ensemble d'une force de 300 chevaux, suffisent à accomplir tout le travail de cet *elevator*, qui peut contenir 1 million 1/2 de boisseaux de grains. L'emmagasinage pour dix jours et la réexpédition se paient à raison de 1 1/4 cents par boisseau ; l'emmagasinage pour chaque quinzaine supplémentaire, 3/8 cents. Avant l'invention de cet énorme et ingénieux mécanisme qui embarque les grains d'une façon pour ainsi dire automatique, les frais d'embarquement seuls s'élevaient à 3 cents par boisseau ; aussi commence-t-on à en établir dans tous les ports d'où s'expédient des céréales. Au moment où nous visitons l'*elevator* de Baltimore, il s'en écoule des torrents de maïs avec le bruit de l'eau qui se précipite dans les gouttières après une violente pluie d'orage. Nous jetons un dernier coup d'œil sur le panorama pittoresque de la baie, et nous passons une soirée délicieuse, mollement bercé dans un *rocking chair* sur la *piazza* de la maison hospitalière qui nous a accueilli. Une caille à aigrette de la Californie, un cardinal, le rossignol de la Virginie, et un oiseau moqueur, nous réjouissent de leur plumage ou de leur chant. Seulement, il y a trop de mouches, et passablement de moustiques. Les mouches, on les chasse pendant le dîner en posant sur la table un mécanisme aussi simple qu'ingénieux, une tige verticale surmontée de deux branches horizontales à palettes qu'un mouvement d'horlogerie fait tourner. On se préserve du moustique — ennemi nocturne autrement redoutable — en entourant son lit d'une enveloppe de gaze hermétiquement fermée, sous laquelle on se glisse avec toutes les précautions nécessaires pour ne pas introduire dans la place l'insecte féroce qui rôde, *quærens quem devoret*, en susurrant son chant de guerre. Le lendemain matin de bonne heure, l'oiseau moqueur nous réveille en chantant l'air des *Lampions* aussi correctement que pourrait le faire un vieil habitué des clubs, et deux heures plus tard nous sommes à Washington.

VII

WASHINGTON — WEST-POINT

New-York, le 24 juillet 1876.

Le Capitole est le centre et la raison d'être de Washington. C'est un énorme édifice tout blanc, bâti sur une éminence, à 90 pieds au-dessus du niveau du Potomac. Il se compose de deux ailes spacieuses, affectées l'une au Sénat, l'autre à la Chambre des Représentants, avec un dôme de 300 pieds de haut, surmonté d'une statue colossale de la Liberté. En comparant sa masse imposante aux habitations et aux édifices modestes qui l'entourent à une distance respectueuse, on croirait voir un majestueux éléphant blanc au milieu d'un troupeau de rats. Du Capitole rayonnent dans tous les sens d'immenses avenues deux fois larges comme nos boulevards, mais encore, pour la plupart, dégarnies de maisons. Çà

et là un parc, et à l'autre bout de l'avenue de Pennsylvanie, la seule qui existe sérieusement, — la
Maison-Blanche, demeure du Président des États-
Unis. Entrons au Capitole. Inutile de dire qu'il n'est
pas nécessaire d'en demander la permission. Nulle
part on n'aperçoit de gardiens ni de sentinelles, et
toutes les portes sont ouvertes. Nous montons, par
de larges escaliers, — les habitués prennent de préférence l'ascenseur, — jusqu'au premier étage ; les
escaliers sont très-proprement tenus, il y a des cra-
choirs sur tous les paliers. A l'une des portes de la
rotonde nous nous arrêtons un moment devant une
boutique de cigares et devant une autre boutique
composite où une marchande très-loquace vend des
photographies et des boutons de manchettes. La rotonde est ornée d'une série de tableaux officiels :
l'*Arrivée de Christophe Colomb en Amérique, la
Découverte du Mississipi, le Baptême de Pocahon-
tas, la Déclaration d'indépendance des États-Unis.*
Le gouvernement des États-Unis a employé, pour populariser cette galerie historique, un procédé in-
faillible. Il l'a fait graver sur son papier-monnaie :
certains *greenbacks* sont ornés du *Baptême de Poca-
hontas*; d'autres ont pour illustrations *la Découverte
du Mississipi* et *la Déclaration d'indépendance.*
C'est un procédé ingénieux de vulgarisation des
œuvres d'art et des connaissances historiques, mais
est-ce un procédé économique ? Combien d'écoles et
de musées on aurait pu ouvrir avec ce qu'a coûté au

peuple américain l'excès des émissions des greenbacks, et la dépréciation qui s'en est suivie ! Un
large et élégant couloir, sur lequel s'ouvrent les portes d'une série de salles confortablement meublées,
où se réunissent les commissions, nous conduit à la
galerie du Sénat. Nous nous adressons à un gardien
qui nous prie poliment d'entrer, sans faire la moindre tentative pour nous débarrasser de notre canne
et de notre chapeau, — on ne connaît encore que
vaguement aux États-Unis la plaie des pourboires,
— et nous avons devant les yeux une salle rectangulaire de médiocre grandeur, luxueusement ornée
de tentures de soie jaune, avec trois rangs concen-
triques de bureaux et de fauteuils en acajou, sur lesquels siégent un petit nombre de sénateurs, nu-tête
et les pieds à leur place. La plupart, à commencer
par le président, ont à la main un éventail japonais
qu'ils agitent nonchalamment ; d'autres font leur
courrier ou jettent un coup d'œil distrait sur les *con-
gressionnal records* placés sur leur bureau, tandis
que le sénateur Merrimon, de la Caroline du Nord,
prononce de sa place — il n'y a pas de tribune —
un discours véhément contre l'excès des dépenses
publiques. Nous faisons le tour de la galerie où
règnent six ou sept rangées de banquettes à dossiers
garnies d'étoffe grise et confortablement espacées ;
la galerie est tout entière ouverte au public, à l'exception d'un compartiment bleu qui constitue la
loge diplomatique, et du compartiment vaste et

commode, réservé aux journalistes au-dessus du fauteuil du président. Contrairement à l'opinion qui prévaut encore généralement en Europe, les Américains sont d'avis que les journalistes chargés de rendre compte des débats ont besoin de voir les orateurs, et même de les entendre. En conséquence de cette opinion paradoxale, on leur a attribué les meilleures places de la galerie. Ce n'est pas tout. Derrière leur compartiment s'élève de plain-pied une salle meublée d'une immense table, où quelques-uns sont en train de rédiger leurs notes. Une porte ouverte nous montre à droite un bureau télégraphique à l'usage exclusif de la presse; à gauche, un vaste cabinet de toilette avec une fontaine d'eau glacée, des lavabos et le reste. Décidément, nous sommes bien dans le Nouveau-Monde. Nous passons devant une salle richement décorée qui est réservée de l'autre côté du couloir au Président et à ses ministres; nous jetons un coup d'œil sur la petite salle, d'un aspect plus sévère, où se réunit la Cour suprême des États-Unis ; nous traversons une salle de marbre, et nous voici dans l'aile de la Chambre des Députés. C'est la reproduction à peu près exacte de celle que nous venons de visiter, avec cette seule différence que la salle des séances est plus grande et moins élégante, qu'il y a sept rangées de pupitres au lieu de trois, et que les fauteuils sont en simple jonc. La discussion est sans intérêt, on donne lecture d'un bill présenté par le gouvernement, et chacun vaque à ses affaires.

Nous passons dans la salle des journalistes : quelques-uns sont couchés tout de leur long sur la grande table ; ils sont chez eux! Mais, en général, la tenue est excellente, et si l'on se dit encore des injures au Congrès, — on allait s'en dire une heure plus tard à propos du budget, de la guerre, — on a pris des habitudes de décorum qui étaient autrefois complétement ignorées. Le temps n'est plus où l'illustre orateur Henri Clay pouvait, sans que personne y trouvât à redire, interrompre une de ses brûlantes tirades patriotiques pour se moucher... sans mouchoir. Et avec quelle obligeante libéralité on met à la disposition des journalistes, et même des simples visiteurs, les volumineux documents du Congrès! Nous désirions nous procurer deux ou trois rapports : nous nous adressons à un employé qui nous conduit auprès d'un de ses collègues, lequel s'informe poliment de l'objet de notre demande, puis nous remet trois gros volumes brochés, en se donnant la peine de les faire emballer, sans rétribution aucune, et sans qu'il nous ait été nécessaire de décliner nos noms et qualités. C'était à ne pas y croire ! Nous descendons ensuite au rez-de-chaussée, où un bar et un restaurant offrent aux membres du Congrès et au public mêlés des consommations rafraîchissantes et substantielles à des prix modérés, et nous sortons de ce Capitole hospitalier, dans lequel l'art d'aménager les services parlementaires n'est surpassé que par la politesse des employés de tout ordre et par le désir singulier qu'ils manifestent en toute occasion d'être agréables au public. Le monde renversé !

. Nous nous faisons conduire au *Smithsonian In-stitute*, institution scientifique et musée, établi dans un superbe parc, grâce à un legs de 515,000 dollars fait par un simple citoyen, James Smithson, qui, à l'exemple de beaucoup de ses compatriotes, a légué à la postérité son nom avec ses dollars. Une vanité bién placée, après tout. Le musée Smithsonien contient une collection intéressante d'outils et d'armes préhistoriques, et les badauds peuvent y contempler une pierre de la grande muraille de la Chine. De là nous allons à la Maison-Blanche, dont les appartements de réception sont ouverts au public. La Maison-Blanche, malgré son portique grec, ressemble à une sous-préfecture de second ordre. Les appartements, suffisamment décorés, sont bas de plafond. Au fond d'une grande salle où règne une fraîcheur relative, une vingtaine de visiteurs font la sieste dans les vastes fauteuils de la présidence, revêtus de leurs housses. L'huissier de service se garde de troubler leur repos ; seulement, quelques minutes avant cinq heures, il les prie de venir voir « autre chose », et il les conduit dans une série de petits appartements où ils peuvent contempler les traits d'un certain nombre de Présidents et de vice-Présidents des États-Unis, puis il les ramène par un mouvement tournant sous le péristyle, en leur souhaitant le bonsoir.

De retour à New-York, nous remontons l'Hudson jusqu'à West Point. L'Hudson, c'est le Rhin des États-Unis, le Rhin, moins les vieux *burgs* ruinés, mais plus large et plus varié d'aspects. Après avoir côtoyé la longue île Manhattan, à moitié remplie par la ville de New-York, on traverse la région des *palissades*, murailles de granit à pic de 200 à 600 pieds de hauteur qui bordent la rive droite du fleuve, tandis qu'à gauche s'étagent, au milieu de bois épais d'un vert intense, la multitude des villas de tous les styles et de toutes les couleurs des riches négociants de New-York. Çà et là elles forment un groupe, ordinairement relié par un télégraphe local, qui permet aux voisins de correspondre entre eux, et même de jouer aux échecs sans avoir besoin de se déranger de leur *rocking chair*. Je venais précisément d'être témoin, à New-York, d'une petite scène qui m'avait montré toute l'utilité pratique du libre emploi du télégraphe. Un individu se présente dans un bureau pour obtenir un secours, en déclarant qu'il ne sortira pas avant de l'avoir obtenu. On pousse un bouton. Au bout de quatre minutes paraît un agent de police, dont la seule présence suffit pour faire battre en retraite ce visiteur importun. On s'abonne ici à l'électricité comme au gaz. A la campagne, toutefois, on fait son gaz soi-même, au moyen d'un de ces appareils ingénieux que le génie pratique des Américains applique aux services les plus modestes. Mais revenons à l'Hudson. Voici le

Spuyten Duyvel Creek, embouchure de la rivière de Harlem, qui sépare l'île Manhattan du continent. Voici Irwington, où demeurait Washington Irwing, que mon Guide illustré compare avec aisance à Shakespeare. Nous entrons ensuite dans le Tappan Zee, élargissement de l'Hudson, qui devient un lac jusqu'à ce qu'il se resserre de nouveau dans la région des *Highlands*, où il prend l'aspect poétique du Rhin à Bingen. Nous passons devant la fameuse prison de Sing-Sing qui a l'apparence d'une grande fabrique ; en face une glissoire amène de *Rockland Lake* jusqu'à une flottille de bateaux spéciaux l'énorme quantité de glace que consomme New-York. On s'abonne à la glace comme à l'électricité et au gaz. Seulement, le prix varie suivant la saison et la température. En ce moment tropical on paie jusqu'à 70 cents (3 fr. 50) par semaine ; en temps ordinaire l'abonnement tombe à 30 cents et au-dessous. Voici enfin, dans le site le plus romantique du monde, sur un plateau entouré de montagnes boisées, et bordé par les sinuosités pittoresques de l'Hudson, l'École militaire de West Point. Les bâtiments sont construits en granit, sur un des côtés d'une large pelouse ; voici la bibliothèque, où plusieurs *cadets* en petit uniforme gris clair et pantalon blanc sont occupés à lire, sous les bustes de Washington et de Lafayette ; l'un d'eux est un mulâtre. L'église est fermée, mais nous visitons les salles de cours, dont les portes sont ouvertes ; elles sont petites, mais admirablement tenues ; plus loin, un vaste corps de logement pour les élèves ; plus loin encore, sur un autre côté de la pelouse, les jolies maisons toutes fleuries des professeurs et des fonctionnaires de l'École. Une seule sentinelle en faction suffit pour garder ce groupe d'établissements militaires. Voici encore des batteries de canons pour les exercices du tir, et plus bas, s'avançant en pointe vers l'Hudson, un promontoire boisé, avec de jolis sentiers ombreux, où l'on vient faire des piquenique. Plusieurs jeunes couples sont en train de *flirter*, mais sans y mettre une activité dangereuse. Ici un jeune homme est profondément endormi tandis que sa compagne écarte avec une tendre sollicitude les mouches et les moustiques ; là, une jeune fille lit à haute voix la *New-York Tribune*, pendant que son compagnon, que cette lecture paraît intéresser vivement, tient une *umbrella* ouverte audessus de la jolie tête de la lectrice. Il est évident que la *flirtation* ainsi comprise et pratiquée n'a rien de particulièrement menaçant pour les mœurs. Mais n'est-elle jamais entendue autrement ? D'après toutes les informations que j'ai pu prendre jusqu'à présent, les accidents sont infiniment plus rares, sous ce régime de *free trade*, que sous le régime de protection usité en Europe. Les jeunes gens des deux sexes vivent ensemble, comme des camarades, font des promenades et des excursions, vont au bal et au spectacle, par couples ou en bande, sans que les parents s'en inquiètent autrement ; des deux côtés, on apprend à se connaître beaucoup mieux qu'il n'est possible de le faire dans des entrevues officielles, sous l'œil inquisiteur d'un chaperon. Comme on n'a point l'habitude de doter les jeunes filles, les mariages sont presque toujours des mariages d'inclination, et quoique la statistique demeure muette sur ce point, il semble que les unions contractées sous les auspices de la liberté du commerce entre les deux sexes soient généralement heureuses. En tout cas, les jeunes filles apprennent de bonne heure à se protéger et à se tirer d'affaire elles-mêmes ; nulle part, dans les *cars*, les chemins de fer et les bâteaux à vapeur, on ne les voit embarrassées de leur personne ; elles prennent elles-mêmes leurs tickets et s'occupent de leurs bagages sans réclamer aucune aide. Est-ce un mal ? Et puisque l'état actuel de nos idées et de nos mœurs ne nous permet pas de les estropier à l'exemple des Chinois, ou de les renfermer comme les Turcs, n'est-il pas juste et raisonnable de leur permettre de marcher seules ?

Le lendemain, samedi, visite au *Stock-Exchange* et aux Banques de *Safe-Deposit* ; le dimanche, excursion au cimetière de Greenwood. Le *Stock-Exchange*, la Bourse de New-York, n'a rien de remarquable, à l'exception d'un système de ventilation qui permet de renouveler continuellement l'air de la salle, où se négocie la masse des valeurs commerciales et industrielles ; les valeurs du gouvernement se traitent dans une salle spéciale. Le ventilateur du *Stock-Exchange* ne fournit pas moins de 25,000 pieds cubes en sept minutes, et la salle de médiocre grandeur dans laquelle fonctionne cet appareil rafraîchissant ne manquerait pas d'être envahie si l'accès n'en était point interdit aux personnes étrangères à l'Association des *brokers*, propriétaires de la Bourse. Le public n'est admis que dans une étroite galerie du premier étage. — Les banques des *Safe-Deposit* sont une des curiosités de New-York, où le danger du feu et la crainte des voleurs ont contribué également à les populariser. Entrons dans le sous-sol du magnifique bâtiment de l'*Equitable insurance. C°*. Voici d'abord une forte grille ; derrière cette grille, posée sur un soubassement en granit, une vaste caisse large de vingt pieds au moins, sur une profondeur double, haute de six ou sept pieds, toute en fer et en acier. La double porte qui y donne accès est bardée de serrures. On me fait remarquer un mécanisme qui empêche le caissier lui-même d'ouvrir la porte avant une heure déterminée. Si la clef est mise dans la serrure avant l'heure, la porte reste obstinément close ; en revanche, la police, avertie par une sonnette électrique, arrive sans tarder. Un autre mécanisme oblige les veilleurs de nuit à attester leur présence de demi-heure en demi-heure. L'intérieur de cette caisse si bien gardée est divisé en compartiments d'inégale grandeur ; il y a de petits compartiments loués à raison de 15 dollars par an, et de grands compartiments dont le loyer s'élève jusqu'à 200 dollars. Chacun est fermé par une serrure spéciale, ordinairement à combinaisons, dont le locataire a seul la clef. Tant pis pour lui s'il oublie sa combinaison ou s'il perd sa clef ! Il faut alors briser le compartiment, et c'est un travail de plusieurs jours. De plain-pied avec la caisse, règnent deux galeries de *boxes* affectées l'une aux *ladies*, l'autre aux *gentlemen*. On s'enferme à clef dans ces *boxes*, éclairées au gaz, sans craindre les importuns, pour détacher ses coupons, expédier ses valeurs, etc. ; il y a des *boxes* pour une, deux et plusieurs personnes ; enfin à chacune des deux galeries se trouve annexé un cabinet de toilette. Rien n'a été oublié. Les dames affectionnent particulièrement cette caisse coquette, et elles constituent une bonne partie de la clientèle de la *Mercantile Safe deposit Company*. Des écussons emblématiques, une chouette, une serrure perfectionnée, une corne d'abondance illustrée la signalent aux regards des passants de Broadway. D'autres ont une apparence plus sévère, mais on n'en cite jusqu'à présent aucune qui ait trompé la confiance de ses clients. Le fameux dragon qui gardait le Jardin des Hespérides, Cerbère avec sa triple gueule hurlante, les crocodiles qui veillaient sur le trésor du roi de Siam, n'étaient-ils pas de pauvres et grossiers conservateurs, en comparaison de ces appareils ingénieux et formidables ?

Voici toutefois un établissement qui conserve

mieux encore qu'aucune *Safety Bank* les dépôts qu'on lui confie, je veux parler de cet admirable et pittoresque cimetière de Greenwood, avec ses collines ses lacs, ses grands saules pleureurs, ses érables et ses chênes verts, qui domine la baie de New-York, sur une superficie de 600 acres (240 hectares). Grâce à cette vaste étendue, les concessions sont à bon marché et chacun s'y case à son aise ; certaines familles occupent une surface grande comme un cimetière de village. Des communautés y ont leur place particulière, où les brebis sont groupées autour de leur pasteur. Le Père-Lachaise renferme sans doute de plus beaux monuments funéraires, mais comme on y est à l'étroit ! En Amérique, l'espace ne manque ni aux vivants ni aux morts.

VIII

LES CHUTES DU NIAGARA — MONTRÉAL

Montréal, le 29 juillet 1871.

Grâce à la concurrence acharnée que se font les Compagnies du New-York Central and Hudson river, de la Pennsylvania et de l'Erié, on va, en ce moment, de New-York aux chutes du Niagara — distance, 442 milles, environ 600 kilomètres — à raison de la très-modique somme de 5 dollars ou même de 9 dollars, aller et retour. A Niagara, vous entrez dans le premier office venu, où l'on vend des journaux, des livres et un immense assortiment de tickets de chemins de fer valables pendant six mois, avec toute sorte d'itinéraires illustrés que les Compagnies concurrentes répandent à profusion, et vous achetez pour 59 dollars une série de tickets de chemins de fer et de bateaux à vapeur pour le lac Ontario, Mon-

tréal, Québec, avec retour à New-York par le lac
Champlain, le lac Georges et Saratoga. En tout, 44
dollars, 200 fr. (le dollar en papier perd actuellement 12 0/0), pour un parcours de plus de 2,000
kilomètres. Ce n'est pas cher si l'on songe surtout
que le niveau général des prix est ici infiniment
plus élevé qu'en Europe. Je prends le chemin de
fer de l'Erié qui traverse les pittoresques vallées
de la Delaware et de la Susquehannah, avec des
courbes d'un rayon tellement court qu'on voit, des
dernières voitures, cheminer devant soi la locomotive sans avoir besoin de se pencher en dehors de la
fenêtre. On monte jusqu'à ce qu'on atteigne le
village de Summit, point de partage des deux vallées, à 1,366 pieds au-dessus du niveau de la mer.
Dans les 8 derniers milles, la montée est de 369
pieds. Le chemin de fer suit de très-près le cours des
deux rivières qui coulent entre de hautes collines
couvertes de bois touffus ; çà et là une éclaircie où
l'on aperçoit tantôt une maison, tantôt un petit
groupe de maisons blanches en bois, avec des
persiennes vertes. Dans le *drawing car* Pullman
(le *drawing car* est la voiture de jour et le *sleeping
car* la voiture de nuit), des fauteuils à pivot permettent au voyageur nonchalant de contempler sans se
déranger les divers aspects du paysage, tandis qu'une
foule de marchands de journaux, de livres, de *cocoa
nuts*, d'oranges et de glaces Allegretti conservées dans
des boîtes métalliques, se succèdent sans interrup-

tion pour lui offrir de quoi satisfaire ses appétits intellectuels et matériels. Nous traversons Buffalo, le grand entrepôt du lac Erié, d'où un embranchement nous amène, une demi-heure plus tard, aux célèbres *Niagara falls*. Nous descendons à *Cataract house*, hôtel situé entre les rapides et les chutes. Nous sommes venus en seize heures de New-York. Il est minuit passé.

Nous nous endormons au bruit d'un sourd grondement qui nous rappelle le canon du siége de Paris, et le lendemain, de bonne heure, nous courons aux chutes. A la sortie de l'hôtel, un cocher des plus démonstratifs nous adresse un discours plein de promesses et nous pousse, bon gré mal gré, dans sa voiture. Nous faisons 1 mille, 2 milles à travers champs, et nous constatons, non sans inquiétude, que le bruit diminue au lieu d'augmenter. Nous voici enfin au bord d'une rivière large comme la Seine, mais dont les eaux tourmentées coulent entre deux brèches verticales de 150 à 200 pieds de hauteur. Nous nous arrêtons en face d'une maisonnette en bois où l'on vend du soda water et des photographies; moyennant 50 cents (2 fr. 50 c.), nous prenons un ticket pour l'ascenseur. Nous descendons pendant quatre minutes, dans une obscurité complète, et on nous dépose sur une grève rocailleuse, où il y a une « salle d'accommodation pour les ladies », mais point de chute. Toutefois, à part la salle d'accommodation, le site est suffisamment sauvage et pittoresque. La rivière roule bruyamment ses eaux vertes dans un lit de rochers, où elles se brisent en lançant des flots d'écume, et, plus bas, une montagne couverte de forêts, au pied de laquelle elle forme un coude, semble borner son cours tumultueux. Cependant ce n'est pas la cataracte ! Nous congédions notre cocher avec de vifs reproches, mais notre cocher ne veut pas être congédié. Il nous demande préalablement la somme ronde de 4 dollars. Nous nous récrions sur cette prétention abusive. Il nous ramène à l'hôtel, où l'on nous assure que c'est le prix, et que tout est en règle. *All right !* Nous nous exécutons, et prenons cette fois le sage parti de chercher nous-même la chute. Elle est à deux pas de l'hôtel. Seulement, elle n'est pas visible, gratis du moins. Par une combinaison ingénieuse et savante, la rive américaine (on sait que le Niagara forme la limite des États-Unis et du Canada) a été enclose de telle façon qu'on ne peut voir la chute que du *Prospect Park*, — prix d'entrée, 25 cents, — ou du *Suspension bridge*, prix du passage, encore 25 cents. Nous entrons dans le *Prospect Park*, et une avancée circulaire nous place soudainement en présence d'une des plus splendides merveilles de la nature. Sans un parapet en granit à hauteur d'appui, nous pourrions toucher de la main l'énorme masse liquide qu'une île en forme de promontoire, *Goat island*, divise en deux parties inégales : la chute américaine de 900 pieds de largeur sur 164 de hauteur, la chute cana-

dienne de 1,900 sur 150, l'une et l'autre déversant
par heure, 1,500 millions de pieds cubes d'eau.
Voilà pour la statistique ; mais comment donner une
idée de l'imposante majesté d'un pareil spectacle?
La masse verdâtre se couvre, en tombant, de scories
brillantes comme des soufflures de verre, et du fond
de l'abîme qu'elle creuse à une incommensurable
profondeur s'élève une vapeur blanche sur laquelle
les rayons du soleil dessinent des fragments d'arc-
en-ciel. Chacune des deux chutes se creuse par le
milieu, la chute canadienne formant une immense
cuve d'où la vapeur monte en nuages floconneux.
L'esprit demeure anéanti à l'aspect de cette scène
grandiose, et les lèvres sont muettes. C'est tout au
plus si l'on est choqué de la vue du moulin à papier
qu'un industriel utilitaire a bâti dans une annexe
de *Goat island*, et dont la haute cheminée fume à
une vingtaine de mètres au-dessus de la chute américaine.

Cependant le parapet de granit rouge sur lequel
nous nous appuyons est couvert de plaques blanches
rayées de lignes noires. Ce sont des affiches du
photographe de *Prospect Park*, et elles valent la
peine d'être lues. Elles apprennent aux visiteurs que
Prospect Park est le seul endroit d'où l'on puisse
avoir une vue complète du phénomène, en insistant
sur cette considération majeure qu'il leur importe
de conserver un souvenir durable de leur visite, et
qu'à cet égard ils ne pourraient rien trouver de

plus satisfaisant et de plus intéressant qu'une photographie contenant à la fois une reproduction parfaite d'un des plus grands spectacles de la nature, et de la physionomie qu'ils avaient eux-mêmes en le contemplant, *as they appear while wiewing it.* Sans me laisser séduire par cette annonce alléchante, je prends un ticket de 50 cents pour le chemin de fer qui dépose les visiteurs au pied de la chute américaine, et pour le *ferry* qui les transporte sur la rive canadienne. Le chemin de fer consiste en un plan incliné, sur lequel un *car* à découvert monte tandis qu'un autre descend. Au bout de quelques minutes vous vous trouvez dans un pêle-mêle de rochers glissants, en travers desquels sont jetées des passerelles qui vous permettent d'approcher assez près du torrent écumeux pour être étourdi, aveuglé et mouillé de pied en cap. Après avoir accompli ce devoir de touriste consciencieux, vous vous embarquez sur le *ferry*, une chaloupe grande comme une coquille de noix qui vous porte sur l'autre rive, en dansant sur les brisans et les remous. Il n'y a point d'ascenseur ni de chemin de fer incliné au bord canadien. Vous suivez à pied un sentier sinueux et vous vous trouvez en face d'un musée où l'on entre sans payer et d'une écurie de buffalos où l'on entre en payant. Vous vous détournez en faisant quelques pas : un gros tronc d'arbre sur lequel des gamins s'avancent à califourchon est incliné le long de l'abîme. On vous offre, moyennant 1 dollar, de vous conduire dans le gouffre. Vous acceptez. On vous revêt d'un costume et d'un bonnet de toile cirée, et vous descendez jusqu'au pied de la cataracte. Le rocher d'où le flot épais et bruyant se précipite, profondément creusé et selon toute apparence destiné à s'effondrer, forme un arceau au-dessus de votre tête. Vous avancez, en vous collant au rocher, sur un sentier qui va en se rétrécissant jusqu'au moment où il devient tout à fait impraticable. A deux pas, la masse liquide se précipite en mugissant. C'est un enfer aquatique. Vous rebroussez chemin, et ce n'est pas sans un sentiment d'intime satisfaction que vous remontez l'escalier qui vous a conduit dans cet antre, d'où le dieu Dollar, le plus puissant des dieux, a expulsé le génie de la cataracte. Vous vous rhabillez, vous vous séchez et vous suivez la berge escarpée, au-dessous de la chute, jusqu'à *Suspension bridge*, une merveille de l'industrie humaine en face d'une merveille de la nature. Les deux tours qui en forment les extrémités sont à une distance de 1,230 pieds l'une de l'autre, et le tablier du pont est à 256 pieds au-dessus du niveau de la rivière. Voitures et piétons y passent sans que la moindre oscillation vienne inquiéter les voyageurs nerveux. Du milieu de *Suspension bridge*, vous apercevez à votre droite la cataracte dans toute sa splendide beauté, tandis qu'à votre gauche, sur les hauteurs de la rive américaine, s'étale, en caractère cyclopéens, l'annonce des pilules et emplâtres de Herrick, *Herricks pills and plasters*, Herrick, un émule de Sozodont ! Sozodont y est aussi, serré de près par Gargling, et bien d'autres. Il y a le *Peruvian syrup*, l'*Anderson's buchu*, le *Tarrants selters aperiment for dyspepsia*; il y a, peints à fresques dans les tons les plus éclatants et les attitudes les plus provoquantes, tous les animaux de la ménagerie de Van Amburgh, le zèbre, l'hyène, le rhinocéros cornu, le premier qui ait visité ce continent, sans oublier l'âne acrobate, constituant, au dire de l'éditeur de l'affiche, une réunion propre à intéresser les théologiens aussi bien que les historiens. Il y a enfin la reine de la corde, la célèbre signorina Maria Spelterini, qui annonce sa dernière ascension — c'est la cinquième — sur la corde roide, au-dessus des torrents mugissants et bondissants de la cataracte. C'est complet ! Mais il nous reste à visiter *Goat island* et *Sisters islands*, ce groupe d'îles et d'îlots qui forment promontoire au milieu des chutes.

Nous remontons jusqu'à une cinquantaine de mètres en amont. Nous traversons un pont, — coût, 50 cents ; — nous passons devant la manufacture de papier qui a ingénieusement utilisé un filet de la cataracte, et nous voici sous les calmes et frais ombrages de *Goat island*. Des chemins sinueux et pittoresques y ont été pratiqués ; des ponts hardiment jetés sur les torrents écumeux qui séparent les îles nous conduisent tout au bord de l'abîme. Un avis du propriétaire informe le public que ce point est le seul endroit du monde où l'on puisse apercevoir un arc-en-ciel formant un cercle complet. Un autre avis, placé non loin d'un kiosque de soda-water, fournit des indications utiles aux *gentlemen* et aux *ladies*. Enfin, un troisième avis prévient les amateurs qu'ils peuvent, moyennant 1 dollar 1/2, costume compris, descendre dans la célèbre caverne des Vents, *cave of winds*, où ils pourront contempler dans toute sa sublime horreur le spectacle des convulsions intérieures de la cataracte. Ayant déjà été suffisamment mouillé dans la *cave of winds* de la rive canadienne, je ne crois pas nécessaire d'aller prendre un nouveau bain de cataracte, je remonte *Goat-island*, je passe dans les *Sisters islands*, à une centaine de mètres plus haut, et vraiment le spectacle qui s'offre à mes regards vaut bien celui de la *cave of winds*. La rivière, large ici de plus de 2 kilomètres, forme une série de rapides dont le principal a bien une vingtaine de pieds de hauteur. Les eaux, arrêtées par des récifs et des brisans, se soulèvent, jettent des flots d'écume irisés par les rayons du soleil, puis reprennent leur course vertigineuse vers l'abîme. On croirait voir d'innombrables troupeaux de moutons affolés par une panique, se précipitant, se culbutant, sans trêve ni repos, au milieu du vaste et impétueux courant qui les entraîne avec une impulsion irrésistible. Des forêts que la hache du bûcheron vient à peine d'entamer forment le cadre de ce tableau, moins grandiose sans doute que celui des chutes, mais plein de mouvement et de vie.

Je reprends le chemin de l'hôtel, et c'est tout au plus si je jette en passant un regard distrait sur une fresque merveilleuse représentant la découverte du pôle Nord, et de la véritable et authentique fontaine de soda water de Tuff. *Cataract house* est située dans la grande rue, je pourrais même dire dans l'unique rue de Niagara ; elle est garnie de magasins de curiosités, où l'on vend des photographies, des cannes, des éventails et une foule d'autres *souvenirs* des cataractes, jusques et y compris des hiboux empaillés. Si vous vous hasardez sur le seuil, vous êtes aussitôt entouré d'une légion d'élégantes misses en robe de soie, qui ne vous lâchent qu'après avoir allégé votre bourse du peu qui y reste de pièces de 25 cents et de 50 cents. Je finis par échapper à ces aimables moustiques, et je vais me reposer à l'américaine sur la piazza de l'hôtel. Une bande de musiciens vient s'y installer, et elle ouvre son concert quotidien en exécutant l'ouverture de *la Fille de M*^me *Angot.* Certes, les chutes de Niagara n'ont pas cessé d'être une des merveilles de la création ; elles lancent, comme au temps où M. de Chateaubriand allait écouter leur voix solitaire, un flot puissant et éternel ; mais en pénétrant jusque dans leurs entrailles au moyen de ses élévateurs et de ses *inclined railways,* en bâtissant des moulins sur leurs bords et en y élevant des fontaines de soda-water, en les utilisant et en les exploitant, l'homme ne les a-t-il pas dépouillées d'une partie de leur sauvage grandeur? C'était un lion du désert, ce n'est plus qu'un lion en cage que le dompteur, vêtu d'un justaucorps bariolé, exhibe en cabriolant entre ses pattes.

Le lendemain matin 27 juillet, nous prenons le train de Lewiston, petit port situé sur le lac Ontario, à l'embouchure du Niagara. Deux forteresses peu habitées, le Niagara sur la rive américaine et le Massasauga sur la rive canadienne, défendent l'entrée du fleuve. Nous nous embarquons à Lewiston sur un petit bateau de la Compagnie *Richelieu and Ontario*, qui nous transporte en quelques heures à Toronto, sur la rive opposée du lac. A Toronto, nous passons à bord du *Corsican*, un steamer grand format, avec un vaste salon dans toute sa longueur et deux rangées de cabines superposées. Mais ces cabines, je ne devais les connaître que de réputation. Quoique mon billet circulaire me conférât tous les droits possibles, on me demande 4 dollars pour une cabine. Je m'explique un peu plus tard l'élévation par trop escarpée de ce chiffre en apprenant que la Compagnie Richelieu and Ontario possède le monopole de fait, sinon de droit, de la traversée du lac Ontario et du fleuve Saint-Laurent. Je refuse avec énergie de me soumettre à cette exaction, et je me rabats sur le souper, qui est inscrit en toutes lettres sur mon ticket. Mais c'est ici qu'il s'agit de déployer une activité surhumaine. Une escouade de garçons dépose sur la table des jambons et d'énormes pièces de bœuf, puis disparaît comme dans une trappe. Il faut pratiquer la maxime américaine, *help yourself*, autrement dit, découper et se servir soi-même. Pendant une demi-heure on ne voit par-dessus la table que des bras allongés à droite et à gauche comme dans le tableau de *l'Enlèvement des Sabines* de David. Mais les plats du *Corsican* sont plus difficiles à enlever que les Sabines, il y a trop de Sabins! Je m'étends avec mélancolie dans un fauteuil et j'ai soin de me réveiller le lendemain matin de bonne heure pour jouir du spectacle pittoresque des Mille Iles, *Thousand Islands*, qu'aucun Sabin, du moins, ne me disputera. Les Mille Iles sont, comme leur nom l'indique, un massif d'îles et d'îlots, — il y en a de toutes grandeurs, — agréablement couverts de verdure et de bouquets d'arbres. On navigue dans les canaux sinueux qui les séparent, depuis Kingston, à l'origine du majestueux Saint-Laurent, jusqu'à Prescott, où son cours se dégage et où il s'évase en forme de lac. A vrai dire, le Saint-Laurent n'est autre chose qu'une série de lacs, d'une largeur de 5 à 10 kilomètres, qui se rétrécissent çà et là en formant des rapides. Nous avions à bord les commissionnaires de deux hôtels rivaux de Montréal, le Saint-Lawrence (Saint-Laurent) et l'Ottawa. Chaque fois que le *Corsican* franchit les remous tu-

multueux d'un rapide, l'un d'eux prend la parole,
au grand mécontentement dè son concurrent, pour
expliquer au public ce que c'est qu'un rapide, et
combien les rapides du Saint-Laurent sont supérieurs
à tous les autres rapides. Ce speech humoristique
se termine invariablement par un éloge consciencieux
de l'hôtel d'Ottawa, ou de Saint-Lawrence. Ce boni-
ment à l'américaine obtient, ai-je besoin de le dire? le
plus vif succès ; mais l'Ottawa représenté par un gros
garçon imberbe, à la face réjouie et à la faconde inépuisable, qui pourrait bien faire plus tard un *politicien*
distingué, remporte décidément la palme. Le Saint-
Lawrence, distancé, finit par le laisser maître de la
place, et l'heureux vainqueur remplit son carnet
des noms des voyageurs que son éloquence a déci-
dés à opter pour *Ottawa hotel*. Le dernier rapide,
situé à quelques milles de Montréal, entre le village
français de Lachine et le village indien de Caughna-
waga, est le seul qui nous rappelle sérieusement
les rapides du Niagara. Un pilote indien plus ou
moins authentique arrive dans une petite barque
pour diriger le *Corsican* au milieu des écueils. Un
coup de barre donné de travers, et nous voilà à vau-
l'eau. Heureusement notre pilote, Indien ou non,
connaît ses rapides mieux encore que l'orateur de
l'hôtel d'Ottawa : il dirige d'une main sûre le navire
au milieu des brisans, et nous ne tardons pas à
apercevoir en travers du fleuve une longue ligne
grisâtre. C'est le célèbre pont Victoria, le plus long

de l'Amérique, et probablement du monde entier.
Avec ses deux culées, il ne mesure pas moins de
1 mille 3/4 (2 kilomètres 1/2), la distance de la
place de la Concorde au bois de Boulogne. Ses vingt-
quatre arches reposent sur d'énormes piliers en
pierres, solidement défendus par des brise-glaces
contre les terribles débâcles du fleuve. N'oublions
pas que le Canada a sept mois d'hiver, qu'il y neige
et qu'il y gèle comme à Saint-Pétersbourg et à Moscou, tandis qu'en été il y fait chaud comme aux An-
tilles. Le pont Victoria traversé, nous avons devant
les yeux le panorama de Montréal.

Montréal, le port principal du Canada, est une
jolie ville de 140,000 habitants : 75,000 Français
et 65,000 Anglais, qui s'étend entre le fleuve, large
en cet endroit de 2 à 3 kilomètres, et un énorme
mamelon boisé dont on a fait un parc. Elle est divisée en deux comme par la lame d'un couteau : à
l'ouest, c'est la partie anglaise ; à l'est, c'est la partie française. Les deux populations, quoique vivant
en très-bon accord, ne se mêlent guère. On ne cite
pas dix Canadiens français qui fréquentent la société
et les clubs anglais. C'est la population anglaise,
composée en presque totalité de banquiers, d'industriels et de négociants, qui tient le haut du pavé.
Elle a l'esprit d'entreprise et les capitaux, sans
parler de l'éducation pratique qui développe l'instinct
des affaires. A peine débarqué, j'entends formuler
les plaintes les plus vives contre l'instruction exclu-

sivement classique que s'obstine à donner le clergé,
maître de l'éducation, et qui n'est propre, me dit-on,
qu'à former des prêtres, des avocats et des notaires.
Mais laissons pour le moment de côté ces questions
brûlantes et allons visiter la ville. En face de moi
s'élève une statue en bronze, protégée par deux
vieux canons. L'inscription gravée sur le socle
m'apprend que c'est la statue de Nelson, duc de
Bronte. Duc de Bronte! qui connaît le duc de
Bronte? Nelson, à la bonne heure! et les dernières
paroles de cet Anglais de vieille roche : « L'Angleterre attend de vous que chacun fasse son
devoir ! » sont bien placées sur le socle. Ah ! voici
enfin des enseignes françaises et des noms français.
Voici l'écusson de MM. Larivière et Pressier, deux
avocats associés, et celui de MM. Jetté, Beige et Cho-
quet, associés à trois ; voici l'enseigne de M. Armand
Pauzé, *meublier*, dans la rue Saint-Vincent ; l'enseigne de MM. Lafortune et Goderre, maison de bois
de sciage, et de Mlle Haquette, modiste, qui estampe
et brode dans la rue Notre-Dame. Entre paren-
thèses, du côté français, toutes les rues sont bapti-
sées de noms de saints ou de saintes, tandis que du
côté anglais on les a placées sous le patronage des
anciens gouverneurs. Voici enfin, sur un déballage
de confections, une pancarte en pur franco-américain : «Pas de blagues ! C'est le temps maintenant ou
jamais d'acheter des marchandises pour la moitié
de leur valeur. N'oubliez pas que c'est l'achat de

deux stocks de banqueroute ! » Que voulez-vous ?
Nous sommes à deux pas de la frontière des États-
Unis. Mais je suis fatigué. Je rentre à l'hôtel, où
l'on me demande obligeamment si *je suis bien* et si
j'ai fait une bonne *marche* (promenade) ; et comme
je veux prendre ma clef, on me prie de ne pas me
donner ce *trouble*. Hum ! si l'on enseignait aux
bons Canadiens un peu moins de grec et de latin,
et un peu plus de français !...

IX

LA SITUATION POLITIQUE DU CANADA — LE CLERGÉ CANADIEN — LA VIE RURALE

Québec, le 2 août 1876.

Presque aussi étendu que les États-Unis, mais ne possédant encore qu'une population de 4 à 5 millions d'habitants concentrés à l'est et au midi dans les provinces d'Ontario, de Québec, de la Nouvelle-Écosse, du Nouveau-Brunswick, de l'île du Prince-Édouard, le Canada forme une Confédération nominalement dépendante de l'Angleterre, mais, en réalité, parfaitement maîtresse de ses destinées. La reine se borne à nommer le gouverneur général, qui est actuellement l'aimable et populaire lord Dufferin, auquel le Canada paie 50,000 piastres (250,000 fr.) d'appointements; et le gouvernement anglais entretient à ses frais une garnison de 2,000 hommes à Halifax. Voilà tout! Outre ces 2,000 hommes, le Canada possède des milices que je n'ai pas vues, mais qui ont, à ce qu'on m'assure, un air de parenté avec feu notre garde nationale, et quelques centaines d'agents de police. Cela suffit à garantir sa sécurité, que personne, au surplus, ne s'avise de menacer. Le siége du gouvernement fédéral, du Dominion, comme on le nomme, est dans la ville neuve d'Ottawa. Il y a un Sénat de 72 membres pris dans chaque division (les provinces se partagent en divisions, les divisions en comtés, les comtés en paroisses ou *townships*) et nommés à vie par le ministère, sous la signature du gouverneur général; à côté du Sénat, une Chambre des Députés de deux cents membres, dont soixante Canadiens français, élus par un corps électoral limité par un cens de 25 piastres de loyer ou d'autres conditions analogues (la piastre ou le dollar canadien équivaut au dollar américain en or; le papier-monnaie n'existant pas au Canada). Est-il nécessaire d'ajouter que les deux langues sont admises sur le pied de l'égalité dans le Parlement canadien, et que l'unité du Dominion ne s'en trouve pas compromise, au contraire? Cette manie doctrinaire qui consiste à imposer la même langue à tous les habitants du même pays en attendant qu'il soit possible de leur imposer la même instruction, le même costume et la même manière de se faire la barbe, — cette manie, la plus sotte et la plus insupportable des manies politiques, n'a pas

pénétré au Canada, et c'est précisément parce que
Français et Anglais parlent chacun librement leur
langue sans être obligés d'écorcher officiellement
une langue imposée, qu'ils demeurent volontiers
unis. Les sessions ne durent guère plus de trois
mois par an, et les membres du Parlement, sénateurs ou députés, reçoivent une indemnité de 1,000
piastres. Il n'y a pas moins de treize départements
ministériels, avec un nombre, hélas! croissant de
fonctions de tout ordre, que se disputent les « conservateurs » et les « libéraux. » Les conservateurs
ont été obligés, il y a quelque temps, d'abandonner
le pouvoir par suite du goût trop prononcé que quelques-unes de leurs notabilités avaient manifesté pour
les pots-de-vin ; et c'est actuellement le cabinet libéral Mackensie-Cauchon qui a la direction des
affaires.

Au-dessous du gouvernement fédéral, qui s'occupe des travaux d'intérêt commun, chemins de fer,
canaux, etc., des pêcheries, des postes et des douanes,
en s'efforçant naturellement d'arrondir ses attributions, il y a les gouvernements des provinces. Chacune forme un État qui se gouverne lui-même, déduction faite des attributions réservées au Dominion, avec un lieutenant-gouverneur nommé par le
gouverneur général, un Sénat, une Chambre des
Députés, un ministère, une bureaucratie, sans oublier les deux partis de rigueur, tout ce monde-là
émargeant au budget ou aspirant à y émarger. Mais

je ne veux parler que de la province de Québec, la seule que j'aie visitée.

A l'époque où le Canada a été cédé à l'Angleterre, en 1763, il y a à peine un siècle, on n'y comptait que 60,000 colons français, venus pour la plupart de la Normandie et de la Bretagne. Quoique l'immigration française se soit complétement arrêtée à partir de la cession, la population franco-canadienne s'élève aujourd'hui à bien près de 1,500,000 âmes, et l'on estime, de plus, à environ 500,000 le nombre des Canadiens français établis aux États-Unis, principalement dans la Nouvelle-Angleterre. En supposant que le même taux d'accroissement se maintienne,—et on ne voit pas pour quelle cause il baisserait d'ici à longtemps, — il y aura avant la fin du siècle prochain de 30 à 40 millions de Français au Canada. La place n'est pas près de leur manquer. La province de Québec, où ils sont principalement concentrés, est aussi grande que la France, et quoique l'hiver y dure sept mois, d'octobre en avril, elle abonde en ressources naturelles. La masse de la population se compose de cultivateurs qui parlent français avec un accent bas-normand et vivent paisiblement sous la direction morale et politique de leurs curés.

C'est le moment de parler du rôle que joue au Canada le clergé catholique. Ce rôle est considérable, et, comme toute chose en ce monde, il a ses bons et ses mauvais côtés. Les bons côtés —pourquoi ne le dirais-je pas?—me paraissent l'emporter sur les mauvais. A l'époque où le Canada a été cédé à l'Angleterre, la colonie s'est pour ainsi dire trouvée décapitée. Les familles seigneuriales et les fonctionnaires sont, pour la plupart, rentrés en France. Le clergé seul est resté, et c'est grâce à son influence que l'élément français a pu soutenir, sans se laisser entamer, la concurrence de l'élément britannique. C'est dans les écoles et dans les Universités fondées par lui ou sous son patronage, que s'est conservé, avec la langue, le culte de la vieille patrie française, tandis qu'il maintenait dans les paroisses rurales la pureté des vieilles mœurs en prêchant d'exemple. Nulle part on ne trouverait un clergé d'une conduite plus exemplaire. Il possède de grands biens, car nous sommes ici dans un pays de mainmorte, et dans la seule ville de Québec il a entre les mains le tiers de la propriété foncière; de plus, il a conservé la dîme, qui se paie en argent ou en nature, et qui est du vingt-sixième de la récolte en blé. La récolte faite, la vingt-sixième gerbe appartient au curé, et, dans ce fécond pays, le revenu qu'il en tire n'est pas mince. Il y a des cures de campagne qui rapportent 15,000 francs et davantage. Mais il ne semble pas que le fardeau soit trop lourd et que le développement de la prospérité du pays en soit entravé. La mainmorte et la dîme, ces têtes de Turc du libéralisme européen, n'empêchent pas plus l'accroissement de la richesse au Canada qu'elles ne l'ont empêché

en Angleterre. Le clergé et les corporations religieuses n'ont garde de conserver en friche leurs
biens de mainmorte ; ils les louent, — et généralè-
ment ils sont des propriétaires moins durs au pauvre
monde que les enrichis de fraîche date ; enfin, ils
appliquent la presque totalité du revenu qu'ils en
tirent à des œuvres d'éducation ou de bienfaisance.
L'Université de Laval à Québec, qui ne coûte pas un
denier aux contribuables de la province ou de la
ville, est entretenue sur le revenu du séminaire de
Saint-Louis ; c'est une institution qui ferait bonne
figure même en Europe. Elle n'a pas moins de 700
étudiants et, qui le croirait? elle compte dans le
corps très-distingué de ses professeurs des Anglais
protestants.

Voilà pour ce qu'on pourrait appeler l'actif de
la domination du clergé, c'est-à-dire les services
qu'il rend et le bien qu'il fait. Mais il y a un passif,
et, l'école de *l'Univers* aidant, j'ai bien peur que
ce passif ne soit en train de s'accroître avec rapidité. J'ai déjà signalé le dommage que cause à la
population canadienne française, en présence de
l'active concurrence de l'élément anglais, la routine
de son enseignement demeuré presque exclusivement
greco-latin. Je pourrais ajouter que les délassements
intellectuels ou autres, même les plus inoffensifs,
ne trouvent point grâce à ses yeux. Il y a à Montréal
un Institut canadien qui avait fondé un cabinet de
lecture et ouvert une salle de conférences. On l'a

excommunié, et l'excommunication n'est pas ici une arme inoffensive, *telum imbelle sine ictu*. L'Institut canadien a été déserté; et il ne parvient même pas à louer sa salle de conférences aux entrepreneurs de concerts. C'est une salle maudite, et l'on s'expose pour le moins, en y entrant, à passer par les flammes du purgatoire. La valse est proscrite, on ne tolère tout au plus que le cotillon; et je ne pouvais entendre, sans y compatir du fond du cœur, les doléances d'un jeune Canadien qui se plaignait à moi de l'absence de toute espèce de délassements honnêtes pendant les longues soirées du long hiver du Canada. — Nous en sommes réduits, me disait-il, à boire et à jouer aux cartes. Que dire enfin de l'intervention du clergé dans la lutte des partis et de son rôle de plus en plus militant dans les élections? On me cite des curés terribles, abonnés de *l'Univers* ou du *Monde*, qui dénoncent en chaire comme des suppôts de Satan leurs adversaires électoraux, et qui mènent leur troupeau au doigt et à l'œil. Malheur à qui leur résiste! Le moindre mal qui puisse arriver à ces brebis égarées, c'est d'être mises à l'index dans la paroisse et finalement d'être obligées d'aller cacher leur turpitude dans les villes.

C'est, bien entendu, contre le libéralisme et les libéraux que se déchaînent au Canada comme ailleurs les tempêtes cléricales. Ces pauvres libéraux canadiens, ils appartiennent cependant à la variété la plus inoffensive de l'espèce. Pas un ne manque à la messe le dimanche, et ils font régulièrement leurs pâques. Je demandais à l'un d'eux en quoi ils différaient des conservateurs. Il hésitait et paraissait embarrassé de me répondre. — Je crois bien, finit-il par me dire naïvement, que c'est une question de places. — Sans doute, c'est une question de places ; s'il n'y avait point de places, il n'y aurait point de partis ; mais vous avez du moins des principes et un programme ; vous luttez contre l'influence cléricale? — Oui, contre l'*influence indue*. — Qu'entendez-vous par influence indue? — C'est l'influence qu'un curé exerce sur ses paroissiens en faisant de la politique en chaire. Nos adversaires prétendent, au contraire, que c'est une « influence due », et ils ont malheureusement presque tous les évêques de leur côté. Nous en avons respectueusement appelé à Rome ; mais Rome ne se presse pas de nous répondre. Le Canada est si loin !

La ligne de démarcation entre les deux partis n'est pas bien épaisse, comme on voit ; mais les journaux et les faiseurs de brochures s'efforcent tous les jours de la grossir. J'ai sous les yeux une brochure publiée récemment à Montréal, et dans laquelle l'auteur s'applique à démontrer la parfaite identité du libéralisme européen et du libéralisme canadien. Les libéraux canadiens y sont même qualifiés de *rouges*. Dans la presse, la polémique n'est pas moins acerbe. Quoique moins développée que la presse anglaise, la presse française du Canada ne manque pas cependant d'importance. Il y a à Montréal et à Québec une douzaine de journaux publiés en français, *la Minerve, le Nouveau-Monde, l'Événement, le Canadien, le Journal de Québec,* etc., autant dans les villes de second ou de troisième ordre, et les deux partis y sont presque également représentés. Les feuilles cléricales ont généralement pris *l'Univers* pour modèle. M. Veuillot est leur professeur de littérature ; mais, comme il arrive d'habitude, elles ont emprunté les défauts plutôt que les qualités du maître. Voulez-vous quelques échantillons de leur manière? Voici un article du *Nouveau-Monde*, intitulé « le Cri des faméliques. » C'est une dénonciation contre les *grits-libéraux* (terme de mépris local) « qui ne peuvent souffrir d'autres qu'eux « dans les bureaux du service civil... » — « Écoutez, « poursuit la feuille catholique, écoutez ce cri du « ventre ; il est long et aigu comme celui d'affamés « enragés. » Passant aux affaires de France, le même journal annonce avec une satisfaction peu déguisée que « le Sénat a rejeté la loi de l'anglais « Waddington contre la liberté de l'enseignement « supérieur. » — «Ainsi se trouve défaite, conclut-« il, par un acte d'honnêteté et de justice, l'œuvre « malhonnête et injuste de la majorité jacobine de « la Chambre des Députés. » *La Minerve* publie une correspondance de Paris renfermant des appréciations non moins intéressantes. Le correspondant a assisté à l'enterrement de M. Casimir Périer,

et il décrit le cortége : « Voilà, par exemple,
« M. Thiers, ce petit vieillard qui tient les cordons
« du poêle. Il est venu, lui, un des derniers survi-
« vants de la secte voltairienne, rendre hommage à
« son ami défunt. Malgré tout ce qu'il a vu depuis
« trois quarts de siècle, il en est toujours au *Dic-*
« *tionnaire philosophique* et à *l'Encyclopédie…*
« Cette génération est remplacée maintenant par
« les positivistes, qui veulent une action violente
« contre Dieu, l'âme, les dogmes, les cultes. On les
« a vus à l'œuvre pendant la Commune. Si la
« guerre éclate et si la France est entraînée dans
« l'orbite de la Russie, ils profiteront du moment où
« les forces de la patrie seront engagées contre l'en-
« nemi du dehors pour s'emparer du pouvoir. » Le
correspondant de *la Minerve* déclare, au surplus,
qu'il ne lui convient pas de s'occuper du régime actuel de la France. « Le moindre mal qu'on puisse
« en dire, c'est de n'en rien dire du tout. La majo-
« rité est libérale ; la force fait le droit ; l'énoncia-
« tion des principes religieux est accueillie, du côté
« de la gauche, par des ricanements diaboliques. »
— « J'ai entendu une foule de personnes, conclut ce
« correspondant bien informé, parmi les meilleurs
« esprits, manifester le désir suprême qu'un homme
« revêtu de la cuirasse et armé du glaive prenne en
« main la cause de la France, entre botté et la cra-
« vache à la main dans les salles législatives, et en
« chasse cette bande de législateurs en goguette. La

« France baiserait les mains de ce sauveur, et,
« pourvu que cet homme voulût s'appuyer sur la
« religion et sur l'armée, toute la nation l'acclame-
« rait et commencerait à espérer son salut. Mais où
« est-il cet homme? *Exoriare aliquis.* » Voilà le
diapason de la presse cléricale du Canada.

Heureusement la presse canadienne ne s'occupe
pas uniquement de la politique intérieure ou étran-
gère. Sauf en temps d'élections, elle ne donne
même aux questions politiques que la petite place.
Les feuilles de province s'occupent de préférence
des questions agricoles, et je note par exemple,
dans la *Gazette de Sorel*, cette recette pour la des-
truction des sauterelles, qu'un correspondant naïf
lui envoie des États-Unis. « Je voyais, dit-il, dans
le milieu des champs des carrés de pierres pla-
tes. Je m'adressai aux fermiers et leur deman-
dai ce que signifiait cela; ils me répondirent que
c'était pour détruire les sauterelles; ils répandent
une couche de tabac en poudre sur le carré de
pierre, et comme les sauterelles sont extrême-
ment avides de tabac en poudre, elles se jettent
sur la pierre et c'est à qui aura sa place pour
prendre la prise; du moment qu'elles éternuent,
elles se frappent le front sur la pierre et se tuent
roide. Un fermier m'a dit en avoir ramassé 30 minots
par jour, qu'il vendit 50 centins le minot pour faire
de l'huile ou pour nourir les dindes. » Et probablement aussi les canards! Voici encore une annonce,

pleine de couleur locale, de la grande loterie du Sacré-Cœur. Une croix flamboyante surmontant un cœur couronné d'épines la signale aux regards des lecteurs de la quatrième page. Elle nous apprend que cette loterie hautement approuvée par Sa Grandeur Mgr l'évêque de Montréal, est destinée à venir en aide à trois grandes œuvres catholiques : le Carmel, le Collége commercial des Frères des écoles chrétiennes et l'église de l'Immaculée Conception; elle offre aux fidèles disposés à venir en aide à ces bonnes œuvres une série de bourses d'or contenant de 250 jusqu'à 10,000 dollars, 500 lots de terrain à bâtir d'une valeur moyenne de 500 dollars, 500 chasubles de toutes les couleurs, plusieurs en drap d'or, 20 ciboires, 42 calices, 12 paires de burettes, des garnitures d'autel, etc., en tout pour une valeur de 272,782 dollars. Les plus sages précautions ont été prises pour garantir la stricte honnêteté du tirage. Le directeur-gérant a fourni un cautionnement considérable. Prix du billet, 1 dollar. — Voici enfin une annonce tout à fait dans le goût américain, qui pourrait faire pendant aux cartes d'adresse de MM. Schuyler et Armstrong, les exposants des délicieux *caskets* de Philadelphie. « *Nouveaux corbillards*. M. X. Cusson, le plus ancien entrepreneur de pompes funèbres, annonce au public qu'il a reçu deux corbillards, un grand et un petit, d'un genre tout nouveau. Ces corbillards sont à cinq étages, faits avec une grande richesse, et l'on peut y exposer les corps de quatre manières différentes, visibles ou invisibles. Ces corbillards sont recouverts en étoffe riche et représentent une tombe dans un cimetière. »

Près des neuf dixièmes de la population française de la province de Québec s'occupent d'agriculture et habitent les paroisses rurales. J'ai voulu aller la voir chez elle, et j'ai été passer le dimanche dans la commune de V..., à une quinzaine de milles de Montréal, sur les bords du Saint-Laurent. Je descends dans une petite hôtellerie en bois, proprement tenue. Dans le salon, un portrait de la reine Victoria fait pendant à un Chemin de la Croix et à une carte *féniane* de l'Irlande. Au haut de la carte, un fénian en uniforme de franc-tireur, l'épée d'une main, le drapeau vert à la harpe d'or de l'autre, s'élance sur des débris enflammés; plus bas sont les portraits des grands patriotes Robert Emmet, O'Connell et le colonel Burke, avec cette légende :

> Free from the grasp of british power
> Our own dear isle must be
> Or we will die in the holy cause
> Of Irish liberty !

« Notre île chérie doit être délivrée des chaînes de la puissance britannique, ou nous mourrons pour la sainte cause de la liberté de l'Irlande. »

On m'explique que l'exhibition de cette carte séditieuse ne tire pas autrement à conséquence. Les Irlandais sont nombreux au Canada, et il y a apparence que la vue de ce fénian en grande toilette réjouit le cœur des habitués du *bar*. Les Anglais loyaux peuvent, en revanche, contempler les traits de la reine. Il y en a pour tous les goûts. Mais l'heure de la grand'messe approche. Des *chars* découverts à quatre roues, des cabriolets, des *bogueys* attelés de chevaux vigoureux, amènent à l'église les propriétaires et les fermiers des points éloignés de la paroisse, avec leur famille. D'autres *habitants* (c'est le mot consacré, *paysan* est mal venu) suivent à pied le trottoir en bois qui borde le très-mauvais chemin du village. Tout ce monde-là est confortablement vêtu : les hommes, de belles redingotes ou de vestes neuves ; les femmes, de fraîches robes d'été ; point de casquettes et de bonnets, rien que des chapeaux ; les enfants, coquettement attifés ; les fillettes en robe de mousseline, avec des ceintures en soie. Beaucoup de bonnes figures, bien fraîches ; parmi les anciens, quelques types de paysans madrés : on se croirait dans un riche village de la Normandie. L'église est vaste et dans le style des jésuites, très-dorée, avec force images. Elle est remplie. La messe est commencée. Le curé monte en chaire. C'est un gros personnage. La cure lui rapporte 3,000 piastres au moins (15,000 fr.), desquelles il n'a à décompter que les modiques appointements de son vicaire, 50 piastres par an, la paroisse se chargeant de l'entretien de l'église. Il prend pour thème la parabole de l'économe infidèle, en rappelant à ses auditeurs en de fort bons termes, mais avec un accent déplorable, qu'ils ont tous des *devouers* à remplir et qu'ils auront des comptes à rendre au Jugement *darnier*. Il parle pendant vingt minutes, que je puis compter à une grande horloge placée tout à côté de la chaire. A la fin de la messe, une quarantaine de fidèles, autant d'hommes que de femmes, vont dévotement recevoir la communion. A la sortie, on se rassemble sur la pelouse, au milieu de laquelle s'élève une tribune rustique. L'agent d'une Société agricole vient d'y monter, et il est en train d'énumérer les avantages matériels et moraux que la Société procure à ses membres pour la modique cotisation de 5 sh. par an. Elle ouvrira prochainement une Exposition et un concours, et c'est une question d'honneur pour V..., la paroisse la plus riche et la plus importante du pays, d'y être dignement représentée. Cet argument ne paraît pas déplaire aux *habitants*, mais ils ne semblent pas pressés de lâcher leurs 5 sh. Voici maintenant le crieur public qui vient annoncer les objets perdus et les réclamations de tout genre. Un habitant a prêté une paire de *bouvats* qu'on ne lui a pas rendus. Il ne se souvient pas de celui à qui il les a prêtés, mais il s'adresse à sa conscience et il le prie de ne pas tarder davantage à les lui restituer. (L'emprunteur peu délicat garde l'incognito. — Mouvements divers). Le crieur va descendre ; mais, sur un signe parti du groupe féminin, il se ravise. — Mamzelle Colette a perdu un de ses gants. (Bruyants éclats de rire). On demande la couleur du gant de mamzelle Colette, où et quand elle l'a perdu. Heureux qui trouvera le gant de mamzelle Colette! Le crieur est au bout de son rouleau, l'auditoire se disperse.. Il est bientôt midi; on va dîner, sauf à revenir aux vêpres.

Dans l'après-dînée, je fais le tour de la paroisse, sous la conduite d'un propriétaire hospitalier. Les maisons, basses avec des toits élevés, sont solidement bâties en pierre ou en bois, proprement blanchies, et d'une apparence gaie. Les habitants, dans leurs habits du dimanche, garnissent leurs escaliers ou leur *piazza*. A l'intérieur, on aperçoit des chambres étroites mais bien tenues, avec un grand poêle de fonte. La végétation est plantureuse, les avoines sont superbes, et voici du maïs de la plus belle venue; çà et là quelques plants de tabac.. Peu d'arbres; on déboise beaucoup, on déboise trop.. On me montre des érables à sucre.. En avril, on fait une incision au pied de l'arbre et on récolte sans peine aucune la sève sucrée. Chaque propriétaire fait lui-même son sucre, mais c'est une production limitée et qui ne paraît pas de nature à s'étendre. On cherche en ce moment à introduire au Canada l'industrie du sucre de betteraves. Les domaines ruraux sont invariablement séparés, comme aux États-Unis, par des clôtures en bois, à claire-voie; cependant le bois renchérit de jour en jour; il a doublé de prix depuis dix ans.

Les domaines ruraux sont vastes; les concessions

primitives étaient de 90 arpents, — 3 de face sur 30 de profondeur, — et elles ne se sont guère morcelées. Quoique le Canada ait réformé il y a vingt ans sa législation civile, — il était demeuré jusque-là sous le régime de la coutume de Paris ou de Normandie, — et qu'il ait adopté un Code à peu près semblable au nôtre, il a conservé la liberté des successions. Le fils aîné succède ordinairement à son père dans l'exploitation du bien patrimonial, et les inconvénients du morcellement sont ainsi évités; mais il y a un revers à la médaille : il est obligé de dédommager ses frères et ses sœurs puînés, et son capital s'en trouve fortement entamé. Il se marie, les enfants sont nombreux, car nulle part on n'exécute avec une conscience plus scrupuleuse le commandement du Créateur : « Croissez et multipliez ! » Il s'endette et hypothèque sa terre, ou bien il en abandonne l'exploitation à un métayer. Le métayer n'ayant point intérêt à maintenir en bon état la terre et le cheptel, non plus qu'à améliorer la culture, la condition du propriétaire va empirant. Ajoutez à cela que l'hiver est long et que le bois renchérit; ajoutez encore que l'*habitant* canadien a hérité de son ancêtre le paysan français la passion d'arrondir sa terre; qu'il aime à bien vivre et à se bien vêtir; enfin que les salaires des valets de ferme et des laboureurs sont généralement élevés. On paie 100 piastres (500 fr.) par an un valet de ferme avec la nourriture et le logement, et le salaire ordinaire

d'un laboureur est d'une piastre par jour. Il est vrai
que l'emploi des machines agricoles, en se générali-
sant depuis quelques années, a permis de réaliser
de notables économies sur la main-d'œuvre ; néanmoins, tout n'est pas rose dans la situation du propriétaire canadien. Il voudrait bien remplacer ses
métayers par des fermiers suffisamment pourvus de
capital ; mais un fermier capitaliste est un oiseau
rare au Canada aussi bien qu'en France, et les émigrants qui possèdent quelques ressources préfèrent
aller plus loin, dans la province de Manitoba, où ils
peuvent, à peu de frais, devenir propriétaires. Heureusement, le pays est riche et la terre féconde ; on
se tire d'affaire malgré tout, mais ce n'est pas sans
peine ni souci.

Après avoir suffisamment couru la paroisse, je
vais passer la soirée chez mon aimable *cicerone*. Le
salon est rempli d'une jeunesse vivante et bruyante.
Le piano est ouvert. On chante en chœur des *rondes*
sur les vieux airs du dix-huitième siècle.

> A la claire fontaine,
> J'allas me promener[1]

Les chanteuses sont charmantes ; brunes ou blon-
des, elles ont la carnation fraîche et transparente
des pays du Nord ; les fenêtres ouvertes nous montrent les eaux tranquilles du Saint-Laurent, bordées
de bouquets d'arbres. O l'aimable et fraîche soirée !
le bon pays ! les braves gens !

X

QUÉBEC — SARATOGA

Saratoga, le 6 août 1876.

Revenu du joli village de V... le lundi 31 juillet,
de bonne heure, je pars à sept heures du soir pour
Québec. Le temps est admirable, et la *City-of-Que-
bec*, sur laquelle je m'embarque, est un splendide
bateau à trois étages, un hôtel ambulant qui me
transporte en une nuit de Montréal à Québec (180
milles, 240 kilomètres). J'avais toujours cru, avant
cette traversée, qu'un « fleuve uni comme une
glace » était une simple métaphore. Ici, la métaphore est une pure vérité. La magnifique glace de
Saint-Gobain, que j'avais admirée à l'Exposition de
Philadelphie n'est pas plus unie et plus diaphane
que ne l'était, ce soir-là, le calme et immense Saint-
Laurent.

> Le beau lac de Nemi, qu'aucun souffle ne ride,
> A moins de transparence et de limpidité.

Figurez-vous une glace sans fin, large de 2, 3, 4 kilomètres, dans laquelle la pleine lune et les millions d'étoiles d'un ciel sans nuages lancent leurs gerbes ou leurs scintillements dorés, une atmosphère chargée d'électricité qui vous montre, par un effet de mirage, des maisons et des bouquets d'arbres se détachant de la côte et s'avançant en masses sombres au milieu des eaux brillantes du fleuve, comme la forêt de Dunsinane dans *Macbeth*, un silence profond et universel, interrompu seulement par les sons d'un violon et d'une harpe, — l'inévitable orchestre des bateaux américains, — raclés à la diable, mais qui nous semblent, autre effet du mirage! exhaler d'ineffables harmonies. Ces poétiques côtes boisées, où éclate çà et là le reflet argenté d'un toit couvert en carreaux de tôle blanche, elles sont habitées par une population française, et elles portent des noms de la vieille France. Voici les comtés de Chambly, de Verchères, de Montcalm, de Richelieu, de Saint-Maurice, de Champlain, et, plus loin, Argenteuil, Belleville, la Beauce, Montmagny, Montmorency, Charlevoix. Nous relâchons à Sorel, à l'embouchure de la rivière Richelieu dans le Saint-Laurent, et le lendemain, à six heures du matin, nous voici à Québec.

Les rives du fleuve se sont graduellement élevées, et le cap Diamant, sur lequel est bâtie la citadelle,

a bien une centaine de mètres de hauteur. Au pied
de la citadelle est groupée la ville haute, encore
entourée de ses vieux remparts qui datent de Champ-
plain, le fondateur de Québec; au-dessous, le port,
la ville basse et les faubourgs, formant une agglomération de 75,000 habitants, pour les quatre
cinquièmes Français. Nous descendons, ou, pour
être plus exact, nous montons par des rues escar-
pées à l'hôtel Saint-Louis, où l'on parle anglo-
français, et nous allons courir la ville. Les rues,
mal pavées, sont bordées de trottoirs en bois; les
maisons, à un ou deux étages, sont en bois, en
briques rouges ou en pierres grises, avec de doubles
portes et de doubles fenêtres garnies de persiennes
vertes; entre les deux portes, on aperçoit un escalier
à ferrures de cuivre, proprement couvert d'une toile
cirée; des voitures peintes de couleurs vives et
garnies d'armatures en fer poli, de hauts cabriolets
en forme de conques marines montent ou descendent au trot ces bonnes vieilles rues tortueuses
qui me reposent des damiers rectilignes de Philadelphie et de New-York. Voici, au pied de la citadelle, la terrasse, flanquée de deux canons russes
pris à Sébastopol, présent de la reine. Des canons! il
y en a par douzaines dans la grande batterie, la
petite batterie, sur les remparts, partout! mais ils
sont d'un âge respectable, et je n'aperçois pas l'ombre d'un canonnier. De la terrasse, on jouit d'une
vue merveilleuse : en face s'étend la grande nappe

du Saint-Laurent ; au-dessous, le port, la ville basse,
tandis qu'à l'autre rive s'étage en amphithéâtre, le
gros bourg de Levis avec ses toits étincelants ; plus
bas, l'île d'Orléans, des bois, des prairies, et, bor-
nant l'horizon, la chaîne des Laurentines. A côté
de la Terrasse, promenade favorite des habitants, se
trouve le parc, au milieu duquel le gouvernement
anglais a érigé, avec une généreuse impartialité,
une pyramide en l'honneur de Wolfe et de Montcalm,
le vainqueur et le vaincu des plaines d'Abraham.
Je lis sur le socle cette inscription en style lapidaire :

Wolfe. Montcalm. Mortem. Virtus. Communem
Famam. Historia
Monumentum. Posteritas
Dedit.

—

Hujusce

Monumenti in memoriam virorum illustrium Wolfe et Montcalm fundamentum p. c. Georgius comes de Dalhousie in sep-
tentrionalis Americæ partibus ad Britannos pertinentibus.
Summam rerum administrans ; opus per multos annos præter-
missum (quid duci egregio convenientibus!) auctoritate promo-
vens, exemplo stimulans, munificentia fovens.
Die novembris XV. A. MDCCCXXVII.

Georgio IV, Britanniarum rege.

C'est un sentiment élevé et délicat qui a dicté,
dans un latin supportable, cet hommage rendu à la
fois au courage heureux et au courage malheureux ;
mais, à côté, voici un « avis au public » qui me paraît également cruel pour la race canine et pour la

langue française : « *Toute personne fréquentant ce jardin est priée de ne pas enlever ou détruire aucunes plantes qui s'y trouvent; aussi tout chien trouvé sur ce parterre sera détruit.* » Détruit! voilà un solécisme terriblement draconien. Et c'est un solécisme officiel! Malheureux chiens! plus malheureuse langue! Pourtant le séminaire et l'Université de Laval sont à deux pas. Je vais les visiter en compagnie d'un Canadien aimable et obligeant comme ils le sont tous; les bâtiments du séminaire sont du grand style du dix-septième siècle; il y a une chapelle et un musée où l'on trouve quelques bons tableaux des écoles italienne et française, des Philippe de Champagne authentiques, un Van Dyck qui l'est moins, et de ravissants portraits de Marie Leczynska et de Mesdames, filles de Louis XV, par Boucher et Vanloo. Le séminaire est riche; c'est lui qui entretient l'Université. Non loin de l'Université s'élève la vaste et imposante cathédrale, et au pied de la cathédrale se tient le marché en plein air. Des marchandes en chapeau de paille s'agitent devant leurs éventaires garnis de choux, de pommes de terre, de gros pois, de tomates, d'énormes radis rouges et d'une innombrable quantité de paniers d'écorces remplis de framboises et de myrtilles. La myrtille, dédaignée en Europe, est très-appréciée aux États-Unis et au Canada, où elle porte le nom poétique de *bleuet*. Du marché on descend dans la ville basse par la rue de la Fabrique, toute garnie de magasins. Voici un magasin de musique à la devanture duquel s'étale l'image d'un orgue-locomotive qui fait les délices des habitués du Cirque. Voici une librairie avec des images de Notre-Dame de Lourdes, un portrait de Marie Alacoque, des livres de piété, des chapelets dans la même vitrine que la collection de la Bibliothèque nationale, *les Paroles d'un croyant*, *le Livre du peuple*, *les Mélanges philosophiques* de Diderot, un étalage composite ! J'y entre pour acheter un journal (on ne vend dans les rues, à Montréal et même à Québec, que des journaux anglais), je n'y trouve qu'une feuille de province, la *Gazette d'Arthabaskaville*, avec un « premier-Arthabaskaville » intitulé : « Le prêtre combattu dans la chair (*sic*) par les libéraux. » Je fais le tour de la ville en suivant les remparts, d'où les regards s'étendent à perte de vue sur une campagne admirable ; mon obligeant cicerone m'indique au bout de la plaine richement boisée le village de Lorette, habité par des Indiens, presque tous métis. Il n'y a plus, me dit-on, qu'un seul Huron, le dernier des Hurons ; encore n'est-on pas sûr que ce soit un Huron. Ces Indiens métis vivent pour la plupart de la fabrication de petits articles de bimbeloterie, de la chasse ou de la pêche ; quelques-uns se sont complétement civilisés ; on m'en cite qui sont devenus prêtres, avocats ou fonctionnaires ; ils ont même un goût particulier pour les fonctions publiques, ce qui ne peut laisser aucun doute sur leur aptitude à s'adapter à notre civilisation. Nous rentrons en ville en traversant les plaines d'Abraham, où s'est décidé le sort du Canada, sous le triste règne de Louis XV; aux environs, sur les hauteurs de Sainte-Foy, témoins d'un dernier mais inutile combat dans lequel les Français demeurèrent vainqueurs, une colonne a été élevée en commémoration de cette victoire. Le gouvernement anglais a laissé faire, et sa domination n'en est pas moins solidement assise dans le Canada français; au contraire! Voici un cirque en plein vent, des baraques de la foire, le nègre blanc de Madagascar, la femme invulnérable, un cochon qui joue aux cartes, seul spectacle qui trouve grâce devant la censure de l'archevêché; enfin, des affiches, au milieu desquelles éclate le nom de Sozodont. Sozodont a franchi la frontière, il s'étale sur les murailles et sous les ponts de Montréal; je le retrouve à Québec, il me suivrait jusqu'au pôle! Mais je n'aperçois plus Gargling. — Distancé, Gargling!

Le lendemain, un de mes obligeants amis canadiens me conduit au *Saut de Montmorency*, une cataracte qui serait sans pareille dans le monde si les chutes du Niagara n'existaient pas. La rivière de Montmorency se précipite d'une hauteur de près de 250 pieds, sur une largeur de 50, dans une branche du Saint-Laurent, en face de l'île d'Orléans. De hauts sapins ombragent la chute, que gâte un peu le voisinage d'une scierie, — l'industrie est impi-

toyable ! — mais dont les abords ont été rigoureusement interdits à Sozodont et aux *Herricks pills
and plasters*. Un escalier un peu trop vertigineux
conduit au pied de la nappe blanche qui se précipite
à pic, et l'on va se reposer, au retour, dans un modeste « cabaret de tempérance. » La route est bordée
de maisonnettes bâties en biais, de manière à résister aux ouragans de neige; on passe auprès de
l'Asile Beaufort, où des aliénés des deux sexes sont
installés comme dans un palais d'été, toujours aux
frais du séminaire de Saint-Louis. Çà et là des *mar-
tellos*, tours rondes qui servaient d'ouvrages avancés
à Québec, au temps où Québec était considérée
comme la plus redoutable forteresse de l'Amérique
du Nord; puis le faubourg Saint-Roch et le faubourg
Saint-Jean qui vient d'être incendié. Les incendies
sont aussi fréquents au Canada qu'aux États-Unis, et
ce n'est pas peu dire. L'abondance des constructions
en bois y est pour quelque chose; mais on m'assure
que c'est aussi un procédé expéditif de liquidation
auquel recourent de préférence les industriels et les
négociants dont les affaires sont embarrassées. Ce
qui semblerait confirmer ce mauvais propos, c'est
que les incendies se multiplient principalement aux
époques de crises.

 Le soir, je repars pour Montréal, et je croise
d'immenses trains de bois traînés par des remor-
queurs. Le bois est, comme on sait, le grand
article d'exportation du Canada. A mon arrivée à

Montréal, mon aimable introducteur auprès de la Société canadienne, M. O. Perrault, vice-consul de France, me présente à quelques-uns de mes confrères de la presse canadienne, anglais et français, conservateurs et libéraux, qui fraternisent le soir dans un banquet improvisé où l'on boit « à la prospérité du Canada sous le bienveillant et libéral patronage de l'Angleterre, et au développement de ses relations matérielles et intellectuelles avec la France. » Il est certain que nous ne nous doutons pas assez de l'existence de cette branche vivace de la vieille souche française, et c'est un oubli qu'il serait bon de réparer dans l'intérêt de la France et du Canada. Il y a, comme je le remarquais dans ma dernière lettre, au Canada, deux populations juxtaposées qui vivent en bonne intelligence sous la même loi, mais sans se mêler ; la population française a soutenu jusqu'à présent, sans se laisser entamer, la concurrence de sa rivale, grâce surtout à son exubérante et consciencieuse fécondité ; mais elle lui est visiblement inférieure par les capitaux, l'esprit d'entreprise et même le développement intellectuel. La langue anglaise est parlée dans toute sa pureté par les Canadiens anglais, tandis qu'on ne lit guère dans le Canada français, et qu'on y parle un français beaucoup trop voisin du bas-normand. Au besoin, les bibliothèques des bateaux à vapeur attesteraient cette inégalité de culture. Les livres anglais, choisis parmi les meilleurs, y abondent, en ne laissant, hélas! qu'une bien petite place à la littérature française, exclusivement représentée par des romans à quatre sous. A quoi tient cette différence de développement? Elle tient, sans aucun doute, en partie à la tutelle par trop ombrageuse et étroite dans laquelle le clergé catholique, dont je n'ai point d'ailleurs dissimulé les mérites et les services, tient ses bonnes et simples ouailles; mais elle tient encore, elle tient surtout à ce que les Canadiens anglais sont en relations constantes avec leur mère-patrie, tandis que les Canadiens français sont depuis plus d'un siècle presque sans rapports avec la leur. L'Angleterre alimente la partie anglaise du Canada de ses capitaux, — plusieurs banques de Londres y ont des succursales; — elle a commandité les industries et construit les chemins de fer du Canada anglais; — elle lui envoie ses émigrants, ses produits, ses journaux et ses livres. La France, elle, n'envoie au Canada français — encore est-ce par l'intermédiaire de l'Angleterre — que des articles-Paris démodés et des vins suspects. Je me trompe : il y a trois ou quatre ans, elle a expédié aussi à ce pays agricole 2 ou 3,000 émigrants, résidu de la Commune, ramassés sur le pavé de Paris, qui ont encombré le pavé de Montréal et de Québec jusqu'à ce qu'ils soient allés se perdre dans l'Océan américain. Est-ce bien assez?

Aussi longtemps que le vieux régime colonial a pesé sur le Canada, les relations entre les Canale lac Champlain, dans un pays accidenté, ayant à droite, de l'autre côté du lac, les montagnes vertes, à gauche la chaîne des Adirondaks. On stationne un instant devant l'hôtel Fouquet, — encore un nom français, — le dernier! et on arrive à l'extré- mité du lac, long de 120 milles, au fort en ruines de Ticonderoga. De là, un embranchement nous porte en une demi-heure au bord du lac Georges. Un rêve, ce lac Georges! Figurez-vous une longue brèche sinueuse remplie d'une eau claire et azurée, entre de hautes collines couvertes de bois épais, d'un vert intense ; au milieu de ces eaux limpides une foule d'îles et d'îlots avec des maisons blanches ou des chalets enfouis dans des bouquets d'arbres et égayés par des parterres tout en fleurs. D'élégan- tes barques d'amateurs de pêche, de jolis steamers d'où s'échappent des airs de valse croisent notre bateau, le *Minne-Ha-Ha*; on se salue en agitant chapeaux et mouchoirs, tandis que des pêcheurs solitaires se tiennent immobiles et absorbés le long des berges, et que les duos de *flirters* suivent les sentiers ombragés pour s'y livrer apparemment, sans être dérangés, à la lecture du *Herald* ou du *New-York Times*. On débarque devant le ravissant hôtel du fort William-Henry, où un *stage-coach* prend les voyageurs pour les conduire, par monts et par vaux, à la station prochaine. Nous prenons le train de Saratoga, et nous arrivons avant minuit à ce rendez-vous favori de la société américaine.

Nous descendons au *Grand Union*, un hôtel Levia than auprès duquel les plus grands hôtels d'Europe seraient comme la cascade du bois de Boulogne auprès de la cataracte du Niagara.

Il vaut bien la peine d'être décrit, ce *Grand Union hotel*. L'omnibus du chemin de fer vous amène au pied d'un bâtiment grand comme une caserne, avec deux ailes enserrant un parc ; des colonnettes de fonte de 20 mètres de hauteur soutiennent tout le long des façades extérieures et intérieures le toit d'une large *piazza*, dont la longueur totale, si j'en dois croire mon *Panoramic Guide*, n'est pas inférieure à 1 mille (1 kilomètre 1/4). Vous montez par un vaste escalier à un immense parloir où se trouvent concentrés les services essentiels de l'hôtel, le bureau de réception et de renseignements, le post-office d'un côté, la caisse à quatre guichets, le bureau de location des voitures et le télégraphe de l'autre. Vous inscrivez votre nom sur un volumineux registre, on vous remet une clef que vous gardez en poche, et que des « avis » affichés dans les endroits bien en vue vous supplient de ne pas emporter avec vous, en quittant l'hôtel. Malgré la crise, *Grand Union hotel* est suffisamment peuplé. On me délivre le n° 1315, au second étage. J'ai le choix entre quatre ascenseurs et autant d'escaliers pour y monter. Les ascenseurs sont des salons élégants où vingt personnes peuvent tenir sans se coudoyer. Un coup

de sonnette, et la machine est à vos ordres. Vous
arpentez de longs corridors, entièrement couverts
de tapis, comme les salons et les chambres ; il n'y
en a pas moins de 10 acres, toujours d'après mon
Panoramic Guide. Par exemple, ma chambre, dont
les murailles blanches sont éclairées par un bec de
gaz, manque un peu d'élégance, quoique — particularité assez rare dans les hôtels américains —
l'éclat du gaz soit tempéré par un globe de verre
dépoli ; le lit est dur, et le mobilier se réduit
à une table de toilette et à une armoire en noyer.
Il est vrai qu'on ne séjourne guère dans sa chambre.
On descend au rez-de-chaussée, où il y a « 2 milles
carrés » de salons, somptueusement décorés, avec
tentures et mobilier garnis de satin, des salles de
lecture, des billards, un *bar-room* ; et, finalement,
une salle à manger, dans laquelle 600 personnes
s'attablent à l'aise, et où un restaurateur parisien
ne serait pas embarrassé d'en caser 2,000. La salle à
manger, c'est le centre et on pourrait dire l'âme
de l'hôtel ; on n'y fait pourtant que trois repas par
jour : le déjeuner, le dîner et le lunch ou souper ;
mais quels repas ! le festin des noces de Gamache
serait, en comparaison, un repas du Petit-Manteau-
Bleu. Entrons-y, après avoir déposé à l'entrée, —
sans rétribution, — notre chapeau et notre canne
sous la garde d'un nègre. Un bataillon de nègres et
de mulâtres, en veston ou en habit noir et cravate
blanche, fait le service. On les voit s'avancer proces-

sionnellement, l'avant-bras replié et portant sur la
paume aplatie de la main un plateau chargé de
mets. Un sous-officier se détache et vous désigne
poliment une chaise de paille vacante, ou vous renvoie à un collègue. Vous vous asseyez et l'on place
devant vous la carte et un verre d'eau glacée. Quelle
carte, bon Dieu ! J'y compte quatre-vingt-cinq plats,
pas un de moins, depuis le *mock turtle aux que-
nelles* et le *consommé printanier à la royal* (sic),
en passant par la série des poissons, des bouillis,
des rôtis, des relevées (*sic*), des entrées, des *vegetables*, jusqu'à la *vanilla ice cream* et le *water-
melon* de la fin. Et j'ai le droit imprescriptible de
me les faire servir tous ! Je n'use de ce droit qu'avec
modération, et me voici en face d'un grand plat
chargé de viande, entouré d'une douzaine de petits
plats couverts des *vegetables* les plus variés, pommes
de terre, gros pois, maïs vert, riz bouilli, tomates
fraîches, mais avec une seule assiette. C'est l'habitude américaine de manger en même temps, sur la
même assiette, viande, poisson et légumes combinés.
Affreuse habitude ! On m'a confié une *napkin*, serviette, qu'il m'est arrivé déjà plus d'une fois de
mettre dans ma poche, là prenant pour un mouchoir. Je me surveille pour ne pas donner au nègre
attentif et poli qui me sert une fâcheuse opinion de
la probité de la race blanche ; on me rend, à la sortie, mon chapeau et mon *umbrella*, sans m'avoir posé
aucune question, et je me retrouve sous la *piazza*,

où la bande des musiciens de l'hôtel a commencé son tapage.

Je vais faire un tour dans le « Broadway » de Saratoga, — toutes les villes américaines ont leur Broadway. Celui-ci est garni de magasins de marchandes de modes, de confections, de coiffures, alternant avec des *tobacconists*, presque tous juifs, et des offices de marchands de tickets de chemins de fer. Sur le trottoir, un transparent orné d'un gigantesque pied rouge m'apprend que le docteur Pray extrait sans douleur les cors, les durillons et les molaires. Voici un coiffeur parisien venu de New-York à Saratoga pour la saison. La saison ne dure que sept semaines, et il paie 400 dollars de loyer pour son étroit magasin. C'est cher, mais on vend assez bien les cheveux, sur lesquels on réalise un bénéfice honnête. Les cheveux sont importés d'Europe, moyennant un droit de 30 0/0, les Américaines refusant généralement de se laisser « tondre, » en dépit de la protection que le tarif leur accorde. Les cheveux châtains viennent de la Normandie, de la Bretagne et de l'Auvergne ; les cheveux noirs, de l'Italie ; les cheveux blonds, de l'Allemagne et de la Suède. Certaines élégantes ont sur la tête pour 300 dollars de cheveux importés, et une vieille lady a payé 200 dollars deux tresses de cheveux blancs, les plus chers. Je compte bien juger, le soir même, de l'effet des cheveux importés sur les têtes des charmantes misses qui se donnent rendez-vous de tous les points de l'Union à ce grand marché matrimonial. Il y a bal au *Grand Union hotel* et à l'hôtel des États-Unis, son rival. Je n'ai garde d'y manquer ; mais c'est une double déception : on y rencontre certainement de très-jolies misses et des ladies somptueusement vêtues qui ont convenablement encouragé le commerce d'importation des cheveux ; mais je n'aperçois pas un seul « kanguroo », et c'est à peine si quelques couples se décident à faire un tour de valse. Cavaliers et dames dansent sans gants ! A minuit, l'orchestre disparaît. — Nous sommes au samedi, et l'on ne danse pas le dimanche. Me revoici au n° 1315. Ma chambre n'est pas faite, et le lendemain matin mes bottes ne sont pas cirées. Est-ce une négligence accidentelle, ou serait-ce une mesure générale de revanche de nos serviteurs nègres contre la race blanche? Quoique la sonnette soit électrique, je sonne et je resonne en vain pour approfondir ce mystère. J'en suis quitte pour confier mes bottes à un des pauvres petits va-nu-pieds de race blanche qui encombrent le trottoir avec leur boîte à noircir, *blacking*; je passe le dimanche à boire l'eau ferrugineuse et sulfureuse des fontaines et à me promener sous les ombrages de *Congress Park*, où jaillit la plus célèbre des sources de Saratoga, *Congress Spring*. Le soir, je demande ma note à l'un des quatre caissiers du *Grand Union hotel*. J'en suis quitte pour 10 dollars, 5 dollars par jour, — et c'est réellement pour rien. Songez donc : deux milles de salons, dix acres de tapis, quatre ascenseurs, trois repas par jour, quatre-vingt-cinq plats au dîner, plus un concert dans la journée et un bal le soir pour 5 dollars ! Il est vrai qu'on n'a pas changé mes assiettes, que ma serviette ressemblait à un mouchoir, qu'on n'a pas fait ma chambre et qu'on a négligé de cirer mes bottes. Mais ce sont des détails, et *Grand Union hotel* n'en est pas moins une colossale manufacture de confort et une des créations les plus caractéristiques du génie américain.

XI

LA SITUATION POLITIQUE — L'ÉLECTION PRÉSIDENTIELLE

A bord du *City of Atlanta*, le 12 août 1876.

J'ai quitté hier New-York pour me rendre à Charleston. Quoique la voie de mer soit plus longue que la voie de terre, je l'ai prise de préférence. Nous sommes en pleine mer, le temps est magnifique ; les passagers, tous purs Américains, sont assis sur le pont dans les attitudes les plus variées, et comme ma conversation avec eux est fort limitée, j'ai tout le loisir nécessaire — jusqu'au moment où le bruit formidable d'un gong chinois m'annoncera que le dîner est servi — pour vous entretenir des affaires publiques des États-Unis. Je ne serai pas dérangé : je n'ai pour voisin à la table du fumoir qu'un vieil Américain, entièrement absorbé par la lecture de l'*American Grocer*, journal des épiciers, qui a bien trois ou quatre fois le volume du *Journal des Débats*.

Le peuple américain a certainement des qualités intellectuelles et morales hors ligne. Il est entreprenant, actif, ingénieux, plein de bon sens pratique, et plus sûr dans les affaires privées et commerciales qu'on ne le croit généralement en Europe. Ses ingénieurs, ses mécaniciens, ses négociants, ses industriels, ses agriculteurs, sans parler de ses hôteliers, seraient partout au premier rang ; il voit juste en affaires, il a « l'œil américain », il embrasse avec sang-froid les difficultés d'une entreprise et il trouve presque toujours, pour les résoudre, le procédé le mieux adapté à la circonstance. Mais cette supériorité qu'il possède dans la conduite de ses affaires et dans l'aménagement de sa vie, il la perd dans les affaires publiques. Au lieu de se perfectionner, le gouvernement de la grande république va, depuis une trentaine d'années surtout, se dégradant et se corrompant, et l'on ne pourrait pas citer, à dater de la guerre de la sécession, une seule question politique, économique, administrative ou financière, à laquelle les Américains n'aient donné la solution la plus mauvaise qu'elle pût comporter. A quoi cela tient-il ? Cela tient principalement, autant que j'en puis juger, sinon à l'absence d'une haute culture intellectuelle — il y a des branches élevées des connaissances humaines : la législation civile et pénale,

le droit international, les sciences physiques et naturelles, dans lesquelles les Américains excellent —
du moins aux intérêts, aux préjugés, et plus encore
à l'infatuation d'eux-mêmes qui empêchent chez eux
les progrès et la vulgarisation des sciences politiques
et économiques. Ils ont des *politiciens* et même des
économistes, mais ils ne paraissent pas se douter
que la politique et l'économie politique soient des
sciences ayant, comme la mécanique elle-même, des
principes invariables, et auxquels il n'est pas plus
permis de déroger en Amérique qu'en Europe. Si
les conceptions politiques, économiques et financières pouvaient être brevetées comme les machines, les
procédés industriels, les emplâtres et les pilules, et
si l'on pouvait les appliquer de même sans avoir besoin de les faire agréer préalablement par le peuple
souverain, je crois bien qu'elles ne tarderaient pas
non plus à se perfectionner, et que j'aurais trouvé
au Niagara et ailleurs des annonces illustrées de
toute sorte de systèmes et de méthodes de gouvernement, d'une qualité tout à fait supérieure et garan-
tie. Mais, pour me servir de l'expression consacrée,
les inventions politiques, économiques et financières
« ne paient pas »; et d'ailleurs, comment les faire
accepter par un peuple à qui on a enseigné dès la
mamelle qu'il est le premier des peuples et que les
institutions américaines sont le dernier mot de la
sagesse humaine?

Dans la vie privée, l'Américain est intelligent,

sensé et même modeste ; dans la vie publique,
son intérêt, ou ce qu'il s'imagine être son intérêt,
ses passions, et par-dessus tout son amour-propre
national, l'aveuglent absolument et le mettent
à la merci des *politiciens*, société de renards or-
ganisée pour vivre aux dépens de la démocratie
des corbeaux. La vanité nationale a certainement
jeté des pousses vigoureuses chez tous les peuples
civilisés : l'orgueil méprisant de l'Anglais est pro-
verbial ; le Français est fier de ses institutions que
« le monde lui envie », ce qui ne l'empêche pas de
les renverser en moyenne tous les quinze ans ; l'Allemand n'a pas dégonflé depuis Sedan ; le Belge lui-
même répète avec complaisance que la Belgique est
petite par son étendue, mais grande par le génie et
les vertus de ses habitants, et le cri favori du Fla-
mand c'est : « *Vivan ons !* Vivent nous ! » L'Italien
est persuadé qu'il ne peut manquer de reconquérir
avant peu ses frontières naturelles, — les frontières
de l'Empire romain ; le Russe n'ose pas encore se
dire le premier des peuples, mais *il le sera*, et l'a-
venir du monde appartient indubitablement à la
race slave. Le Chinois ne dissimule pas son dédain
pour les *barbares aux cheveux rouges*, et le sauvage australien, qui se nourrit de vers et de grenouilles crues, manifeste hautement son dégoût pour
la civilisation et la cuisine européennes. Mais toutes
ces vanités et ces orgueils amoncelés ne formeraient
qu'une simple motte de terre en comparaison du

mont Blanc de l'orgueil américain. Et comment l'A-
méricain ne serait-il pas orgueilleux? Si on ne lui
enseigne qu'imparfaitement les langues étrangères
dans ses écoles publiques, — on les enseigne aux
États-Unis aussi peu et aussi mal qu'en France, c'est
tout dire, — on lui met incessamment sous les yeux
les grands exemples que l'Amérique a donnés au
monde; on lui incruste dans la tête, jusqu'au fond de
la nuque, cette vérité historique, incontestable, que
l'univers était plongé dans une épaisse barbarie avant
l'apparition du peuple américain et de la Constitution
américaine. Plus tard, les orateurs des meetings et
des *Conventions* se chargent d'achever une éducation si bien commencée. Ce n'est pas qu'ils craignent
de dire au peuple ses vérités. Non! Ils n'ont pas
l'habitude de dissimuler leur pensée. Ils sont Américains, et comme tels, ils ont sucé la franchise avec
le lait de leurs nourrices. Ils reprochent donc au
peuple américain sa bonté, sa générosité, son détachement trop complet des intérêts de ce monde, qui
le rendent dupe de tous les intrigants et qui l'empêchent, par exemple, dans ses différends avec les
peuples avides et corrompus de la vieille Europe, de
faire valoir suffisamment son droit; ils le supplient,
au nom de ses intérêts les plus chers, de corriger
ces défauts qui font obstacle à l'accomplissement de
sa « destinée manifeste. » Comment n'écouterait-on
pas des gens qui s'expriment avec cette brusque
franchise? Comment ne suivrait-on pas leurs con-

seils désintéressés? J'ai entendu, à la vérité, des jeunes gens parodier avec *humour* ces discours des *Smith* et des *Jones* des meetings, à la grande jubilation de leur auditoire ; mais les Smith et les Jones n'en ont pas moins conservé l'oreille du peuple, et ils n'ont pas cessé de gouverner les États-Unis.

Pendant longtemps les événements ont semblé donner raison aux Smith et aux Jones. La population et la richesse avaient aux États-Unis un taux d'accroissement jusqu'à présent sans égal dans le monde, et qui n'avait pas baissé même pendant la guerre de la sécession et dans les années suivantes. — Voyez ! reprenait Smith bientôt après dépassé par Jones, nous avons soutenu la plus effroyable guerre civile dont le monde ait jamais été témoin.... une guerre américaine, c'est assez dire ! Nous avons perdu 1 million d'hommes et dépensé 14 milliards ; nous avons émis des quantités énormes de papier-monnaie, taxé et surtaxé toutes les branches du revenu et de la consommation, et, bien loin d'entamer la prodigieuse vitalité du peuple américain, il semble, au contraire, que nous l'ayons surexcitée et accrue. Ce qui aurait ruiné tout autre peuple nous a enrichis, et nous suivons plus triomphalement que jamais le cours de nos glorieuses destinées. *Hurrah ! hip ! hip ! hurrah !* pour la grande république ! Cependant, voici qu'on apprend, par une belle soirée d'octobre 1873, qu'il y a une débâcle dans *Wall Street*, que les faillites succèdent aux faillites, et que les maisons auxquelles on aurait donné du crédit pour des millions ne valent plus 1 dollar. Grand émoi dans le monde financier et commercial. Mais, après tout, n'est-ce pas un événement assez ordinaire qu'une crise? Celle-ci passera comme ont passé les autres, et quand l'horizon aura été balayé par l'ouragan, le glorieux vaisseau de l'Union reprendra sa course majestueuse. On se rassure donc, et l'on attend la reprise des affaires ; on l'attend depuis trois ans, et aucun signe n'est venu encore annoncer que ce cataclysme ait cessé. Aucune colombe n'est sortie de l'arche. En même temps on annonce qu'une bande de voleurs s'est emparée des administrations publiques ; qu'il y a des concussionnaires jusque dans les postes les plus élevés ; que le Sud est mis au pillage par les *carpet-baggers ;* que le revenu des accises et des douanes passe pour les deux tiers dans les poches de ceux qui sont chargés de le percevoir ; que la marine marchande, dont le tonnage dépassait naguère celui de la marine britannique, est en pleine décadence. On s'étonne, on s'inquiète, le cri de *réforme* sort de toutes les bouches, et les Smith du parti républicain aussi bien que les Jones du parti démocrate crient plus haut que tout le monde.

On en est là aujourd'hui ; mais il ne suffit pas, nous le savons par expérience, de crier sur les tons les plus variés le mot *réforme ! réforme !* pour remédier aux maladies politiques et économiques d'une nation. Il faut savoir préalablement ce qu'il faut ré-

former et comment il faut réformer. Il faut savoir
d'où vient le mal, connaître le remède propre à le
guérir, et ne pas ignorer non plus à quelle dose il
convient de l'appliquer. Il faut, en un mot, posséder
les rudiments des sciences politiques et sociales, et
voilà malheureusement ce qui fait défaut aux États-
Unis plus encore que dans notre vieille Europe. Au
moins, les expériences malheureuses que nous avons
faites n'ont-elles pas été tout à fait perdues ; si nous
ne connaissons pas toujours les remèdes qui guérissent, nous avons appris, à nos dépens, à discerner
ceux qui ne guérissent pas ; nous savons, par exemple,
qu'un changement de gouvernement ou même le
renversement d'un cabinet n'est pas une panacée.
Aux États-Unis, où l'on est plus jeune et où l'on est
naturellement convaincu que l'on n'a rien à apprendre de la vieille Europe, qu'il est par conséquent
superflu d'y chercher des exemples ou des leçons, —
aux États-Unis, dis-je, on est resté persuadé que le
remède aux maux dont on souffre réside uniquement
dans le remplacement ou dans le maintien aux
affaires de tel ou tel parti. Écoutez les démocrates :
ils vous diront que le mal vient de ce que le parti
républicain gouverne l'Union depuis seize ans, et que
l'avénement du parti démocrate rendra indubitablement au pays son ancienne prospérité. Écoutez, au
contraire, les républicains : ils vous affirmeront que
le mal, singulièrement exagéré d'ailleurs, a pour
cause unique l'ambition effrénée des démocrates, et

leur prétention injustifiable de remplacer l'administration républicaine.

. La question sera décidée avant peu, vous le savez.
Les pouvoirs du Président Grant expirent au mois
de mars 1877, et le 7 novembre prochain, l'Union
procédera à la nomination des électeurs présidentiels, avec mandat impératif. Les deux partis entre
lesquels se divise l'Union, les républicains et les
démocrates, se sont réunis, ceux-là à Cincinnati,
où ils ont élu pour candidat à la présidence
M. Hayes, à la vice-présidence M. Wheeler; ceux-ci
à Saint-Louis, où ils ont choisi M. Tilden, le célèbre gouverneur de New-York, et M. Hendricks.
A ce propos, quelques mots sur l'organisation des
partis aux États-Unis ne seront pas inutiles. Les
États-Unis sont, comme personne ne l'ignore, l'État
le plus démocratique qui fût jamais : tous les citoyens, les nègres compris, sont électeurs et éli-
gibles, toutes les fonctions importantes, politiques, administratives et judiciaires, sont non-seulement soumises à l'élection, mais encore renouvelables à court terme, un an, deux ans, quatre ans
au plus. En droit, le gouvernement américain est
donc, à tous ses degrés et dans toutes ses branches, la chose des 10 millions d'électeurs américains, et jamais souverain plus absolu n'a régné sur
les bords de l'Euphrate ou du Gange. En fait, le gouvernement des États-Unis, à tous ses degrés et dans
toutes ses branches, appartient à une classe de

2 ou 300,000 *politiciens*, divisés en deux camps irréconciliables, et qui trouvent, dans la politique et l'administration de l'Union, des États et des villes, leurs moyens d'existence. Ils font de la politique comme les manufacturiers font des étoffes de laine ou de coton, et comme les cordonniers font des souliers. Ce n'est point un mal, et je dirai même que cette division du travail a été aux États-Unis, comme ailleurs, un progrès nécessaire. Au temps où nous sommes, tous les citoyens ne peuvent pas plus s'adonner aux besognes de plus en plus difficiles et compliquées que comportent le gouvernement et l'administration, qu'ils ne peuvent fabriquer eux-mêmes leurs habits et leurs souliers. Mais que dirait-on d'une manufacture de draps ou de souliers dont les consommateurs, réunis dans leurs comices, se chargeraient tous les ans, tous les deux ans ou tous les quatre ans, de renouveler le personnel ? Il est vraisemblable que la fabrication de ces articles de première nécessité laisserait à désirer, et que les consommateurs courraient même le risque de payer de plus en plus cher des habits et des souliers de plus en plus mauvais. Tel est pourtant le régime politique des États-Unis, et, n'en déplaise aux Smith et aux Jones des deux mondes, je ne puis le considérer comme le dernier mot de la science politique et de la sagesse humaine.

Les deux partis qui se disputent ici l'exploitation de la « manufacture » sont organisés comme l'était, au moyen âge, la milice féodale. Dans chaque district, dans chaque ville, dans chaque comté, dans chaque État, et finalement dans l'Union elle-même, il y a une série de comités qui se chargent de convoquer les réunions de cette milice politique chaque fois que l'intérêt du parti l'exige. Lorsqu'il s'agit d'une élection présidentielle, le ban et l'arrière-ban sont mis en branle ; on nomme dans toute l'étendue de l'Union, des délégués qui se réunissent en Convention nationale et désignent, à la majorité des suffrages, le candidat du parti. Le candidat désigné, on convoque des meetings, on organise des processions, on répand des journaux et des pamphlets ; on ne recule, en un mot, devant aucune démarche et aucune dépense pour assurer son succès. Et, vraiment, la chose en vaut la peine ! Le prix de ce concours politique, ce n'est ni plus ni moins que le budget. Le parti vainqueur s'empare invariablement, par droit de conquête, de toutes les fonctions rétribuées qui dépendent de l'administration. Il y a trente ans, on n'en comptait guère que 5,000 ; depuis la guerre de la sécession et le développement énorme des services qu'elle a exigé, soit pour la recette, soit pour la dépense, le nombre en a été porté, assure-t-on, à 80,000 et même à 100,000.

Sans doute, la masse électorale conserve le droit imprescriptible de disposer de ses votes comme bon lui semble ; mais, en fait, chacun, sous peine de perdre sa voix, est obligé de voter pour l'un des deux candidats désignés par la Convention nationale des politiciens républicains ou des politiciens démocrates. Sans doute encore, chacun a le droit de s'enrôler parmi les politiciens; ils ne forment pas une oligarchie fermée, mais c'est un métier que les hommes de loi et les faiseurs d'affaires peuvent seuls combiner, sans dommage, avec leurs occupations habituelles. C'est d'ailleurs un métier qui exige une certaine élasticité de conscience, et dont les profits sont trop aléatoires pour attirer les gens honorablement et solidement établis. Ceux-ci font volontiers profession de mépriser les politiciens, et ils s'éloignent même de plus en plus de la politique active. Il en résulte que le pouvoir des politiciens va s'accroissant chaque jour, et que le contrôle des classes éclairées sur la direction des affaires devient, chaque jour aussi, moins attentif et moins efficace.

Cette esquisse, assurément fort incomplète de l'organisation des partis, vous expliquera la violence des luttes électorales aux États-Unis, et j'ajoute aussi, de la stérilité de leurs résultats. Dans la lutte actuelle, par exemple, les deux partis ont fait assaut de promesses. J'ai sous les yeux les *platforms* (programmes) des Conventions de Cincinnati et de Saint-Louis, ainsi que les réponses qu'y ont faites les candidats désignés; et certes, à part quelques lacunes, elles sont de nature à satisfaire les amateurs de réformes les plus exigeants et les plus difficiles.

Une analyse sommaire de ces deux pièces importantes vous permettra d'en juger.

La *platform* républicaine débute naturellement par l'éloge de l'administration républicaine, qui a maintenu l'intégrité de l'Union et aboli l'esclavage ; elle déclare, en opposition avec la doctrine de la souveraineté des États invoquée par les sécessionnistes, que les États-Unis sont une « nation » et non pas une « confédération »; elle justifie la politique du parti républicain à l'égard du Sud, en ajoutant que c'est le devoir du gouvernement d'écarter toutes causes de juste mécontentement de la part des différentes classes de la société, et d'assurer à tout citoyen américain une complète liberté et une exacte égalité dans l'exercice de tous ses droits civils, politiques et publics. Pour ce qui concerne la grosse question de la corruption administrative ou de « la réforme du service civil », la *platform* républicaine n'est pas moins explicite. « La règle invariable pour les nominations doit être, avant tout, d'avoir égard à l'honnêteté, à la fidélité et à la capacité des candidats, tout en attribuant au parti aux affaires les places dans lesquelles l'intérêt de l'harmonie et de l'efficacité de l'administration exige que sa politique soit représentée, mais en laissant toutes les autres ouvertes à des personnes choisies seulement en vue de rendre le service public aussi efficace que possible, et de montrer une juste déférence au droit de tous les citoyens à participer à l'honneur de servir fidèlement leur pays. » De plus, les auteurs de la *platform* se réjouissent de la sensibilité que manifeste la conscience publique à l'égard de la gestion des affaires du pays. « Nous ferons peser disent-ils — pour répondre à ce sentiment — sur tous les fonctionnaires une responsabilité rigide, et nous tiendrons la main à ce que les poursuites et le châtiment de tous ceux qui trompent la conscience publique soient prompts, sévères et inévitables. » Quant à la reprise des paiements en espèces, « la prospérité commerciale, les besoins publics et le crédit national exigent que la promesse solennelle du gouvernement du Président Grant soit fidèlement accomplie par un acheminement continu et sûr vers la reprise des paiements en espèces. » — Sur la question des tarifs, la *platform*, qui est obligée de rassurer les protectionnistes des États de l'Est, ses plus fidèles soutiens, sans décourager les libre-échangistes du Sud ou de l'Ouest, est d'avis que le revenu doit être largement tiré des droits d'importation combinés de manière à protéger les intérêts du travail américain et favoriser la prospérité du pays tout entier. La *platform* déclare encore que le système des écoles publiques est le boulevard de la république américaine et qu'elle s'oppose à toute subvention des écoles ou des institutions placées sous la direction d'une secte (*under sectarian control*) ; elle se prononce énergiquement contre l'allocation des terres publiques à des corporations et à des monopoles ; elle demande des modifications aux traités existants avec les gouvernements européens, afin d'accorder aux citoyens adoptifs de l'Amérique la même protection qu'aux Américains de naissance, ainsi que les lois nécessaires pour protéger les émigrants ; elle réclame une enquête immédiate sur l'immigration des Mongoliens (Chinois) ; elle s'applaudit des progrès qui ont été faits dans ces derniers temps vers la reconnaissance de l'égalité des droits des femmes, et elle ajoute que toutes les demandes honnêtes qui pourront être faites dans ce sens seront prises en respectueuse considération ; elle est d'avis que c'est le droit et le devoir du Congrès de prohiber et d'extirper dans les Territoires ce reste de la barbarie : là polygamie ; elle recommande au gouvernement de tenir fidèlement les promesses de récompenses faites aux soldats et aux marins qui ont exposé leur vie pour le salut du pays. Enfin elle appelle l'attention publique sur le grave danger auquel le succès du parti démocrate ne manquerait pas d'exposer l'Union en faisant renaître les luttes intestines, en mettant en péril l'honneur national et les droits de l'humanité, car l'esprit et le caractère du parti démocrate n'ont pas changé : il est resté ce qu'il était à l'époque où il sympathisait avec la trahison. Telle est, en substance, la *platform* des républicains.

La *platform* des démocrates est d'un ton plus vigoureux encore, et elle est aussi plus abondante en promesses. Ses auteurs débutent par repousser le reproche de vouloir rouvrir la question de la sécession en affirmant « leur foi dans la permanence de l'Union fédérale, leur dévouement à la Constitution des États-Unis avec ses amendements universellement acceptés comme un règlement définitif des controverses qui ont engendré la guerre civile. » Ils acquiescent d'une manière absolue au principe de la soumission à la volonté de la majorité, — ce principe vital des républiques, — et à ces autres principes non moins vitaux de la suprématie de l'autorité civile sur l'autorité militaire, de la séparation de l'Église et de l'État, de l'égalité de tous les citoyens devant de justes lois. Mais ils pensent que, pour maintenir les liens de l'Union et soutenir la grande Charte de ses droits, un peuple libre doit pratiquer aussi cette éternelle vigilance qui est le prix de la liberté. La réforme est nécessaire pour réconforter le cœur du peuple de l'Union qui a heureusement échappé, il y a onze ans, au danger de la sécession, mais qui doit être sauvé maintenant d'une centralisation corrompue, laquelle, après avoir infligé à dix États de l'Union la tyrannie rapace des *carpet-baggers*, a rempli les bureaux du gouvernement fédéral de l'incapacité, du gaspillage et de la fraude, infecté les États et les municipalités de la contagion du mauvais gouvernement, et arrêté la prospérité d'un peuple industrieux. La réforme est nécessaire pour rétablir une circulation saine, restaurer le crédit public et maintenir l'honneur national. Ici les auteurs de la *platform* dénoncent l'imprévoyance qui, pendant onze années de paix, a soutiré au peuple, en taxes fédérales, treize fois le montant de la totalité du papier-monnaie, et dilapidé quatre fois cette somme en dépenses inutiles sans accumuler aucune réserve pour la reprise des paiements en espèces. Ils dénoncent l'imbécillité financière et l'immoralité de ce parti, qui non-seulement n'a pas fait un pas vers la reprise des paiements, mais qui l'a entravée « en gaspillant nos ressources et en épuisant l'excédant de nos revenus. » Ils dénoncent encore — et ceci n'est pas la partie la moins raisonnable de la *platform* des démocrates — ils dénoncent le tarif actuel, levé sur près de 4,000 articles, comme un chef-d'œuvre d'injustice, d'inégalité et de faux calculs. Ce tarif a appauvri une foule d'industries, pour en subventionner un petit nombre ; il prohibe l'importation qui pourrait acheter les produits du travail américain ; il a dégradé le commerce américain du premier rang pour le reléguer à un rang inférieur dans les hautes mers ; il a arrêté la vente des produits des manufactures américaines à l'intérieur et au dehors, et empêché les retours de l'agriculture américaine, — une industrie qui occupe la moitié de la population ; il coûte au peuple cinq fois plus qu'il ne rapporte au Trésor, empêche les progrès de la production et gaspille les fruits du travail ; enfin il encourage la fraude et la contrebande, enrichit des employés malhonnêtes et conduit à la banqueroute d'honnêtes négociants. Ils demandent, en résumé, que les taxes de la douane n'aient pas d'autre objet que le revenu.

« La réforme est nécessaire, poursuivent-ils, dans les dépenses publiques de la Fédération, des États et des municipalités. Les taxes fédérales ont monté de 60 millions en or en 1860 à 450 millions en papier-monnaie en 1870, c'est-à-dire, en une dizaine d'années, de moins de 5 dollars par tête à plus de 18. Depuis la paix, le peuple a payé aux collecteurs de taxes plus de trois fois le montant de la dette nationale, et plus de deux fois cette somme pour les dépenses du gouvernement fédéral. Ils demandent donc une rigoureuse frugalité dans chaque département et chez tous les fonctionnaires du gouvernement. Ils demandent aussi que les fautes et les omissions commises dans les traités qui concernent les étrangers naturalisés soient corrigées, et que la côte du Pacifique soit préservée de l'invasion d'une race qui ne provient pas de la même souche que nous, et à qui, en fait, la loi refuse maintenant l'admission aux droits de citoyen par la naturalisation. Ils dénoncent la prétention d'encourager les écoles sectaires aux dépens des écoles publiques que le parti démocrate a toujours protégées depuis leur fondation, et qu'il est résolu à maintenir sans partialité ni préférence pour aucune classe, secte ou croyance, et sans allocation du Trésor pour aucune d'elles.

« La réforme est nécessaire dans le service civil. L'expérience démontre qu'une conduite efficace et économique des affaires du gouvernement n'est pas possible si le personnel du service civil est exposé à changer à chaque élection, en devenant le prix d'un vote, la récompense du zèle de parti, au lieu d'être le prix de la capacité et de la fidélité au service public ; ils demandent que la dispensation du patronage ne soit ni une taxe levée sur le temps de nos hommes publics ni un instrument de leur ambition.

« La réforme est même encore plus nécessaire dans les échelons élevés du service public. Le Président, le vice-Président, les juges, les sénateurs, les représentants et tous les autres qui exercent l'autorité sont les serviteurs du peuple. Leurs fonctions ne sont pas des propriétés privées, elles sont un dépôt public. Quand les annales de cette république nous montrent la démission et la censure infligées à un vice-Président des États-Unis, un président de la Chambre des Représentants trafiquant de l'usage de ses prérogatives, trois sénateurs tirant profit de leurs votes comme législateurs, cinq présidents de comités dans la dernière chambre des Représentants pris en flagrant délit de simonie, un secrétaire du Trésor faussant les balances des comptes publics, un attorney général donnant une destination indue aux fonds de l'État, un secrétaire de la marine enrichi et enrichissant ses amis en prélevant un tantième sur les profits des fournisseurs de son département, un ambassadeur en Angleterre blâmé pour avoir pris part à une spéculation déshonorante, le secrétaire privé du Président échappant à peine à une condamnation de complicité dans les fraudes commises aux dépens du revenu, un secrétaire de la guerre accusé de crimes publics et convaincu de corruption, la démonstration n'est-elle pas complète, et n'est-il pas évident que le premier pas à faire dans la voie de la réforme, c'est de confier le pouvoir à d'honnêtes gens d'un autre parti ? Car du moment où la gangrène d'une organisation de parti vient à infecter le corps politique, s'il n'y a pas de changement d'hommes ou de parti, il ne peut y avoir aucun changement dans les choses, aucune réforme ! Tous ces abus, ces maux et ces crimes, produit de seize années de domination du parti républicain, créent une nécessité de réformer, confessée par les républicains eux-mêmes ; mais leurs réformateurs sont exclus de leurs Conventions et renvoyés du cabinet. La masse des honnêtes votants du parti est impuissante à résister aux 80,000 détenteurs des fonctions publiques, à leurs chefs et à leurs guides. La réforme peut être obtenue seulement par une grande et pacifique décision populaire. Ils demandent donc un changement de système, un changement d'administration, un changement de parti, pour avoir un changement dans les choses et dans les hommes. »

En lisant ces deux *platforms*, l'une et l'autre si franchement et si résolûment réformistes, comment douter que la réforme ne suive de près la prochaine

élection présidentielle? — Si Hayes est élu, la réforme est assurée, se dit la masse des bons votants
du parti républicain. — Si Tilden l'emporte, la réforme se fera, répète à son tour avec conviction le
peuple des démocrates. — Mieux encore, affirme le
New-York Herald qui compte des acheteurs dans
les deux camps : soit que l'on nomme Hayes ou que
l'on préfère Tilden, la réforme est certaine.

Je ne puis, bien à contre-cœur, partager la confiance du *Herald*, et j'ai bien peur que ni Hayes ni
Tilden ne soient capables de réformer un état de
choses qui provient de l'assiette vicieuse et des dé-
fectuosités flagrantes des institutions américaines.
Et comme ni les politiciens, ni la masse passive des
citoyens ne me paraissent disposés à chercher et à
reconnaître les vraies sources du mal, le cours naturel des choses ne peut manquer d'aggraver cette
situation critique au lieu de l'améliorer. Faut-il tout
dire? Je ne puis m'empêcher de craindre qu'avant
peu d'années la crise ne se dénoue, à la mode d'Europe, par la dictature d'un « général » qui se char-
gera, avec l'appui du parti républicain, de rétablir
un ordre quelconque dans cette démocratie en dé-
sarroi.

. Les *platforms* que je viens d'analyser serviront
de thème inépuisable aux milliers de discours qui se
prononceront dans les meetings et aux dizaines de
milliers de *leading-articles* qui se publieront dans
les journaux d'ici à l'élection présidentielle. Je ne

puis mieux faire, pour vous donner une idée de la nature et de la qualité de ces flots d'éloquence politique, que d'analyser encore le discours par lequel le sénateur Morton a inauguré la campagne républicaine dans l'État d'Indiana, à un meeting réuni dans la *Musical Hall* d'Indianapolis. Cela vous donnera le diapason du jour.

L'orateur commence par faire l'éloge du parti républicain, odieusement calomnié par les démocrates. Le parti républicain, dit-il, peut se rappeler ses actes avec orgueil et satisfaction : l'Union préservée, l'esclavage aboli, l'établissement de l'égalité devant la loi, le gouvernement bien administré et conforme dans ses principes avec la civilisation avancée de notre siècle. Le parti démocrate, au contraire, essayant de faire oublier son passé, et incapable de trouver dans l'histoire aucun argument en sa faveur, se présente sous le masque de la réforme; il fait profession d'une moralité supérieure et s'en targue pour attaquer l'intégrité et le patriotisme des républicains. Dans une pareille campagne, où la calomnie est la seule arme de leurs adversaires, les républicains ont bien le droit de parler à bouche ouverte du caractère politique, de l'histoire et des desseins du parti démocrate.

L'orateur fait remarquer que si les peuples de l'ancien monde ajoutaient foi à toutes les infamies que les chefs du parti démocrate débitent sur l'administration républicaine, les États-Unis seraient

considérés comme le plus corrompu et le plus dégradé des peuples, que l'émigration s'arrêterait et
qu'ils perdraient tout crédit sur les marchés finan-
ciers. Il cite à ce propos un passage de la lettre d'acceptation du candidat démocrate, M. Tilden, dénon-
çant les abus et la corruption de l'administration, et
il s'écrie avec indignation :

« Le fait qu'un candidat à la présidence ait pu porter de pareilles accusations est la preuve la plus forte
que l'on puisse produire de notre dégradation politique. On ne pourrait rien trouver qui approche de cet
état de choses, si ce n'est peut-être à New-York, sous
sa propre administration et parmi la tourbe des démocrates qui lui ont donné la majorité. Bien loin
que la moralité officielle se soit détériorée, que le
service public se soit corrompu et que le pays se
trouve sur le penchant de la ruine, je déclare que
c'est le contraire qui est la vérité. La vérité est
qu'en dépit de mécomptes et d'accidents imprévus
qui se sont présentés et se présenteront toujours, il
y a plus de moralité officielle, les revenus publics
sont plus fidèlement perçus, et les services publics
sont mieux gérés qu'ils ne l'ont été en aucun temps.
Pendant la dernière année fiscale finissant le 30 juin
1876, l'excédant du revenu a été de 29 249 000
dollars, qui ont été appliqués à la réduction de la
dette nationale. Dans les dix dernières années nous
n'avons pas remboursé moins de 579 423 284 dollars de notre dette. Au 30 juin 1866, la dette na-

tionale était de 2 640 348 000 dollars ; elle est maintenant, en chiffres ronds, de 2 060 625 000 dollars.
En 1866, le revenu provenant des taxes intérieures
s'élevait à 309 226 813 dollars. En 1876, il n'était
plus que de 116 millions de dollars, c'est-à-dire
qu'il avait été réduit des deux tiers, ou de 200 millions de dollars par an. Est-ce que ces chiffres indi-
quent que nous marchions à la paralysie et à la
banqueroute nationale ? Voilà les résultats de l'administration républicaine. Maintenant, si vous voulez vous rendre compte de ce que serait une administration démocrate, examinez la situation et les
éléments influents de ce parti. L'homme qui s'attend à ce que les cormorans affamés, les ambitieux
si longtemps déçus, les instigateurs gangrenés de la
rébellion, les « sympathiseurs » du Nord qui se
sont tenus sur un isthme étroit entre la trahison ouverte et la résistance au gouvernement combattant
pour son existence, les conducteurs d'esclaves qui
ont perdu leur emploi, et cette innombrable cara-
vane de mendiants et d'aventuriers qui composent si
largement le personnel actif du parti démocrate, —
l'homme qui s'attend, dis-je, à ce que ces gens-là
deviennent les réformateurs du pays ne peut être
que le plus incurable des idiots. Aussi bien dans
l'avenir que dans leur long et sanglant passé, les intérêts et les passions du Sud dirigeront la conduite
et les actes du parti démocrate. N'y a-t-il pas, parmi
les membres de la majorité démocrate de la Chambre

des Représentants, soixante-quatre personnes qui ont été officiers ou soldats de la Confédération? »

Passant à l'examen de la *platform* démocratique de la Convention de Saint-Louis, l'orateur s'arrête à cette déclaration par laquelle les rédacteurs de la *platform* affirment leur confiance dans « la permanence de l'Union, » et « leur dévouement à la Constitution. »

« Quand on pense, dit-il, que près de la moitié des auteurs de cette déclaration ont participé à une rébellion armée pour détruire l'Union, et qu'ils avaient alors les sympathies de l'autre moitié, on sait la foi qu'il faut avoir dans leurs déclarations en faveur de la permanence de l'Union; quand on sait que pendant quatre ans la moitié, avec les sympathies de l'autre moitié, a soutenu une guerre sanglante pour mettre la Constitution en morceaux, on mesure ce que peut valoir leur dévouement à la Constitution. Qu'ils aiment l'Union et la Constitution comme ils les ont toujours aimées, voilà ce qu'il nous est permis de croire. De pareilles déclarations ne sont-elles pas la plus hideuse des moqueries et le plus flagrant des mensonges? »

Passant encore à cette autre déclaration de la Convention de Saint-Louis, qu'il importe que le pays, après avoir été préservé des dangers de la sécession, le soit aussi des maux d'une centralisation corrompue : « Quand vous réfléchirez, s'écrie le bouillant sénateur républicain, que la plupart des hommes qui ont fait cette déclaration sont les mêmes per-

sonnes, identiquement les mêmes, qui ont entrepris
il y a onze ans de détruire l'Union, et qui ont imposé à la nation toutes les horreurs et tous les sacrifices de la guerre civile, vous pourrez comprendre
toute l'audace et l'insolence de ce mensonge. Les
auteurs de la guerre, les créateurs de la dette nationale, les artisans du désordre et de la révolution
dans les États, directement responsables de tous les
maux et de toutes les calamités qui ont été les conséquences du grand conflit, les voilà qui ont l'effron-
terie d'imputer leurs propres crimes au parti républicain ! Examinons un moment la composition de
la Convention de Saint-Louis, qui a adopté cette remarquable *platform* et a choisi pour candidats ces
deux réformateurs distingués : Tilden et Hendricks.
Là se rencontrait le vieux propriétaire d'esclaves, le
cœur gonflé d'amers souvenirs, convaincu que l'émancipation était un vol, et dont l'unique espoir réside
dans l'allocation d'une « indemnité » par un gouvernement démocrate. Là se trouvait le vieil agitateur
sécessionniste qui avait précipité les États dans la
rébellion et rédigé les actes de sécession. Là étaient
les officiers et les soldats qui avaient fait flotter le
drapeau confédéré sur les champs de bataille teints
du sang de leurs compatriotes, et qui se glorifient
de leurs exploits comme de titres légitimes à la dé-
putation et aux emplois. Là étaient les membres du
Congrès rebelle de Richmond qui avaient débattu,
portes closes, la question du drapeau noir. Là étaient

les architectes et les défenseurs de Belle-Isle, Libby,
Andersonville et Salisbury, lieux témoins de scènes
d'horreur que les Indiens Modocs, dans leurs forteresses de lave n'ont jamais rêvées. Là étaient les sympathiseurs du Nord, à double face, dont les cœurs
et les espérances étaient dans le Sud, si leurs corps
étaient dans le Nord. Là étaient un petit nombre de
soldats de l'Union qui avaient porté leurs lauriers
fanés sur le marché confédéré, où l'offre en était
rare en présence d'une demande abondante. Là
étaient les épaves du parti républicain, auxquelles
le rejet de leurs demandes de places a ôté leur foi
dans la civilisation et donné la conviction de la nécessité d'une réforme. Là étaient assemblés, en un
mot, les soutiens de l'esclavage, les organisateurs de
la rébellion, les membres du Ku-Klux et de la « Li-
gue blanche, » les sympathiseurs du Nord à face de
Janus, les avocats de la souveraineté des États et les
représentants de tous les éléments de désordre qui
ont précipité le pays dans la guerre civile, qui l'ont
teint du sang de ses enfants et inondé des larmes des
veuves et des orphelins. »

Abordant ensuite la question de la reprise des
payements en espèces, l'orateur démontre la complète impuissance du parti démocrate à accomplir
cette réforme, et il termine en jetant un coup d'œil
sur la situation du Sud et sur les massacres de nègres
qui y sont devenus un moyen ordinaire d'intimidation électorale.

« Cinq, dix ou vingt nègres ont été tués, et parfois aussi un blanc, voilà ce qu'on entend dire tous les jours ; mais chaque annonce d'un fait de ce genre est suivie du mensonge stéréotypé que les nègres ont commencé l'attaque et que les blancs se sont bornés à se défendre. Les nègres, pauvres, ignorants, presque désarmés et sachant à peine se servir de leurs armes, sont toujours représentés comme se précipitant eux-mêmes sur leurs adversaires bien armés, exercés et intrépides, et se faisant tuer dans l'unique but de préparer un petit supplément de capital politique à leurs amis du Nord. Le massacre commis, il y a peu de jours, de dix nègres, à Hamburg, dans la Caroline du Sud, avec des particularités d'une atrocité extraordinaire, n'est que le début de la campagne en faveur de Tilden dans cet État. C'est le commencement de l'œuvre d'intimidation, un coup terrible destiné à porter la terreur dans les âmes de la population de couleur. Sous un prétexte futile et scandaleux, environ 300 hommes blancs envahissent cette petite ville, habitée presque exclusivement par la population de couleur, y exécutent leurs meurtres, chassent les femmes et les enfants dans les bois et saccagent leurs humbles demeures. Si une bande d'Indiens Sioux avait ainsi envahi un paisible village blanc et y avait commis de pareilles horreurs, un cri d'extermination aurait retenti dans le pays tout entier. On se vante ouvertement de démolir la majorité de 35 000 voix qui est acquise dans la Caroline du Sud au parti républicain et de faire tourner le vote de l'État en faveur de Tilden, et ce résultat ne peut être obtenu qu'en écartant du scrutin les électeurs de couleur ou en les contraignant, par la violence ou la fraude, à voter pour le candidat démocrate. Dans le Mississipi, depuis la reconstruction de cet État en 1869, la majorité républicaine avait été, en moyenne, de plus de 30 000. En 1872, Grant y avait été nommé par 34 887 voix. L'année dernière, après une campagne d'horreurs, le parti démocrate y est revenu au pouvoir avec une majorité de 49 000 voix ; et si complète et si abjecte a été la terreur, que, dans le comté de Yazoo, où les républicains avaient auparavant recueilli 2427 voix, ils n'en ont plus eu que 7, et encore ces 7 voix ne leur ont été laissées que pour qu'on pût dire qu'il avait été permis aux républicains de voter. Les « ligueurs blancs » étaient militairement organisés par compagnies dans chaque comté, bien armés, et ils parcouraient le pays en faisant des démonstrations menaçantes. Les meurtres et toutes les formes de la violence étaient à l'ordre du jour, et les républicains influents, blancs ou noirs, étaient avertis d'avoir à déguerpir sous peine de mort. Le résultat a été ce que l'on pouvait prévoir : une révolution sanglante, effrénée, dans laquelle une immense majorité a été opprimée et assujettie par une minorité grisée et familière avec le meurtre. Les massacres de Hamburg, Vicksburg, Clinton, Couchatta, Colfax,

Red River, Mechanic's Institute, et de cent autres endroits que je pourrais nommer, ont tous le même caractère ; tous ont eu le même but politique, et l'on a généralement essayé de les excuser par les mêmes infamies et par d'outrageux mensonges.

« Le général Sheridan, pendant son commandement à la Nouvelle-Orléans, a fait dresser avec grand soin le relevé des actes de violence commis pour des motifs politiques dans le seul État de la Louisiane, de 1866 à 1874, et il l'a porté à la connaissance de la Chambre des Représentants. Ce relevé comprend : tués, 2141 ; blessés, 2115 ; total : 4256. C'est un nombre d'hommes plus considérable que celui qui succomba dans la bataille de Bull Run, avec la différence que dans cette bataille la mort ne frappait pas d'un seul côté. Cette effroyable statistique, qui comprend un plus grand nombre de victimes que n'en ont fait en vingt ans le tomahawk et le couteau à scalper des Indiens, on la dissimule, on essaye de la dérober à l'attention publique, et, de même que les Indiens mutilent les corps de leurs ennemis morts, les meurtriers calomnient la mémoire de leurs victimes en les chargeant de toute espèce de crimes. Que ces hommes, leurs soutiens et leurs avocats, soient placés plus bas dans l'échelle de l'humanité que les Sioux ou les Modocs, c'est une proposition trop évidente pour qu'il soit nécessaire de la démontrer. Dans le Sud, les arguments dont on se sert contre le parti républicain sont le fusil, le revolver et le couteau ; dans le Nord, c'est l'accusation de corruption et le cri de réforme. Le premier est bref et meurtrier, le second est faux et hypocrite, et le même parti les emploie l'un et l'autre indifféremment, alors que le lieu ou l'occasion le demande. »

Ce discours, saupoudré de poivre de Cayenne, ne sera pas, ai-je besoin de le dire ? seul de son espèce. On n'est qu'au début de la campagne, et les esprits ne sont pas encore montés. Ce n'est guère que dans un mois que l'affaire deviendra sérieuse et que l'on brûlera les planches. Les « démocrates » n'ont garde naturellement de se laisser distancer par leurs adversaires, et, si cette lettre n'était point déjà beaucoup trop longue, après vous avoir mis sous les yeux ce que les républicains disent des démocrates, je vous montrerais ce que les démocrates disent des républicains. Mais vos compositeurs doivent s'apercevoir à mon écriture que la mer devient terriblement houleuse, et voici d'ailleurs le *gong* qui recommence son vacarme. Je vous quitte pour aller prendre un *lunch.*

XI

CHARLESTON — LA SITUATION POLITIQUE DE LA
CAROLINE DU SUD

Savannah, le 20 août 1876.

En soixante heures, le *City-of-Atlanta* m'amène
de New-York à Charleston. En entrant dans le port,
nous côtoyons la petite île où s'élevait le célèbre
fort Sumter, maintenant en ruines. La situation
topographique de Charleston est à peu près la même
que celle de New-York. Ce grand *emporium* de la
Caroline du Sud est bâti sur une presqu'île à l'embouchure de deux larges rivières, l'Ashley et le
Cooper, moins profondes, à la vérité, que l'Hudson
et la rivière de l'Est, et la pointe extrême de
cette péninsule a été transformée en un joli parc
qui porte, comme à New-York, le nom de *la Batterie*. Mais là s'arrête la ressemblance : bombardée

et à moitié détruite pendant la guerre, ravagée ensuite par deux effroyables incendies et administrée
par des politiciens panachés de blanc et de noir,
Charleston a vu décroître sa population et s'évanouir
son ancienne prospérité ; elle n'a plus qu'environ
45,000 habitants ; 20,000 blancs et 25,000 nègres
ou mulâtres ; ses rues, rectilignes et coupées à angle droit comme toutes les rues américaines, sont
agréablement ombragées de platanes, d'ormes et de
chênes-verts, mais horriblement pavées, — quand
elles sont pavées ; ses maisons, bâties pour la plupart conformément aux exigences du climat, à un
ou deux étages au plus, avec de larges et fraîches
vérandas, sont peintes de couleurs claires et gaies,
et elles reposent la vue fatiguée des briques rouges
de Philadelphie et de New-York ; mais elles sont pau-
vrement entretenues, les murailles s'effritent, le ba-
digeon s'écaille, et, quand il faut les reconstruire, on
remplace la pierre ou le marbre par du bois ; des
monceaux de ruines, où croissent les mauvaises
herbes et où grouillent les négrillons, attestent que la
guerre et l'incendie ont passé par là ; dans le bas de
la ville, où la population nègre est en majorité, les
maisons sont petites et basses ; on aperçoit, à travers des carreaux de vitres ébréchés et zébrés par la
suie, des troupeaux d'ombres noires accroupies ;
deux ou trois familles sont entassées dans la même
chambre, ayant pour tout mobilier le coffre où l'on
enferme les habits des dimanches, et le poêlon où

l'on cuit le maïs. Les nègres étant devenus, en apparence du moins, la « classe dirigeante » de la Caroline du Sud, Charleston, jadis la résidence préférée de l'aristocratie blanche , est aujourd'hui, par un étrange revirement des choses humaines, le foyer de la démocratie noire, et l'on y rencontre toutes les variétés du nègre de Guinée et du nègre du Congo, noir noir, noir de fumée, noir mat, noir luisant, noir brun, avec la gamme des sangs-mêlés aux deux tiers, à la moitié, au quart, au huitième, allant du jaune foncé au blanc mat : pour la plupart, il faut bien le dire, affreusement laids, malgré leurs yeux veloutés et leurs magnifiques dents blanches. Et quelles guenilles indescriptibles ! Jamais de ma vie je n'avais vu une collection aussi complète et aussi variée de bottes éculées, de chapeaux bossués, de pantalons troués, d'habits effiloqués et de chemises sales ! Les ouvrières de New-York sont des ladies auprès de cette négresse qui crie des crevettes ou des crabes, avec un vieux chapeau d'homme recroquevillé sur la tête, ou de celle-ci qui ressemble à une énorme truffe enveloppée dans une serviette malpropre. On ne bouche point les trous, on n'enlève point les taches, et chacun garde ses habits jusqu'à ce que ses habits refusent de le garder. Il y a pourtant des exceptions. Voici, par exemple, au coin de la rue, un policeman nègre, son bâton blanc sous le bras, et dont la tenue est absolument irréprochable. Charleston possède une police noire et une police blanche, des pompiers noirs et des pompiers blancs, une milice blanche et une milice de couleur. On me dit du bien des policemen, et il semble même que la concurrence des deux couleurs soit profitable au public. Mais je n'aperçois point de balayeurs. On me fait remarquer aux abords du marché un troupeau de vautours — des *urubus* probablement — qui sont en train de nettoyer consciencieusement un tas d'immondices. Les urubus remplissent à Charleston les fonctions de balayeurs, comme les chiens à Constantinople ; il n'y en a pas d'autres.

Aux abord du *City Hall* on me signale une autre variété d'urubus, moins laborieux et moins utiles ceux-là : ce sont des politiciens nègres, en sous-ordre, que les *carpet baggers* et les *scalawags* blancs emploient à recruter des voix. Qu'est-ce qu'un carpet bagger ? Qu'est-ce qu'un scalawag ? Un carpet bagger est un politicien venu du Nord après la guerre, sans autre fortune personnelle que le contenu de son sac de nuit (carpet bagger, porteur de sac), pour gouverner les États du Sud et administrer leurs finances. Un scalawag est un va-nu-pieds ou un vagabond noir ou blanc, du Nord ou du Sud, qui sert d'auxiliaire au carpet bagger. Pendant plusieurs années, les propriétaires du Sud, en proie à un amer découragement, leur ont laissé le champ libre ; mais carpet baggers et scalawags ont opéré avec tant d'activité qu'ils auraient dévoré le peu qui restait de la fortune du Sud si l'on n'y avait mis le holà. Les blancs ont fini par comprendre qu'ils étaient les plus nombreux dans la plupart des anciens États confédérés ; ils ont voté et reconquis pacifiquement le pouvoir, sauf dans la Caroline du Sud et dans la Louisiane, où la population de couleur est en majorité. Ils ne désespèrent pas cependant d'expulser les carpet baggers et les scalawags de ces deux dernières forteresses, car ils ont pour eux, à défaut du nombre, l'influence de la fortune et des lumières, sans oublier l'ascendant de la race ; alors, le Sud, débarrassé des maraudeurs politiques, cessera d'être légalement au pillage. Je n'exagère rien : c'est bien un vrai pillage, avec l'apparence de la légalité. Lisez plutôt cet extrait d'une lettre qu'un des citoyens les plus notables de la Caroline du Sud adressait ces jours-ci au *New-York Herald* ; vous y verrez ce que les nègres investis de la plénitude des droits civils et politiques, en vertu du quinzième amendement à la Constitution, instruits et dirigés par les carpet baggers blancs, ont fait des finances de la Caroline du Sud.

« Si les gens du Nord et ceux qui partagent leur opinion, dit M. Rhett, pouvaient se rendre compte de la nature des gouvernements radicaux nègres qui ont été imposés aux États du Sud, ils seraient émerveillés de notre patience. Pour vous donner une idée du gouvernement de la Caroline du Sud, je me contenterai de signaler quelques faits concernant la composition du personnel qui gouverne actuellement l'État, et la manière dont il use de ce pouvoir pour le plus grand bien de la chose publique.

« *Pouvoir exécutif :* Gouverneur, D.-H. Chamberlain, carpet bagger blanc du Massachussets ; lieutenant gouverneur, R.-H. Gleaves, carpet bagger mulâtre de la Louisiane ; trésorier, F.-L. Cardoza, scalawag mulâtre de la Caroline du Sud ; secrétaire d'État, H.-E. Hayne, scalawag mulâtre de la Caroline du Sud ; attorney général, W. Stone, carpet bagger blanc de Vermont ; surintendant de l'éducation, J.-K. Jillsen, carpet bagger blanc ; aide et inspecteur général, H.-L. Purvis, carpet bagger de la Pennsylvanie.

« *Département législatif :* Président du Sénat, R.-H. Gleaves, carpet bagger mulâtre de la Louisiane. Sur 33 sénateurs, 26 sont radicaux (républicains) ; 7, conservateurs (démocrates) ; 19 sont nègres et mulâtres ; 4, carpet baggers blancs ; 2, scalawags blancs ; et 7, conservateurs ou démocrates blancs.

« Sur 124 membres de la Chambre des Représentants, 91 sont radicaux ; 33, conservateurs ; 75 sont nègres ou mulâtres ; 8, carpet baggers blancs ; 8, scalawags blancs ; et 33, conservateurs ou démocrates blancs.

« *Département de la justice :* La Cour suprême consiste en 3 juges. Chef de justice, F.-I. Moses, scalawag blanc de la Caroline du Sud ; premier associé, A.-J. Willard, carpet bagger blanc, de New-York ; second associé, J.-J. Wright, carpet bagger nègre, de la Pennsylvanie. La Cour de circuit comprend 8 juges élus par la Législature. Dans ce nombre, il y a 3 carpet baggers, 3 scalawags et 2 conservateurs.

« En 1860, la propriété soumise aux taxes dans la Caroline du Sud était évaluée à 607,818,288 dollars. La taxe annuelle de l'État était de 500,000 dollars. La Législature siégeait pendant trois semaines, et chacun de ses membres était payé à raison de 3 dollars par jour, plus les frais de route ; elle coûtait à l'État 18,000 dollars. Les impressions officielles revenaient à environ 16,000 dollars. Les fonctionnaires publics recevaient des appointements analogues à ceux qu'on leur paye actuellement dans les petits États de la Nouvelle-Angleterre, et ils remplissaient eux-mêmes les devoirs de leurs emplois respectifs.

« Aujourd'hui, la propriété taxable de l'État n'est plus évaluée qu'à 140 millions de dollars, — encore cette évaluation est-elle exagérée de la manière la plus manifeste, — et la taxe annuelle de l'État a monté à 1,500,000 dollars. La Législature siége pendant des mois, et chaque membre reçoit 600 dollars, plus les frais de déplacement ; en sorte qu'elle coûte 103,000 dollars au lieu de 18,000. Les impressions officielles figurent au budget pour 50,000 dollars, et pendant plusieurs années elles ont coûté jusqu'à 150,000 dollars. Les fonctionnaires de l'État se considèrent maintenant comme des « chefs de

« département », et ils emploient des commis pour
faire leur besogne. Les emplois se sont multipliés,
et les salaires ont été largement augmentés au profit de la foule des charlatans politiques et des cormorans qui vivent de la substance du peuple. Le
gouvernement coûte maintenant, en sus des dépenses de la Législature, environ 800,000 dollars annuellement.

« Depuis 1868, époque à laquelle les radicaux
ont pris possession du gouvernement, le montant
des taxes perçues pour les dépenses de l'État et des
comtés a été de 18 millions de dollars. Dans les trois
premières années, outre la dette constituée qui s'é-
levait en 1869 à 5 ou 6 millions de dollars, on a
émis pour 12 millions d'obligations et 2 millions
d'autres bons ; en 1873-74, 12 millions ont été ré-
pudiés complétement ou ont subi une réduction de
50 0/0. A peu d'exceptions près, les comtés sont
couverts de dettes, leurs obligations ne s'escomptent
qu'à un taux usuraire, et la population est dans la
plus abjecte pauvreté.

« Si Barnum ou les commissaires de l'Exposition voulaient réunir et exhiber à Philadelphie,
pendant quelques semaines, la Législature de cet
État en session, ce spectacle attirerait la foule. Le
gouvernement républicain de la Caroline du Sud,
dans les États-Unis d'Amérique, en l'an de grâce
1876, la centième de l'Union, apparaîtrait comme
un défi jeté à la civilisation, et tout honnête répu-

blicain du Nord se détournerait de cette horrible parodie d'un gouvernement libre. »

J'ajouterai que le montant des taxes qui pèsent sur la propriété s'élève au taux énorme de 22 0/0, et qu'il arrive fréquemment qu'on trouve plus de profit à abandonner ses biens au fisc qu'à payer les taxes. A Charleston, la valeur des maisons a baissé de moitié, et sur les bords de la Savannah, qui sépare la Caroline de la Géorgie, les terres se vendent 2 ou 3 dollars l'acre le long de la rive carolinienne, — encore ne trouvent-elles pas d'acheteurs, — tandis qu'on les paie 50 dollars et davantage sur la rive géorgienne. La plupart des plantations de riz sont ruinées; les nègres cultivent à la place des petits champs de maïs ou de patates douces qui suffisent à leurs besoins avec l'adjonction des menus profits du maraudage. Qu'un semblable état de choses puisse subsister, cela paraît au premier abord invraisemblable; heureusement, les mœurs et les habitudes corrigent les lois, et si le meilleur gouvernement est impuissant à réformer d'emblée une société vicieuse, un gouvernement barbare ne peut avoir raison en un jour d'une société civilisée.

Cette influence des habitudes et des mœurs, j'ai pu l'apprécier moi-même en prenant un *car* qui m'a conduit à la limite de la ville, après avoir traversé un quartier aristocratique où d'élégantes villas sont enfouies derrière des massifs d'orangers, de citronniers, de magnolias, de vernis du Japon, et d'un merveilleux arbuste couvert de milliers de fleurs rouges, le *la-gerstrœmia indica rubra*, que je prenais, dans mon ignorance, pour le laurier-rose ; en sortant du *car*, j'ai fait à pied dans la campagne une promenade de plusieurs kilomètres au milieu des champs de maïs, des prés et des massifs de chênes-verts. Je ne rencontrais que des nègres. Tous me saluaient avec une respectueuse déférence, et ceux auxquels je demandais des indications sur ma route s'évertuaient à me remettre sur le bon chemin. Les nègres ont beau être devenus les maîtres de leurs maîtres, ils n'ont pas moins conscience de leur infério-rité, et le jour où les carpet baggers du Nord cesseront d'exploiter leur ignorance dans des vues politiques et surtout financières, tout rentrera dans l'ordre : les conservateurs blancs ressaisiront le pou-voir qu'ils sont seuls capables d'exercer, et les poli-ticiens nègres reprendront qui le rasoir, qui le plu-meau et le chasse-mouches, qui la poêle à frire. N'est-il pas plus honorable, après tout, d'être un barbier adroit, un bon domestique et un parfait cui-sinier, qu'un mauvais politicien ? En attendant, la situation de ce malheureux pays livré aux carpet baggers et aux scalawags me rappelle une amusante caricature de Cham représentant un tribunal où trois forçats, le bonnet vert sur l'oreille, sont en train de juger leurs ci-devant juges. La comparaison n'est pas aussi forcée qu'elle en a l'air. La Législature vient précisément de nommer à une des fonctions les plus élevées de la magistrature un simple voleur nègre, et la chose a paru, malgré tout, si exorbitante, que le gouverneur, homme de bon sens quoique carpet bagger, a cru devoir contester la validité de cette nomination. Mais qui aura le dernier mot du gouverneur blanc ou de la Législature nègre?

Je ne fais qu'un court séjour à Charleston, et je prends le chemin de fer de Savannah, où m'attendait la plus gracieuse et la plus cordiale hospitalité. Quoique politiquement les maîtres, — et c'est ici que l'influence des mœurs apparaît dans toute sa force, — les nègres sont relégués dans une voiture spéciale, de même qu'ils ont leurs écoles, leurs églises et leurs cimetières particuliers, de même encore qu'aucun homme de couleur n'oserait franchir le seuil d'un hôtel fréquenté par les blancs. On ne les admet que dans les *cars* des rues. Il me semble même, depuis que je suis dans le Sud, que le préjugé de couleur s'est ravivé et exalté en proportion des efforts que le gouvernement a faits pour le détruire. Ce préjugé, les Européens américanisés le partagent avec les Américains de naissance, et peut-être l'exagèrent-ils encore. Certes, je comprends qu'on n'aime point à voyager à côté d'un nègre qui exhale une odeur analogue à celle d'un marché aux poissons après un violent orage, — car certains nègres, ceux de la Guinée en particulier, ont positivement une odeur *sui generis*, provenant de la sécrétion des glandes de l'aisselle; — je conçois qu'on n'invite

pas à sa table un homme de couleur d'une éducation
inférieure ; mais qu'un blanc ignorant, malpropre et
mal élevé, comme il y en a, repousse avec indignation
l'idée de dîner à côté d'un homme de couleur d'une
propreté irréprochable et d'une éducation supérieure
à la sienne, voilà bien, n'est-il pas vrai? la plus or-
gueilleuse sottise qu'on puisse imaginer ! — Cependant, me disent les amis du Sud, vous vous trompez, le
cas dont vous parlez ne se présente pas ; il n'est pas
possible qu'un homme de couleur s'élève au niveau
d'un blanc; d'ailleurs, pourquoi les gens du Nord
veulent-ils nous imposer une égalité sociale qu'ils
repoussent pour eux-mêmes? Est-ce qu'ils invitent
à leur table les hommes de couleur? Est-ce que la
présence d'un nègre ou d'un mulâtre dans un bal,
autrement qu'en qualité de domestique, à Philadelphie ou à Boston, ne mettrait pas aussitôt en fuite
toutes les dames abolitionnistes et négrophiles? —
Si les gens du Nord refusent d'admettre chez eux et
dans leurs réunions un homme de couleur bien
élevé et qui ne sent pas le poisson défraîchi, ils ont
tort; mais la conduite des gens du Nord doit-elle
servir de règle à la vôtre? Maintes fois en Europe,
j'ai rencontré des hommes de couleur qui ne seraient déplacés dans aucune réunion blanche; et si
la société américaine ne veut pas les admettre dans
ses rangs, c'est tant pis pour la société américaine.
— Je dois déclarer que ce *speech*, dans lequel je
m'efforçais de mettre toute mon éloquence, n'obte-

nait aucun succès, et une aimable dame à laquelle
je demandais pourquoi elle ne recevait pas chez
elle un clergyman de couleur, d'une éducation distinguée et de mœurs irréprochables, paraissait aussi
choquée de ma question que si je lui avais demandé
pourquoi elle n'invitait pas à dîner un singe ou un
porc.

En ma qualité d'Européen non américanisé, je
fais le voyage de Charleston à Savannah dans le *car*
du peuple de couleur, *colored people*, comme on
nomme ici tout ce qui n'est pas blanc de race pure.
J'ai pour voisines deux vieilles négresses couleur de
suie, des négresses de Guinée ; en face de moi un
vieux nègre dont la tête est couverte d'une épaisse
toison de laine blanche toute bouclée ; plus loin une
jeune négresse d'un noir tirant sur le brun, une
négresse Congo, dont le nez retroussé, les grosses
lèvres gourmandes, les yeux brillants et humides ne
manquent pas d'un certain agrément ; çà et là quelques mulâtres élégamment vêtus d'un paletot noir
avec un gilet d'une blancheur immaculée sur lequel s'étalent une chaîne d'or et des breloques. Ce
sont des politiciens, probablement des fonctionnaires
qui gouvernent le peuple blanc, mais qui se gardent
prudemment de mettre les pieds dans la voiture réservée aux blancs. Leur présence y soulèverait une
émeute ! Ils auraient certainement le droit d'user de
représailles à mon égard, et je leur sais gré de se
montrer plus tolérants que leurs voisins. Le paysage

qui se déroule à mes regards se ressent du voisinage
des tropiques. Ce sont d'immenses marécages couverts de joncs et de nénuphars, ombragés d'un épais
taillis, ou bien encore des forêts de chênes et de
pins jaunes, à térébenthine, au milieu desquelles
les nègres ont pratiqué des éclaircies en mettant
tout simplement le feu aux arbres. Le sol est couvert de souches noircies ; d'espace en espace on aperçoit une cabane en planches entourée d'un champ
de maïs. Des nègres y travaillent nu-tête, sous un
soleil presque vertical ; les négresses portent de
vieux chapeaux de paille. Est-ce par coquetterie et
ont-elles peur du hâle? Les négrillons ne portent
rien, comme dans la chanson de Malbroug ; les plus
âgés seulement achèvent d'user des défroques qui
datent de l'émancipation. Mais cette nature tropicale est splendide : les corolles blanches qui surmontent les larges feuilles vertes des nénuphars
sont visitées par de lourds papillons aux ailes dia-
prées d'azur, d'argent ou d'or; de temps en temps
un grand échassier blanc prend son vol en rasant
les marais, dont les eaux noires ou ocreuses suintent
la fièvre; des plantes grimpantes enveloppent le
taillis de manière à le rendre impénétrable. Des
tortues prennent le frais le long des bayous noirâ-
tres, où fourmillent des alligators longs parfois de
plus de trois mètres et exhalant une forte odeur de
musc. Seulement, ce jour-là les alligators ont préféré
rester chez eux; je suis obligé d'y croire de con-

fiance. En revanche, voici des vaches nonchalamment couchées en travers de la voie, qu'aucune clôture ne sépare de la forêt. Le sifflet de la locomotive fait un affreux tintamarre dont elles finissent par comprendre la signification : elles se sauvent à toutes jambes dans le fourré ou dans la futaie. Aux abords de la rivière Savannah, la végétation se serre et acquiert une vigueur prodigieuse : les roseaux ont vingt pieds de haut. La rivière roule lentement ses eaux épaisses, couleur d'ocre rouge. Nous la traversons sur un pont en bois qui a été détruit pendant la guerre et qu'on n'a reconstruit qu'à moitié. Çà et là on a enfoncé des pilotis dans le lit vaseux du fleuve ; on a réuni ces pilotis par des poutres transversales, et on a posé les rails à jour d'une poutre à l'autre. La locomotive ralentit sa marche, et le train branlant traverse sans encombre ce passage vertigineux, non sans faire éprouver aux voyageurs insuffisamment américanisés un malaise sensible. Mes compagnons et mes compagnes de couleur restent impassibles. Ils sont, d'ailleurs, très-agréablement occupés : le respectable vieillard à laine blanche dévore les restes d'un gâteau de maïs ; les deux vieilles négresses de Guinée ont allumé de courtes pipes en bois dont elles tirent des bouffées d'une fumée épaisse et âcre qui me prend à la gorge ; la jolie négresse Congo enfonce ses belles dents blanches dans la chair rouge d'un *water melon*, jusqu'à ce qu'il n'en reste plus que l'écorce verte. Un beau nègre au nez largement épaté lui apporte alors galamment un verre d'eau glacée qu'il vient de remplir à la fontaine du *car* et qu'elle vide jusqu'à la dernière goutte, en faisant claquer ses lèvres; après quoi, — elle aussi! — elle tire une pipe de sa poche, elle la bourre avec soin, et je ne l'aperçois plus qu'à travers un nuage de fumée. Cependant, la pipe finit par se vider, et l'aimable Congo la remet dans sa poche, d'où elle extrait une tablette noire que je prends pour du jus de réglisse. A la bonne heure! Elle se penche nonchalamment à la fenêtre, comme pour savourer le merveilleux paysage qui se déroule à nos yeux. Horreur! Un jet de couleur jaunâtre s'échappe de sa bouche cerclée de perles. Elle ne se contente pas de fumer, elle chique!

Après avoir traversé la rivière, nous entrons dans la Géorgie, et nous voici bientôt à Savannah, *Forest City*, la Cité de la forêt, la bien nommée, car elle contient plus d'arbres que de maisons.

XIII

Savannah, le 23 août 1876.

Savannah, vous disais-je dans ma dernière lettre,
est bien nommée la Cité de la Forèt. Ses 29,000 habitants, 15,000 nègres et 14,000 blancs, occupent
un espace qui suffirait pour loger, à la mode parisienne, un million de créatures humaines. D'immenses avenues sillonnées par des tramways, et dont
quelques-unes n'ont pas moins de quatre rangées de
gros chênes, d'ormes ou de platanes, s'y croisent,
comme toujours, à angle droit avec d'autres avenues,
en laissant, entre les blocs d'habitations, des squares
ou des parcs ombreux. C'est une forêt où l'on a
planté des maisons. Le quai de la rivière Savannah est bordé de magasins et de presses à vapeur
dans lesquelles le volume des balles de coton qui

arrivent de l'intérieur est réduit de moitié. Voici des
banques, des Sociétés d'assurances contre l'incendie
et sur la vie, dés magasins-bazars, des hôtels qui
sont fermés pendant l'été, ou plutôt entre-bâillés,
car on y loge des voyageurs, mais sans les nourrir.
Ils ne s'ouvriront tout à fait que le 1ᵉʳ septembre,
époque où commencent à affluer, avec les arrivages
de coton de l'intérieur, les-acheteurs du dehors.
Voici des églises de tous les cultes ou de toutes les
sectes, et l'on en bâtit tous les jours. Les catholiques
viennent d'en construire une qui n'a pas coûté moins
de 500,000 dollars. Le catholicisme est en-progrès
ici comme dans le Nord : après les méthodistes, qui
possèdent pour 69 millions de propriétés assises, le
culte catholique est le plus grand propriétaire fon-
cier des États-Unis. Il figure pour 60 millions de
dollars dans le dernier recensement. Jusqu'à ces derniers temps les nègres appartenaient presque exclusivement aux sectes méthodistes et baptistes ; ils
commencent à passer au catholicisme. Les juifs sont
nombreux à Savannah, où leurs premiers colons
sont arrivés peu après la fondation de la ville, en
1733, et ils ne possèdent pas moins de trois syna-
gogues. Ils sont banquiers et commerçants, et font
généralement bien leurs affaires ; mais on n'en cite
point qui s'occupent d'agriculture. Voici encore une
jolie bibliothèque publique, don d'un généreux ami
des lumières, avec une vieille édition des Œuvres
complètes de Voltaire, un collége médical, un hôpi-

tal; un *poor house*, une prison et une douane, bref, tous les organes essentiels de la vie civilisée. Les avenues ne sont point pavées, les rues ne le sont guère, et l'on fait des économies sur le gaz ; mais Savannah n'en est pas moins un bois fort agréable à habiter. La population blanche — je parle surtout du beau sexe — est remarquable par la finesse aristocratique des traits et la blancheur de la carnation : les enfants, qui vont nu-pieds jusqu'à douze ans et même au delà, — ils ont horreur de cet instrument de torture qu'on appelle un soulier, — semblent pétris de roses et de lait. Oh ! les ravissants *babies*, et quel contraste avec ce pauvre *colored people*, ébauche informe qu'on croirait avoir été confectionnée par un praticien maladroit, un jour où le sublime artiste de la création avait quitté son atelier pour aller faire l'école buissonnière !

La salubrité de cette agréable ville laissait naguère fort à désirer. C'était le nid préféré de toutes les fièvres. On l'a canalisée, et les fièvres ont disparu, à l'exception pourtant de la terrible fièvre jaune, qui a éclaté de nouveau pendant mon séjour. Il est vrai qu'elles ont été remplacées par d'autres maladies, mais que voulez-vous ? il faut bien que tout le monde vive. Que deviendraient les médecins s'il n'y avait plus de malades ? Ne paient-ils pas les taxes, sans oublier leur quote-part dans les frais de la protection libéralement accordée à l'industrie ? N'ont-ils pas le droit d'être protégés à leur tour ? Si

les anciennes maladies venaient à manquer, ne serait-il pas tout à fait conforme aux principes du système protecteur qui fleurit aux États-Unis d'en ac-
climater de nouvelles pour faire aller leur commerce?
On né compte pas moins de 50 médecins à Savannah, dont 3 homœopathes et 2 thompsonniens, sans
compter les praticiens nègres et autres qui opèrent
en se passant de diplôme. L'exercice de la médecine
est libre en ce sens que tout citoyen américain a le
droit imprescriptible de se traiter lui-même et de
déléguer ce droit à qui bon lui semble ; mais ceux-
là seulement qui ont obtenu un diplômé dans un
collége médical après y avoir passé au moins deux
ans, ou reçu une licence à la suite d'un examen devant un comité spécial, — ceux-là seuls sont autorisés à
réclamer en justice le paiement de leurs honoraires.
J'ai sous les yeux le tarif imprimé dés médecins de
Savannah, et l'on ne saurait rien imaginer de plus
pratique. Chaque visite, opération ou traitement, y
est tarifé selon son importance. Une visite simple à
un résidänt, 2 dollars ; à un non-résidant, 5 dollars ;
une visite à bord d'un navire pendant le jour, 5 dollars ; pendant la nuit 20 dollars ; une visite pendant
les heures où le médecin reçoit ses malades à son
office, 20 dollars ; un accouchement ordinaire, 50
dollars ; avec complications, 100 dollars ; opération
césarienne, 500 dollars ; amputation d'un bras, 50
dollars ; d'une jambe, 100 dollars, etc., etc. Ces
prix ne sont toutefois qu'un minimum ; ils peuvent

être augmentés selon l'importance des cas, à la discrétion du médecin, et un avis imprimé en tête du tarif avertit les clients que la note leur sera présentée tous les mois ou aussitôt que le traitement sera terminé. Ce système, introduit par un médecin belge, plaît beaucoup aux médecins et ne paraît pas déplaire aux malades, qui savent d'avance ce qu'il leur en coûtera, sauf la question tant soit peu obscure de la discrétion du médecin. Le tarif n'empêche pas, bien entendu, le médecin de donner son temps gratis aux malades pauvres, et l'inventeur du système, l'excellent et énergique docteur Lh., ne s'en fait pas faute. J'ai négligé de m'informer si les prix sont les mêmes pour les maladies ou les opérations blanches et pour les noires ; mais il est clair qu'une jambe ou un bas blanc doit coûter plus cher à couper qu'une jambe ou un bras noir, vu l'inégalité manifeste de la valeur de ces divers objets.

Quoique la chaleur soit écrasante, mes aimables hôtes se prêtent avec une inépuisable obligeance à toutes mes fantaisies d'excursionniste. Je me proposais d'aller visiter les célèbres plantations de coton longue-soie, *Sea Island*, dans les îles voisines de la côte. Hélas! il n'y a plus de coton longue-soie, ou du moins la récolte en est devenue insignifiante. Les îles ont été confisquées par le gouvernement fédéral, les plantations ont disparu, et, à la place qu'elles occupaient, les nègres cultivent des patates douces et des *watermelons* (pastèques). On m'as-

sûre que les nègres, isolés de la civilisation blanche,
sont en train de retourner à l'état sauvage ; qu'ils
sont revenus à l'adoration des fétiches et du Vau-
doux.. C'est peut-être un mauvais propos des blancs ;
mais tel que je commence à connaître Tommy, —
permettez-moi de désigner sous ce petit nom d'ami-
tié le neveu émancipé de feu le respectable oncle Tom,
—je l'en crois, ma foi, bien capable. Mes excursions
aux environs de Savannah ne me le montrent pas, il
faut le dire, à son avantage. Partout où j'aperçois de
mauvaises herbes, je suis sûr de voir surgir une cabane de nègre, et quelle cabane ! un carré de planches noircies, avec une cheminée le plus souvent
en torchis, dont l'ouverture ne dépasse pas le faîte
du toit. Un certain nombre de ces cabanes ont été
construites, d'après le système usité à Mulhouse,
par une Compagnie de Yankees philanthropes. On
vendait au nègre le terrain payable par termes suc-
cessifs, et il se chargeait d'y élever sa cabane. Seulement, la prévoyance n'est pas la vertu capitale de
Tommy ; il négligeait de payer son terme, et la
Compagnie s'empressait de l'exproprier pour graver
dans son cerveau rebelle ce principe de morale et
d'économie. On me montre une case à laquelle il ne
manquait plus que deux ou trois planches pour cou-
ronner le toit. Mais le dernier terme étant demeuré
en souffrance, la Compagnie avait repris possession
du terrain, et naturellement aussi, gardé la case.

Je visite un peu plus loin une rizière abandonnée.

C'était une magnifique exploitation couvrant 500 acres. Une allée royale de vieux chênes d'un demi-mille de longueur conduit à l'habitation du planteur. Le long de cette avenue, des cases, solidement bâties en briques, couvertes avec des planchettes de cyprès et suffisamment spacieuses pour loger à l'aise une famille, servent maintenant de repaire aux insectes et aux reptiles ; à chacune de ces cases attenait un jardin où le nègre plantait du maïs et des légumes qu'il avait le droit de vendre à son profit ; le temps ne lui manquait point, les *tâches* dans les rizières n'étaient pas lourdes, et il lui arrivait souvent d'avoir fini sa besogne avant midi. Le reste de la journée lui appartenait ; aussi les plus actifs et les plus prévoyants avaient-ils accumulé un petit capital ; on s'explique ainsi qu'ils aient pu acheter des terres au lendemain de l'émancipation, et qu'ils paient l'impôt sur 5 millions de dollars de propriété assise dans l'État de Géorgie. Ces nègres propriétaires ne constituent toutefois qu'une faible minorité, et je n'en ai vu qu'un seul dont l'exploitation pût rivaliser pour la bonne tenue avec celle des émigrants allemands, ses voisins. Au bout de l'avenue, une colonnade en style plus ou moins grec décore la façade d'une confortable maison entourée de larges vérandas où grimpe la vigne vierge, et que surmonde un belvédère. Des bananiers étalent leurs larges feuilles, et les *lagerstræmia indica* leurs grappes de fleurs rouges au milieu des plantes para-

14.

sites qui ont envahi le jardin. Auprès de l'habitation seigneuriale, un chalet élégant servait de demeure à l'*overseer ;* du côté opposé étaient le moulin et les écuries. Aux environs, un immense mail ombragé de chênes séculaires servait de lieu de réunion et d'amusement à la population noire. Aujourd'hui, sur 500 acres, 25 tout au plus sont en culture, et le silence de ce lieu désolé n'est troublé que par les coups de fusil de quelques nègres se livrant à leur plaisir favori dans un pays où l'on ne connaît ni les permis de chasse ni les gendarmes. A peu de distance, on me montre un pan de mur croûlant, dernier vestige d'une autre habitation seigneuriale incendiée par l'armée de Sherman. Il y a cependant encore, le long du fleuve, quelques rizières en exploitation et convenablement tenues. Je les côtoie dans une excursion à l'île de Tybee, à l'embouchure de la Savannah ; mais elles sont rares. Songez qu'aux quatre années de la guerre civile, pendant lesquelles les États du Sud sont restés hermétiquement bloqués, a succédé l'émancipation opérée par voie de confiscation. La valeur d'un nègre adulte étant, en moyenne, de 1,000 dollars (5,000 fr.), et le moindre négrillon représentant un capital d'une centaine de dollars, les quatre millions de nègres émancipés constituaient un capital qu'on ne peut évaluer à moins de deux ou trois milliards de dollars et qui formait le plus clair de la fortune des planteurs. C'était leur cheptel. Le jour où l'émancipation le leur

a enlevé sans indemnité, les plus riches se sont
trouvés pauvres. Ils conservaient la terre, à la vérité;
mais la terre, dégarnie de ses instruments d'exploitation, était sans valeur. Où trouver, d'ailleurs, le capital nécessaire pour la cultiver, dans un pays que la
guerre avait épuisé, et auquel les carpet-baggers et les
scalawags allaient bientôt enlever le peu qui lui restait de ressources. Aussi, qu'est-il arrivé? C'est qu'il
a fallu vendre à tout prix, dans un moment où, sauf
quelques spéculateurs du Nord, personne n'avait
d'argent pour acheter, et qu'on a vu des familles
accoutumées à tous les raffinements du luxe manquer littéralement de pain; des femmes élégantes
ont été réduites à faire la cuisine et à blanchir elles-
mêmes leur linge; des jeunes gens appartenant à la
fine fleur de l'aristocratie se sont faits conducteurs
de *cars*. Cependant, grâce à la vigoureuse élasticité
de la nature américaine, grâce aussi à l'abondance
merveilleuse des ressources de ce pays béni du ciel,
la situation s'est peu à peu détendue; on s'est remis
au travail avec énergie, on a reconquis le pouvoir
sur les carpet baggers, et depuis quelques années
la Géorgie, plus heureuse que la Caroline du Sud, a
vu renaître, au moins en partie, sa prospérité d'autrefois. Mais que de ruines restent à relever!

J'ai encore un dimanche à passer à Savannah. J'ai
visité l'île de Tybee, le Trouville de la Géorgie, un
Trouville quelque peu désert, mais où la mer, jaunie
par les eaux de la Savannah, roule ses vagues tièdes

sur une admirable plage de sable fin, bordée de choux palmistes ; je me suis promené dans les larges avenues du cimetière Bonaventure, où les hautes branches des chênes-verts, réunies en arceaux, retiennent suspendus comme des stalactites funèbres, de longs écheveaux d'une mousse grise, propre à cette région de la côte, la plus poétique des mousses décorant le plus mélancolique des cimetières ! Je regrette d'avoir escompté ce plaisir du dimanche, mais il me reste la ressource du Central Park dans l'après-midi et de l'office de l'église nègre le soir. J'avais remarqué, au milieu du Central Park, une sorte de flèche gothique, ornée de deux statues de marbre blanc. C'est un monument élevé par les dames de Savannah à la mémoire des soldats confédérés qui ont succombé dans la guerre de sécession. Une délicieuse miss me propose de m'en faire les honneurs. Elle a les yeux bleus comme des bleuets, les traits fins et délicats, le teint d'une blancheur mate, rehaussé par une opulente crinière dorée, et ce je ne sais quoi de féminin qui manque à ses sœurs du Nord élevées en commun avec les garçons. Ici, les filles ont leurs écoles à part. Mon adorable miss tient à la bouche une jolie rose-thé dont elle mâchonne la tige, tout en m'expliquant que le monument a coûté 25,000 dollars, et qu'on a fait venir du Canada les pierres et le marbre qui ont servi à le construire, car on n'a pas voulu des pierres et du marbre yankees ! Elle prend mon carnet et y inscrit la simple et touchante dédicace gravée sur la pierre :

Come from the four winds
O breath,
And breathe upon these slain
That they may live.
To the Confederate dead.
1861-1865.

Dans la plupart des villes du Sud on trouve un monument analogue, attestant que le souvenir de « la guerre sacrée » est demeuré vivant au fond de ces âmes ulcérées. Ce sera la légende de l'avenir. Partout on rencontre les portraits de Lee, de Johnson, de Stonewall Jackson, *Jackson mur de pierre*, les héros de cette lutte inégale que le Sud a commencée avec une imprévoyance qui n'a été surpassée que par son héroïsme. Mais je n'ai aperçu nulle part le portrait de Jefferson Davis. C'était un politicien, me dit-on, et c'est l'ambition des politiciens qui nous a valu cette cruelle guerre à laquelle personne n'était préparé, et que nous avons crue impossible jusqu'au dernier moment. Quand nos politiciens se sont aperçus que le gouvernement de l'Union leur échappait, ils ont provoqué la sécession, et, l'affaire engagée, pouvions-nous déserter la lutte ? Toutefois, le principal reproche que l'on adresse à Jefferson Davis c'est d'avoir voulu diriger du fond de son cabinet les opérations militaires et destitué les généraux les plus capables, Johnson entre autres, parce qu'ils refusaient d'exécuter passivement ses hautes combi-

naisons stratégiques. Il a voulu faire le Carnot, ré-
sumait-on, et il n'était pas un Carnot. Hélas ! ni lui
ni bien d'autres !

Mais la nuit est tombée, comme elle tombe dans
le Sud, à pic, sans laisser de place au crépuscule. Il
est temps d'aller à l'office nègre. Nous avons le choix
des églises ; il y en a de baptistes, de méthodistes
et de catholiques. Nous donnons la préférence à
l'église méthodiste. C'est une vaste halle rectangulaire, moitié en briques moitié en bois, sans aucun
signe extérieur qui indique sa destination. Nous
entrons, et nous sommes accueillis avec la politesse
la plus exquise. On nous conduit aux meilleures
places, et nos voisins colorés s'empressent de nous
offrir des éventails japonais. L'assemblée se compose d'un millier de fidèles des deux sexes dans
leurs brillants habits des dimanches : les hommes,
en paletots noirs et gilets blancs sur lesquels s'étalent chaînes et breloques ; les femmes en robes
blanches ou de couleurs vives, avec des chapeaux
aussi fleuris que possible. Tout ce monde multicolore
remplit les bancs du rez-de-chaussée et de la galerie
en agitant des éventails. Un orgue tient la place occupée par le chœur dans les églises catholiques. En
avant de l'orgue, un compartiment fermé par une
balustrade, et au milieu duquel se dresse un pupitre
couvert d'une serviette blanche, est réservé aux clergymen officiants. Au-dessous du pupitre, un guéridon à tablette de marbre dont nous connaîtrons

tout à l'heure la destination. Les clergymen, tous colorés, que leur costume ne distingue en rien des simples fidèles, sont assis sur des chaises, dans des poses relâchées, et ils s'éventent avec activité. Le plafond est orné de peintures à fresque, violemment éclairées par des becs de gaz dépourvus de globes. C'est d'abord l'apôtre Wesley, le père du méthodisme, et le célèbre prédicateur Richard Allen, puis un Christ en croix, la Cène, et finalement une aristocratique lady, vêtue d'une robe verte dont la queue immense remplit tout le milieu du plafond, en éclipsant totalement l'apôtre Wesley et le prédicateur Richard Allen. Cette lady aristocratique est en train de porter à ses lèvres une grosse bouteille de gin, malgré les gestes désespérés d'un clergyman placé au-dessus de la bouteille, sans un respect suffisant des lois de la perspective aérienne. Le long de la robe verte pendent deux rubans portant imprimés en lettres majuscules ces deux mots : *Degradation*, *drunkenness*, dégradation, ivrognerie. Ai-je besoin d'ajouter que la peau de cette lady dégradée est d'une blancheur éclatante ? Mais voici que l'office commence. On entonne une hymne avec accompagnement de l'orgue, et il y a vraiment de belles voix dans cette foule qui chante de tout son cœur et à plein gosier. Après le chant des hymnes vient la prière. L'assemblée entière s'agenouille profondément, à la manière des paysans russes ; quelques femmes sont courbées jusqu'à terre. La prière dite, le prédicateur du jour se lève et se place en face du pupitre. C'est un grand jeune homme, très-brun de peau et qu'on m'assure être un nègre, quoique je le prenne plutôt pour un mulâtre. Il commence d'une voix à peine distincte, sans faire de gestes, et il continue pendant un quart d'heure avec la même sobriété de ton et d'allures. Le thème de son discours me paraît heureusement et ingénieusement choisi. Il compare le peuple du Sud aux israélites échappés à la servitude d'Égypte. — Vous êtes délivrés des chaînes de l'esclavage, et vous devez en remercier la souveraine bonté de Dieu (oui! oui! dans l'auditoire); mais vous portez encore d'autres chaînes : ce sont les vices et les mauvaises habitudes que vous avez contractés dans la servitude. Il faut vous en débarrasser (oui! oui!) et vous purifier; il faut qu'un esprit nouveau pénètre dans vos âmes.— Jusque-là, tout allait bien, et le plus blanc des prédicateurs blancs n'aurait pas mieux dit ; mais voici tout-à-coup que l'orateur s'agite comme si l'esprit qu'il venait d'évoquer s'était emparé de lui, sa parole se précipite, on n'entend plus que des phrases incohérentes, hachées, et sans aucun sens appréciable. Il arpente la plate-forme à grands pas. Il s'arrête et se renverse en arrière à la manière des clowns en étendant les bras, puis il se redresse, et se courbe en se tordant comme un homme atteint subitement d'une violente colique. Il crie, il se redresse et se renverse de nouveau, et il continue pendant dix mi-

nutes, un quart d'heure, sans trêve ni relâche, cet
exercice violent et incompréhensible, en accentuant
de plus en plus ses paroles et ses gestes. Un cri dé-
-chirant l'interrompt : c'est une jeune fille qui s'est
jetée sur le plancher, à corps perdu, les bras tordus
et la face convulsée. Mon voisin, un médecin scep-
tique, prétend qu'elle a obéi à un signal parti de la
plate-forme ; mais, préparée ou non, la scène ne
tarde pas à produire un effet contagieux. Des cris
perçants s'élèvent de toutes parts : une douzaine de
jeunes filles, en proie à un délire nerveux, se rou-
lent sur les bancs ; une grosse négresse vêtue de
jaune se balance avec frénésie de droite à gauche
comme un poussah ; derrière moi, un jeune nègre
s'étend tout de son long en hurlant comme s'il était
frappé d'épilepsie. L'auditoire est haletant, l'excita-
-tion est à son comble, l'agitation devient indescriptible. Cependant le prédicateur s'est rassis tranquillement, avec l'air satisfait d'un acteur qui rentre
dans la coulisse après avoir produit ses effets et em-
poigné son public. Il est remplacé au pupitre par un
gros garçon à figure réjouie, pendant que deux auxi-
liaires avancent le guéridon auprès de la balustrade. Cette fois, c'est une autre gamme. Le gros
garçon déclare que les finances de l'église ont absolument besoin d'être ravitaillées, que le moment approche où il faudra payer la note du gaz, qu'il y en
a pour 41 dollars, sans parler des autres frais. C'est
pourquoi il fait un appel pressant à la générosité

bien connue du peuple de couleur de la ville de Savannah. Il est allé la semaine dernière à Mâcon, et
il y a vu une foule de jolies filles et de jolis garçons
qui se sont empressés de lui apporter leur offrande.
On trouve certainement à Savannah autant de jolies
filles et de jolis garçons qu'à Mâcon ; il ne peut pas
croire qu'ils se montrent moins généreux. (Non!
non ! — Explosion de rires.) D'ailleurs, il n'y a pas
que le gaz et les frais de l'église à payer ; il y a un
pauvre clergyman noir de la campagne qui vient
de faire 6 milles à pied pour assister à l'office, et qui
a besoin d'un secours pour aller voir son père mourant. Ce discours habile, qui s'adresse à la bonté
native de ces cœurs simples après avoir chatouillé
agréablement la vanité des « jolis garçons » et des
« jolies filles », produit l'effet désiré. Chacun
apporte qui sa pièce de 10 cents, qui sa pièce
de 25 cents ou de 50 cents, qui même son dollar.
Les deux aides rangent avec soin cette monnaie tandis que l'orateur surveille attentivement,
du haut du pupitre, les résultats de l'opération. Il
n'en paraît que médiocrement satisfait. Lorsque le
défilé est terminé, il gourmande l'auditoire en affirmant que toutes les offrandes réunies sur la petite
table n'atteignent pas la misérable somme de 15 dollars. Mon voisin m'assure qu'il ment effrontément.
Quoi qu'il en soit, ses doléances demeurent vaines ;
le public se lève et quitte la place en entonnant à
pleine voix le chant mélodieux et bizarre des bate-

liers nègres ; on se presse dans les escaliers , où quelques fidèles, en proie à un reste de surexcitation, sont en train de s'administrer des horions ; on éteint le gaz, et bientôt nous n'apercevons plus que quelques ombres accouplées qui s'éloignent dans la nuit.

XIV

AUGUSTA — ATLANTA — MOBILE — LA CULTURE DU COTON

Nouvelle-Orléans, le 31 août 1876.

De Savannah à Augusta, 132 milles que l'on met sept heures à franchir, les trains ne faisant généralement aux États-Unis que 20 milles (30 kilomètres) à l'heure. D'ailleurs, les chemins de fer du Sud se ressentent de l'état précaire du pays. On ne les répare que tout juste, et les stations en planches brutes n'ont d'autre ornement que des affiches. S' zodont a disparu, Gargling se fait rare ; en revanche, les « expectorants » se livrent à une concurrence acharnée ; ils envahissent sur les devantures des stations la place où l'on cherche en vain le nom de la localité ; ils s'étalent sur les *fences* (clôtures en planches ou en perches superposées qui séparent les propriétés dans toute l'Amérique) et jusque sur les arbres.

Augusta reçoit le coton de l'intérieur de la Géorgie. C'est, après la Nouvelle-Orléans et Mobile, le plus grand marché de coton du Sud. Il n'y a pas grand'chose à en dire. C'est une ville de 16,000 âmes, qui en pourrait contenir 300,000 ; les avenues plantées d'arbres et les rues coupées à angle droit sont larges comme les allées de Versailles ; on s'y croise avec des troupeaux de vaches et de chèvres errantes ; mais pourquoi n'aperçois-je pas de moutons ? L'élève du mouton réussirait certainement en Géorgie, on en tombe d'accord avec moi ; seulement les chiens y pullulent ; il y en a dans toutes les cases de nègres, et ils ont pris, en l'absence de distributions régulières de vivres, la fâcheuse habitude de manger les moutons. Cependant le mal est-il sans remède ? Que l'on recrute les plus solides et les mieux endentés de ces maraudeurs affamés, qu'on leur donne une pitance quotidienne, qu'on passe autour de leur cou un joli collier en cuivre avec des sonnettes, qui les gênera d'abord, mais qu'ils seront bientôt fiers de porter, et ne deviendront-ils pas, contre leurs frères de la veille, les protecteurs et les gardiens fidèles de la gent moutonnière ? La pitance assurée ! le collier à sonnettes ! A-t-on inventé, inventera-t-on jamais des procédés de gouvernement et de civilisation plus efficaces que ceux-là ?

Je jette un coup d'œil sur la prison qui devait
être, dans la nuit du lendemain, le théâtre d'un
drame dont je parlerai tout à l'heure. Au bout d'une
avenue, on me montre d'un côté le cimetière des
blancs, soigneusement enclos d'une muraille en briques, et tout rempli de tombes et de colonnes de
marbre ; d'un autre côté, le cimetière des nègres,
entouré d'une simple cloison en planches brutes, et
où je n'aperçois que des arbres et de l'herbe.
Négligent et insoucieux Tommy ! Un compatriote
hospitalier, qui possède une des plus belles pé-
pinières des États-Unis, m'emmène dans le haut
pays, à quelques milles d'Augusta ; le long de
la route, j'aperçois des champs couverts de tiges
vertes feuillues, à fleurs blanches ou rougeâtres,
que ma mauvaise vue me fait prendre pour des pommes de terre : c'est le coton. On me signale, à 2 ou
3 milles de distance, de l'autre côté de la rivière,
dans la Caroline du Sud, — Augusta est, comme
Savannah, à la limite de la Géorgie, — l'emplacement de la petite ville de Hamburg, ancien marché
d'esclaves, où a eu lieu récemment la scène de
meurtre dont il est question dans le discours du sénateur Morton. (*Voy.* la 11ᵉ Lettre.) Ce sont deux
mauvais sujets blancs d'Augusta — j'ai rencontré
l'un d'eux — qui ont provoqué ce sanglant épisode
de la lutte des deux races. Ils ont voulu obliger une
compagnie de la milice noire, en train de faire
l'exercice, à rompre les rangs pour leur livrer pas-

sage. L'officier s'y est refusé. Le lendemain, les blancs sont revenus en force, ils ont exigé le désarmement de la milice; des coups de fusil ont été tirés, un blanc a été tué; mais, finalement, les nègres ont été désarmés; après quoi on en a massacré huit pour leur rappeler que le haut du pavé appartient aux blancs, même dans la Caroline du Sud. Nous arrivons à la pépinière. Elle ne contient pas moins de 500 acres, et près de 1 million d'arbres et d'arbustes, parmi lesquels les pêchers et les rosiers sont en majorité. Nous traversons une splendide allée de magnolias, et nous voici dans l'habitation de mon hôte, une maison carrée, avec belvédère, entourée d'une véranda à double étage, donnant sur un parterre rempli de fleurs aux couleurs vives, sur lesquelles butinent les papillons et les oiseaux-mouches. Dans le voisinage se trouve une plantation de coton, dont le propriétaire me fait les honneurs avec le plus aimable empressement.

Le coton est en train de mûrir, et la récolte a même commencé. Après m'être reposé un instant dans la petite mais jolie et proprette habitation du propriétaire, je saute une barrière, et me voici au milieu des cotonniers. L'arbuste frêle et délicat est planté en lignes séparées par des sillons; il n'a pas plus de 2 ou 3 pieds de hauteur; ce n'est que par exception qu'il atteint 4 ou 5 pieds. Sur les tiges couvertes de larges feuilles palmées s'ouvre une fleur blanche, à calice évasé, qui ne dure qu'une journée. En se fanant, elle prend une teinte rouge, et elle fait place à un bouton qui grossit rapidement jusqu'à la dimension d'une noix verte. La noix mûrit, jaunit en mûrissant et finit par s'ouvrir en étalant aux regards une touffe de coton d'une blancheur éclatante. La même tige porte des fleurs blanches du jour, des fleurs rouges de la veille, des boutons à peine éclos, des noix vertes et des noix mûres qui laissent échapper le coton. On compte en moyenne onze boutons par arbuste; quelques-uns en portent jusqu'à cinquante ou soixante. Des nègres et des négresses, les reins entourés d'un sac dont l'ouverture est sur le côté, sont en train de faire la cueillette. Ils achèvent d'ouvrir la noix, saisissent avec dextérité la touffe de coton, de manière à ne laisser perdre aucun brin, et la jettent dans le sac. Les femmes sont particulièrement expertes à cette opération. Il y en a qui récoltent jusqu'à 400 livres de coton par jour, qu'on leur paye à raison de 30 cents (1 fr. 50 c.) par 100 livres; mais la moyenne est d'environ 150 livres. Les sacs remplis, on les vide dans de grands paniers ronds que l'on transporte au magasin où se trouvent le *cotton gin* et la presse à emballer. C'est à deux pas. Rien de plus simple et de plus économique que cette installation. Le *cotton gin*, machine ingénieuse formée d'une série de petites scies qui séparent les brins de coton de la graine, et la presse, sont mis en mouvement par un manége attelé d'une paire de mules que dirige un nègre. Le coton est séché, il passe par le *cotton gin*, on le met en balle sous la presse même, sauf à réduire les balles de moitié au moyen de la presse hydraulique dans les ports d'embarquement. Mais, avant d'en arriver là, combien de peines il faut se donner, que de soins minutieux il faut prendre! Aucune plante industrielle n'exige un travail aussi assidu. A peine la récolte est-elle terminée, — et elle se prolonge de septembre jusqu'en décembre : on fait quatre ou cinq cueillettes, les boutons ne venant que successivement à maturité, — il faut retourner le sol et l'ameublir en employant tantôt la charrue et tantôt la houe. On sème le coton en avril ; il lève au bout de trois à six jours, mais ce n'est guère qu'au mois de juillet qu'on peut l'abandonner à lui-même. Ces détails, que me donnait obligeamment le propriétaire, n'avaient au surplus pour moi qu'un intérêt très-secondaire, eu égard à l'insuffisance de mon éducation agronomique. En revanche, j'étais naturellement curieux de connaître les conditions économiques de l'exploitation et la situation actuelle des travailleurs émancipés. Les deux agents indispensables de la culture du coton sont les mules et les nègres. Les mules, — de magnifiques bêtes beaucoup plus résistantes à la fatigue et à la chaleur que les chevaux, — sont élevées dans le Kentucky et le Tennessee, et elles coûtent environ 150 dollars pièce ; on calcule qu'il en faut une par 25 ou 30 acres, selon que la terre est forte ou légère. Avant l'émancipation, on importait les nègres, comme les mules, des États éleveurs, *breeding States,* où l'on combinait les deux genres de production; maintenant, ils s'élèvent eux-mêmes, et, s'il faut tout dire, aussi mal que possible; les enfants, à peine soignés, meurent dans une proportion énorme. Que voulez-vous? Avant l'émancipation, le moindre négrillon valait 100 dollars; aujourd'hui, il ne représente plus qu'une charge pour des parents insouciants et imprévoyants. On estime qu'il faut un nègre par 50 acres. La plantation que je visite contient 200 acres, dont 80 sont en maïs et 120 en coton. Elle est desservie par un personnel de huit nègres, payés à raison de 8 dollars par mois, la nourriture et le logement. La nourriture se compose d'un baril de 12 livres de farine de maïs, de 3 livres 1/2 de lard et d'un litre de mélasse par semaine. Ces aliments suffisent pour un homme; mais si le travailleur a une femme et des enfants, il est obligé de prendre sur son salaire pour les nourrir. Le logement consiste en une case en planches brutes, divisée en deux pièces : l'une servant de cuisine, l'autre de chambre à coucher; quelques négresses, qui ont vécu autrefois dans la maison du planteur, tiennent leur case en ordre, mais c'est l'exception; et à mesure qu'on s'éloigne de l'époque de l'émancipation, cette exception devient plus rare. Aucun ornement dans l'intérieur des cases : des planches entièrement noircies par la fumée; le lit, toutefois, est propre et même confortable. Une pauvre petite négrillonne est étendue sur le plancher, enveloppée dans un mauvais drap troué ; elle tremble la fièvre. La journée va du lever au coucher du soleil ; on compte onze heures de travail plein, déduction faite du temps nécessaire aux repas. Les salaires sont payés en partie tous les mois, en partie à la fin de l'année, lorsque le produit de la récolte est réalisé. Je demande au planteur si le travail d'un nègre libre vaut plus ou moins que celui d'un esclave. — Il vaut environ un tiers de moins. On estime généralement qu'il faut dix nègres libres pour faire la besogne de sept esclaves. Les nègres libres travaillent mollement et sans conscience, ils jasent beaucoup, enfin on ne peut pas compter sur leur assiduité. A cette question que j'ai renouvelée souvent, — car je considère ce point comme décisif, — j'ai toujours eu la même réponse, savoir : que le travail du nègre libre vaut en moyenne un tiers de moins que celui de l'esclave. Mais, en résumé, la culture, dans les conditions que je viens d'exposer, est encore suffisamment rémunératrice : une exploitation de moyenne étendue comme celle-ci, qui n'exige pas un fonds de roulement de plus de 3,500 dollars, peut rapporter de 2 à 3,000 dollars par an, c'est-à-dire de quoi entretenir honorablement une famille. Malheureusement, le loyer des capitaux est très-élevé : on les paye jusqu'à 2 p. 100 par mois, 24 p. 100 par an, et, dans les mauvaises années, c'est une lourde charge.

Néanmoins, la condition des planteurs de coton qui dirigent eux-mêmes leurs cultures est supportable. Les relevés statistiques nous apprennent, au surplus, que la production du coton dans les États du Sud a atteint de nouveau et même dépassé celle des années qui ont précédé l'émancipation. Je regrette de dire que la condition des nègres me semble, relativement, beaucoup moins bonne ; et plus j'étudie les résultats de l'émancipation, plus je suis enclin à partager cette opinion des gens du pays, que l'abolition de l'esclavage finira par être profitable aux blancs, tandis qu'elle aboutira à l'extinction plus ou moins prochaine, mais inévitable, de la race nègre en Amérique.

Ces pauvres nègres, on n'est pas tendre pour eux, et je me demande si les efforts, d'une sincérité contestable d'ailleurs, que fait le gouvernement fédéral pour les protéger contre leurs anciens maîtres n'ont pas au contraire pour résultat d'aggraver leur sort. Il a eu beau leur accorder les droits civils et politiques, il n'a pas réussi à les faire admettre dans un hôtel ou même à un simple *bar* fréquenté par les blancs. Il a eu beau en faire des juges et des jurés, il ne parvient pas à les dérober à la juridiction du juge Lynch. Témoin le drame auquel je faisais allusion plus haut, et dont la prison d'Augusta a été le théâtre dans la nuit qui a suivi mon départ. Voici le fait qui a motivé en cette circonstance l'intervention du juge Lynch : Deux jours auparavant, une

jeune dame tout récemment mariée, Mme Anna
Bridges, avait été brutalement assaillie, en sortant de
chez sa sœur, par un jeune nègre nommé Robert
Williams. Après l'avoir étourdie d'un coup de
canne, il avait essayé de se porter sur elle aux derniers excès. Heureusement, elle avait pu lui échapper et elle s'était réfugiée chez sa sœur, où elle était
tombée évanouie. L'auteur de l'attentat avait été
immédiatement arrêté, confronté avec elle, conduit
à la prison du comté et enchaîné dans une cellule.
Dans la soirée, une soixantaine de « régulateurs »
se réunissaient sous les murs de la prison. Le geôlier
fit aussitôt prévenir la police, qui envoya un détachement de huit hommes commandés par un lieutenant, pour garder la prison. Les « régulateurs » n'en
annoncèrent pas moins leur intention formelle de
s'emparer du coupable. Le lieutenant, dit l'*Augusta
Chronicle* auquel j'emprunte ce récit, essaya de
parlementer avec eux, et il put même croire un
moment qu'il avait réussi à les dissuader de poursuivre leur dessein illégal; mais les plus ardents
entraînèrent les autres, et la police ne se sentant
pas en force, se résigna, avec une abnégation dont
elle a pris la prudente habitude, à laisser faire. Les
« régulateurs » forcèrent les portes de la prison,
s'emparèrent du malheureux Robert Williams, le
firent sortir de sa cellule et le tuèrent à bout portant
d'un coup de fusil ; on releva le lendemain son
corps, qui portait les traces d'une horrible mutila-

tion. On conçoit que, dans un État tel que la Caroline du Sud, où les blancs sont exposés à être jugés
par des jurys nègres, ils aient recours au juge
Lynch ; mais telle n'est pas la situation dans la Géorgie. Les services publics y sont entre les mains des
blancs, et le coupable n'aurait pas échappé aux
rigueurs de la justice. A la vérité, on ne l'aurait
peut-être pas pendu. Or, dans l'opinion du juge
Lynch, tout nègre qui porte la main sur une blanche doit absolument être pendu, et voilà pourquoi
ce magistrat expéditif a cru nécessaire d'intervenir
dans l'affaire d'Augusta. Ai-je besoin d'ajouter que
l'opinion du juge Lynch est partagée par la généralité de la population blanche? Je n'y contredis
point ; seulement, j'ai beau me raisonner, j'ai quelque peine à m'accoutumer à l'idée qu'on puisse tuer
un nègre, fût-il trop galant, sans plus de façon et
de remords que s'il s'agissait d'un lapin.

D'Augusta, je vais en une nuit à Atlanta, capitale
de la Géorgie et point de jonction des principales lignes de chemins de fer du Sud. Atlanta a été complétement détruite par l'armée de Sherman ; il ne
restait debout que trois magasins et quelques maisons ; sa population s'est trouvée réduite alors de
27,000 habitants à 700. Depuis Savannah, je n'ai
aperçu que des ruines laissées par ce dur homme de
guerre qui porte ici le surnom significatif d'Attila
du Sud. Sur la foi des « Instructions pour les armées
américaines en campagne », rédigées par le docteur

Lieber, qui sont annexées au « Traité du droit des gens » du savant docteur Bluntschli, et qui méritent assurément d'être citées comme un modèle, j'avais cru que l'armée fédérale avait respecté religieusement les propriétés privées dans la guerre de la sécession. Hélas ! c'est encore une illusion qu'il me faut perdre. D'après tous les témoignages que j'ai recueillis — et quelques-uns sont absolument dignes de foi — l'armée de Sherman, recrutée, à la vérité, dans la lie de l'émigration européenne, aurait renouvelé dans le Sud les exploits des lansquenets et des compagnies noires. Non contents de piller, les soldats détruisaient tout ce qu'ils ne pouvaient pas emporter. — On les accuse même d'avoir violé les tombes des cimetières pour dépouiller les morts des bijoux avec lesquels on a la coutume pieuse, mais imprudente de les enterrer. Il faut croire que Sherman avait oublié de prendre avec lui les « Instructions » du docteur Lieber ! Cependant Atlanta s'est relevée de ses ruines, et c'est même la ville de l'Union où il m'a paru que le bâtiment marchait le mieux. Ce ne sont partout que bâtisses neuves ou en construction. Les juifs arrivés en foule depuis une vingtaine d'années d'Allemagne et de Pologne, sont particulièrement nombreux à Atlanta. La plupart d'entre eux se sont enrichis pendant la guerre de la sécession, en faisant le commerce du papier, et finalement en échangeant leur stock de bons confédérés contre des terres, des maisons ou des marchandises. La réussite de ceux-là en a attiré d'autres, et maintenant la presque totalité du petit commerce du Sud est entre les mains des juifs. Comme un grand et imprévoyant enfant qu'il est, Tommy adore les babioles, et son argent ne tient pas dans sa poche. Le petit marchand ou le colporteur juif le guette le jour de sa paye, il lui offre des boîtes de sardines et d'huîtres conservées dont Tommy est très-friand, des chaînes de sûreté, des boutons de manchettes, des rubans pour Madame, des jouets pour les *babies*, et à moins que Tommy n'ait déjà transformé sa paye en whisky, il retourne chez lui les mains pleines et les poches vides.

On me raconte, en manière d'illustration, l'histoire d'un brave nègre qui avait apporté au marché, l'année dernière, deux balles de coton récolté dans son champ. Un marchand juif offre de lui acheter ses deux balles : l'une en argent, au prix de 8 cents la livre ; l'autre en marchandises, au prix de 10 cents. C'est marché conclu. Le nègre choisit des marchandises jusqu'à concurrence du montant de la seconde balle et se fait remettre l'argent de la première ; mais alors le marchand mâdré lui exhibe des objets si nouveaux et si extraordinairement séduisants que tout l'argent de Tommy y passe sans qu'il lui reste même de quoi payer le péage du pont pour retourner chez lui. Il est obligé de faire un détour de plus de 20 milles pour passer la rivière à gué. Ceci est l'histoire de tous les jours. Le juif est la sangsue du nègre.

Sur tout le parcours d'Augusta à Atlanta, et d'Atlanta à West-Point, frontière des États de Géorgie et d'Alabama, la belle terre rouge de la Géorgie est couverte de champs de cotonniers alternant avec du maïs le long des forêts épaisses qui occupent le fond du paysage. Notre train traverse, au milieu de la nuit, la ville de Montgommery, qui a été pendant quelque temps le siége du gouvernement de la Confédération du Sud, et nous voici à Mobile, le grand port d'embarquement du coton de l'Alabama et d'une partie de la Géorgie. Nulle part les maux qui ont accablé cette admirable et féconde région du Sud n'ont laissé de traces plus visibles. Les belles habitations de la ci-devant aristocratie des planteurs ont cessé d'être entretenues, et celles qui n'ont pas encore passé entre les mains des juifs se vendent à vil prix. On m'en montre une qui avait été achetée 45,000 dollars avant la guerre, et qu'on vient de vendre à grand'peine pour 10,000. Mobile exportait alors jusqu'à 900,000 balles de coton par année; c'est tout au plus maintenant si l'exportation atteint le chiffre de 400,000. Elle possédait seize maisons de commerce françaises; elle n'en a plus qu'une. Ses vastes rues sont désertes; l'immense hôtel où je suis descendu, et dont les appartements sont décorés avec un luxe de bon goût, attestant une fortune d'ancienne date, *Battle house* est vide. Quand je dis vide, entendons-nous, il s'agit des voyageurs. Il ne s'agit ni des cancrelats, ni des mille-pattes, ni des moustiques. Société redoutable ! Au bout de deux jours, je n'y puis plus tenir. Je me sauve à *Pointe-Clear*, 50 milles plus bas, à l'entrée de la baie dé Mobile dans le golfe du Mexique. *Pointe-Clear* est un endroit charmant, entre la forêt et la mer ; on y va en moins de deux heures de Mobile, dans un légér bateau à vapeur, et on y prend des bains délicieux. Le golfe fourmille de requins ; mais les hôteliers assurent qu'il n'est jamais arrivé d'accident dans leur voisinage. C'est bien possible.

> Corsaires, attaquant corsaires,
> Ne font pas, dit-on, leurs affaires.

Enfin, il me reste 141 milles à parcourir pour aller de Mobile à la Nouvelle-Orléans. Ces 141 milles, je les franchis sur le chemin de fer le plus étonnant que j'aie encore rencontré aux États-Unis, et ce n'est pas peu dire. C'est un chemin de fer construit dans un marais, et à travers la multitude des baies et des *bayous* qui découpent la côte. Je pars à trois heures trente-cinq minutes du soir. Il y a une douzaine de stations dont quelques-unes portent des noms français : Bellefontaine, Rigollets, Chef-Menteur, Michaud, Gentilly. Il y a aussi quelques noms indiens, Pascagoula et Biloxi, par exemple, cette dernière station, habitée par une colonie de Gascons. Le

pays, entièrement plat, ne présente d'abord rien
de remarquable : de maigres taillis, et çà et là
quelques pauvres champs de cannes à sucre et de
riz dans le voisinage d'une case à nègres. Dans les
éclaircies du bois on aperçoit les eaux brillantes du
golfe. Autour des stations sont groupées des habitations de plaisance, blanches avec la véranda de
rigueur, ou chocolat, les portes et les fenêtres enca-
drées de blanc. De jolies misses en robes légères
conduisent elles-mêmes leurs *bogheys*, et, sur les
pelouses vertes, des enfants blancs d'une carnation
délicate jouent au crocket en présence d'une galerie
de négrillons et de sangs-mêlés. Mais voici une baie
qui a bien 3 ou 4 milles de largeur : c'est à peine
si nous pouvons distinguer l'autre-bord. Comment allons-nous la franchir? En Europe, ce serait
une grosse affaire, car la baie Saint-Louis est parfaitement navigable, et dans certains endroits elle a
jusqu'à 80 pieds de profondeur. En Amérique, la
chose paraît toute simple. On a coupé, le long des
marais, les sapins les plus gros et les plus longs, on
en a fait des pilotis et on les a enfoncés sur deux
rangées dans la baie. On les a reliés ensuite par des
poutres transversales sur lesquelles on a posé les
rails, et en avant! *go ahead!* Qu'un de ces pilotis
enfoncés à 60 ou 80 pieds de profondeur cède sous
le poids du convoi, et nous buvons l'onde amère.
On nous en a prévenus au départ, en ajoutant que
depuis quelques années, le chemin « ne payant

plus », la Compagnie néglige de le réparer, et qu'on s'attend d'un jour à l'autre à quelque accident épouvantable. On est d'avis, au surplus, que cet accident épouvantable et inévitable aura le bon résultat de rappeler la Compagnie à ses devoirs et de l'obliger à remettre le chemin en bon état. Heureusement pour nous ces prévisions, qui auraient réjoui feu le docteur Azaïs, ne se réalisent point ce jour-là, et nous traversons sans encombre la baie Saint-Louis; mais ce n'est pas fini. Sans parler des *bayous*, il y a une seconde baie qui vaut bien la première. Quand nous la traversons, la nuit est tombée. Arrivés au beau milieu, nous entendons un signal d'alarme. Le train s'arrête net, et nous stationnons pendant dix minutes sur pilotis entre le ciel et l'eau. Ce n'était qu'une fausse alerte. Le train se remet en marche, et nous voilà sauvés de ce mauvais pas, mais c'est pour retomber en plein marais; les stations sont bâties sur pilotis et la lune blanchit de larges plaques d'eau dormante au milieu des joncs. Cela s'appelle la Prairie tremblante, et c'est la résidence favorite des alligators. Par moments on aperçoit à la surface du marécage inondé de lumière de grosses souches noires : quand la souche est immobile, c'est un tronc d'arbre; quand la souche remue, c'est une tête d'alligator. Des lueurs électriques et des feux-follets verts courent parmi les joncs; des lucioles illuminent les taillis, semés par bouquets le long de la Prairie tremblante. Ce décor fantastique ne conviendrait-il pas à merveille au *Songe d'une nuit d'été?* J'ai vu passer tout à l'heure la fée Titania en *boghey*, et il ne faudrait pas battre long-temps l'eau du marais pour en faire sortir l'affreux museau de Caliban. C'est égal, je ne reprendrai pas le chemin de la Prairie tremblante.

Il est neuf heures et demie. Le train parcourt à niveau un vaste quai sur lequel circulent pêle-mêle les cars, les voitures et les piétons. Nous sommes à la Nouvelle-Orléans.

XV

LA NOUVELLE-ORLÉANS — LA CULTURE DE LA CANNE
A SUCRE

Nouvelle-Orléans, le 3 septembre 1876.

Bâtie en damier, comme toutes les villes américaines, entre le Mississipi et le lac Pontchartrain, la
Nouvelle-Orléans occupe un espace de 9 milles
(12 kilomètres) en largeur sur 6 milles de profondeur. Ses 240,000 habitants, parmi lesquels on
compte 70,000 Français ou créoles d'origine française, sont donc logés fort à l'aise. Une immense
avenue, perpendiculaire au fleuve, *Canal street*,
sépare le quartier français de la ville américaine.
Sur le trottoir de droite, en tournant le dos au
Mississipi, on n'entend parler que le français ou le
créole, ce qui revient à peu près au même ; sur le
trottoir de gauche, on ne parle que l'anglais, et les

marchands ne comprennent même pas le français. Au centre de Canal street s'élève la statue en bronze de l'illustre orateur Henri Clay : la plupart des rues commerçantes débouchent aux environs. C'est le rendez-vous de la multitude des *cars* traînés ordinairement par des mules, qui sillonnent la ville en tous sens, et vous transportent pour la modique somme de 5 cents, à l'une de ses extrémités. Il y a aussi des *cars* traînés par des locomotives à vapeur emmagasinée, d'un modèle fort simple et économique. Celles que l'on a essayées à Paris coûtaient, si je ne me trompe, 30 ou 40,000 fr.; celles-ci ne reviennent pas à plus de 1,000 dollars ; il y a enfin de véritables chemins de fer sur lesquels les convois circulent à niveau sans occasionner au delà d'une proportion raisonnable d'accidents. C'est par douzaines que l'on compte les lignes de rails dans Canal street. Cela ne l'empêche pas d'être pavée de gros et solides cubes de pierre, tandis que ses larges trottoirs, abrités par des vérandas en fonte, sont couverts de larges dalles. Entre le trottoir et la rue, règne un petit égout à ciel ouvert, qu'on franchit sur une pierre plate aux encoignures des rues. Les maisons, pour la plupart à deux étages, sont bâties en briques et badigeonnées de couleurs gaies ; les magasins sont vastes et bien aérés; il y a des « billards » et des restaurants à la française. Ai-je besoin de dire que les rues du côté droit portent des noms français : rue de Chartres, rue Royale, rue de Bourbon, rue Saint-

Louis, rue de Toulouse? Un ingénieur, qui faisait ses délices des *Lettres à Émilie*, en a décoré quelques-unes de noms mythologiques. Les *cars* vous conduisent dans le quartier des Dryades et dans les avenues de Clio et d'Erato. Le commerce du coton, le grand article de la Nouvelle-Orléans, qui en exporte bon an mal an de 15 à 1,600,000 balles, est concentré dans la rue Carondelet, où se trouve le *Cotton Exchange*, propriété privée de l'Association des courtiers. On y inscrit d'heure en heure, à la craie, sur de grands tableaux noirs, toutes les nouvelles concernant la récolte, l'état des marchés aux États-Unis et en Europe, etc., etc. Plus loin se trouve le quartier spécialement affecté au commerce des produits de l'Ouest : lard, viandes salées, maïs, farines. En remontant Canal street jusqu'au fleuve, j'aperçois une colonnade qui me rappelle de loin le péristyle de la Madeleine : c'est la façade de l'hôtel Saint-Charles, le Grand-Hôtel américain de la Nouvelle-Orléans et l'endroit des deux mondes où l'on confectionne la meilleure limonade. Il y avait aussi autrefois un grand hôtel français, l'hôtel Saint-Louis ; mais on l'a exproprié pour y installer la législature et le pouvoir exécutif. après la prise de la Nouvelle-Orléans par la flotte de l'amiral Farragut. Le siége du gouvernement de la Louisiane était auparavant à Bâton-Rouge ; il est resté à la Nouvelle-Orléans.

En remontant encore, nous nous trouvons devant une énorme bâtisse en pierre où sont concentrés les services fédéraux, la poste et la douane. Cet édifice massif et sans style a coûté plus de 12 millions de dollars (60 millions de francs), et il n'est pas achevé. En comparaison, notre nouvel Opéra est un édifice économique. Nous montons sur la levée, qui empêche la ville, bâtie dans un marais plus ou moins desséché, d'être envahie par le fleuve. Les levées du Mississipi se prolongent pendant des centaines de milles des deux côtés du fleuve, et on ne saurait mieux les comparer qu'aux digues de la Hollande. Avant la guerre, les propriétaires riverains les entretenaient à leurs frais, et elles ne laissaient rien à désirer ; depuis que les propriétaires son ruinés, l'État s'est chargé de ce soin ; mais l'État d la Louisiane, gouverné par des *carpet baggers* associés aux nègres, n'est pas un modèle d'économie et de bonne administration ; les levées se dégradent d'année en année, les crevasses se multiplient d'une manière alarmante, et de vastes marécages couverts de joncs et peuplés d'alligators remplacent, dans maintes paroisses, les champs de riz et de cannes à sucre. Du haut de la levée, nous découvrons le panorama du fleuve, large de plus d'un kilomètre et enserrant la ville dans un immense demi-cercle. Ses eaux n'ont pas la limpidité de celles du Saint-Laurent, ou la belle couleur d'ocre dorée de la Savannah : elles sont terreuses, et l'on comprend, à leur aspect, que les alluvions du Mississipi aient fait le sol de la Basse-Louisiane comme le Nil a fait le

Delta égyptien. Le Mississipi a une profondeur énorme
à la Nouvelle-Orléans ; dans quelques endroits, la
sonde a donné 260 pieds. Le port est encore peu
garni ; la saison des arrivages de coton ne commen-
cera guère que dans un mois, quoique les premières
balles de la récolte soient déjà en Europe. Ma promenade m'amène devant un square orné de gros bananiers, au milieu duquel s'élève la statue équestre
du général Jackson, le défenseur de la Nouvelle-
Orléans en 1814. Sur le socle de la statue, l'ex-pro-
consul Butler a fait graver cette phrase que Jackson,
devenu Président des États-Unis, a prononcée, au
dire des républicains, — les démocrates manquent
assez volontiers de mémoire sur ce point, — à l'é-
poque où la Caroline du Sud, prenant l'initiative du
mouvement sécessionniste, menaçait d'abandonner
l'Union : *The Union must and shall be preserved ;*
l'Union doit être et sera conservée. Entre le square
et la levée sont les marchés. Dans le marché à la
viande, je n'entends parler que le français avec un
fort accent bordelais. Tous les bouchers de la Nouvelle-Orléans sont des Gascons, et ils paraissent faire
parfaitement leurs affaires. Le marché aux légumes
et aux fruits est rempli de pommes de terre, de patates douces, de gros choux blancs, de tomates, de
superbes oignons, de sébiles de poivre vert et de
poivre rouge, de grosses oranges encore vertes et de
régimes de bananes. On y parle l'anglais, le créole,
le bas-normand, le nègre, et que sais-je encore ? Le

bas-normand est parlé par les *Cadiens*, robustes paysans émigrés de l'Acadie (Nouvelle-Écosse) à l'époque de la conquête du Canada par les Anglais. Voici deux paysannes maigres et élancées, aux cheveux noirs lisses, à la figure basanée, au profil d'oiseau de proie, vêtues de robes de cotonnade à liséré rouge, avec des colliers de verroterie ; ce sont des *squaws* indiennes du village de Mandeville, de l'autre côté du lac Pontchartrain, où résident encore quelques débris de la tribu des Choctas. Les femmes nourrissent les hommes abrutis par le whisky. Elles vendent des racines de sassafras qui servent à fabriquer le gombaut, le potage louisianais par excellence. L'une d'elles, la tête profondément inclinée sur son tablier, paraît en proie à une préoccupation qui absorbe complétement ses facultés : elle est tout simplement en train de faire le compte de sa monnaie, et il semble que cette opération soit hérissée de difficultés dont la pauvre *squaw* ne parvient pas à trouver le nœud.

Je prends un *car* et je parcours la belle avenue de l'Esplanade, où l'aristocratie créole a ses élégantes habitations au milieu de jardins plantés de bananiers, de chênes-verts et de lauriers-roses ; l'aristocratie américaine a les siennes de l'autre côté de la ville, au faubourg de Carolton. Un second *car* me conduit, en traversant des bayous couverts de joncs, des champs où paissent les vaches, jusqu'à une série de cimetières protestants, irlandais,

juifs, qui sont une des curiosités de la Nouvelle-
Orléans. Deux hauts palmiers marquent l'entrée du
cimetière neuf, dont la destination est naïvement
indiquée par cette inscription : « Ceci est un cimetière. Il est strictement défendu aux voitures d'y circuler à raison de plus de 6 milles à l'heure. » Des
monuments en pierre ou en marbre y sont groupés autour d'un parterre de fleurs ; mais voici un étrange bâtiment en forme de chapelle avec un clocheton. Ce
n'est pas une chapelle, c'est un *four*. Le sol de la
Nouvelle-Orléans est trop marécageux pour qu'on y
puisse enterrer les morts à la manière ordinaire.
Qu'a-t-on fait? On a construit des *fours* en forme
de parallélogrammes, divisés en compartiments,
comme dans les magasins de nouveautés ; ces fours
sont bâtis en briques, et les compartiments se ferment au moyen d'une plaque de marbre ou d'une
simple maçonnerie. Si, après un an et un jour, le
locataire n'a pas payé son terme, on l'expulse pour
faire place à un autre, et, le plus souvent, on ne retrouve de lui qu'un amas de poussière et quelques
os calcinés, tant la chaleur est intense dans ces fours
exposés en plein aux rayons d'un soleil tropical.
C'est une crémation naturelle. Le premier four que
je visite ne contient qu'une soixantaine de compartiments ; des communautés religieuses et des corporations ont leurs fours particuliers : je remarque notamment le four de l'Association des boulangers,
qui pourrait suggérer un calembour funèbre. Mais,

aux environs, dans le cimetière irlandais, voici deux grands fours parallèles de chaque côté de la pelouse, remplie de tombes particulières et ombragée de magnolias, de cyprès et de chênes-verts. Ces fours communs n'ont pas moins de cinq cents compartiments en longueur, sur quatre en hauteur; et il y en a d'autres.

Je reviens au centre de la ville et je suis frappé, hélas! de l'apparence négligée des rues et des habitations. On s'aperçoit que la Louisiane, moins heureuse que ses voisines la Géorgie et l'Alabama, n'a pas encore réussi à secouer le joug des *carpet baggers*. En quelques années sa dette a été portée à 53 millions de dollars; à la vérité, on l'a réduite à 25 millions par une conversion audacieuse, et plus tard on a retranché encore 40 0/0 des 25 millions; mais toutes ces ressources extraordinaires, sans parler des ressources ordinaires de l'impôt élevé à un taux fantastique, ont été gaspillées; les fonds d'écoles ont été décuplés, et il n'y a pas d'écoles; on a augmenté dans la même proportion les allocations pour les levées, et les levées se crevassent de toutes parts; on n'entretient pas le pavé et on n'achève pas les édifices publics. Enfin, à mesure que l'impôt montait, les loyers baissaient. Des maisons qui se louaient naguère 200 dollars par mois sont offertes aujourd'hui à 40 dollars sans trouver de locataires. Ce n'est pas que les Louisianais n'aient tenté, à maintes reprises, de se débarrasser de leurs *carpet baggers* ; ils ont eu, un moment, deux législatures en concurrence : une démocrate et une républicaine ; mais les troupes fédérales sont intervenues, et la Nouvelle-Orléans a subi un 18 brumaire républicain. En ce moment, son gouverneur imposé, M. Kellog, achève sa quatrième année ; il est absent, et c'est le sous-gouverneur, le nègre Antoine, ancien barbier à bord d'un des bateaux du Mississipi, qui le remplace. Je n'ai pas la bonne fortune de voir Antoine ; mais, dans la visite que je fais à l'hôtel Saint-Louis, siége passablement délabré du gouvernement, je suis présenté à son sous-secrétaire d'État, un mulâtre poli, aux manières diplomatiques, qui ne manque pas d'esprit. Les bureaux et les escaliers sont encombrés de politiciens de toutes les couleurs. Les démocrates ont bon espoir de l'emporter aux prochaines élections, à moins que les listes électorales ne soient trop activement travaillées et que le *Returning Board*, — comité de révision, nommé par le gouverneur, qui décide souverainement de la validité des élections et qui compte quatre républicains sur cinq membres, — n'opère avec le zèle dont il est coutumier. N'importe ! on se croit sûr de vaincre, et les républicains se montrent assez déconfits. Sur une douzaine de journaux que possède la Nouvelle-Orléans, il n'y a qu'un seul organe républicain ; encore ne peut-il vivre que grâce à l'appui du gouvernement et aux subventions du parti. Avant 1857, on y comptait quatre journaux français ; mais la langue anglaise, qui est la langue des affaires, empiète de jour en jour sur le français, et les jeunes générations la parlent de préférence. La population française ne possède plus actuellement qu'un seul organe, l'*Abeille*, que dirige un écrivain des plus distingués, M. Félix Limet. La population rurale résiste davantage à l'absorption américaine, et j'ai sous les yeux une douzaine de journaux des paroisses rédigés soit entièrement en français, soit moitié en français moitié en anglais. Je citerai dans le nombre le *Meschacébé*, journal officiel de la paroisse de Saint-Jean-Baptiste ; le *Louisianais*, journal des paroisses Saint-Jacques et Ascension ; la *Ruche louisianaise*, de Bonnet-Carré ; la *Sentinelle de Thibodaux*, le *Sucrier de la Louisiane*, la *Sentinelle des Attakapas*, le *Courrier des Opelousas*, le *Lafayette Advertiser*, etc., etc., sans compter un grand journal religieux, le *Propagateur catholique*, journal officiel du diocèse de la Nouvelle-Orléans. Ces journaux entretiennent le culte de la mère-patrie, et nulle part on ne trouverait des cœurs plus français que dans cette Louisiane, toute remplie, comme le Canada, des noms et des souvenirs de la vieille France. On est étonné, pour le dire en passant, de la puissance colonisatrice dont la France a fait preuve il y a deux siècles. Si Louis XV n'avait pas perdu le Canada, si le Premier Consul n'avait pas vendu la Louisiane, qui sait si la langue et la civilisation françaises ne lutteraient pas aujourd'hui sans désavantage, dans ce vaste continent de l'Amérique du Nord, avec la langue et la civilisation germano-britanniques? C'est surtout dans les moments où la France est accablée sous le poids des revers que les souvenirs sympathiques se réveillent. Quoique ruinée par la guerre, l'émancipation et les *carpet baggers*, la Louisiane a fourni en 1870-71 la somme de 400,000 francs à la souscription pour les blessés, et plus récemment elle envoyait 40,000 francs aux inondés. Une grande partie de ces résultats est due à la généreuse initiative de l'*Abeille* et d'un petit groupe de Français et de créoles qui s'efforcent en toute occasion de raviver dans les cœurs de ces bonnes et honnêtes populations les souvenirs de la vieille patrie. Ils viennent de fonder un Athénée et une publication hebdomadaire, auxquels je souhaite bonne chance. La Louisiane n'oublie pas la France; la France, à son tour, ne devrait-elle pas se souvenir un peu plus de la Louisiane?

Le lendemain, je vais visiter dans la paroisse Saint-Charles, à 27 milles environ de la Nouvelle-Orléans, une plantation de cannes à sucre, dont le propriétaire, M. L..., a l'amabilité de me faire les honneurs. Nous nous embarquons sur un petit steamer, le *Tom Parker*, qui nous conduit au dépôt (station) d'un chemin de fer destiné à rattacher la Louisiane au Texas, mais que la crise financière a contraint de s'arrêter en route. Il n'y a pas de station dans le voisinage de la plantation, mais peu importe ! Nous ne sommes pas dans un pays où le règlement fait loi. M. L... prie le conducteur d'arrêter le train en face de la plantation, et c'est fait ! La plantation a 2,200 acres de superficie, mais on n'en cultive que 750 en cannes, maïs et riz. Elle valait, avant la guerre et l'émancipation, 350,000 dollars avec son cheptel d'esclaves ; elle n'en vaut plus aujourd'hui que 60,000. La maison d'habitation, carrée, à un étage sans compter le rez-de-chaussée, surmontée d'un belvédère et entourée de sa véranda en bois, a dû être fort jolie. Malheureument le propriétaire a cessé d'y résider, et les mauvaises herbes foisonnent dans le jardin. A côté se trouve le bâtiment de la fabrique, où se fait la *roulaison*; un peu plus loin le « camp », comprenant une douzaine de cases avec leurs jardins où sont logés les nègres attachés à la plantation. Je visite les champs de cannes situés à portée de l'habitation, entre le Mississipi et une forêt marécageuse. C'est un lieu que hantent volontiers les alligators et les serpents à sonnettes, sans oublier le redoutable mocassin, le plus venimeux des serpents aquatiques ; mais ces hôtes malfaisants ne cherchent point la présence de l'homme, et ils se tiennent ordinairement sur la défensive. Plût à Dieu que la bête rouge, animalcule imperceptible qui s'attache aux jambes des promeneurs, et le moustique, l'odieux, l'infernal moustique, usassent de la même réserve ! Qui donc a dit que la création a été faite exclusivement à l'usage de l'homme? A coup sûr le moustique n'a pas été fait pour l'homme; on pourrait soutenir bien plutôt que l'homme a été fait pour le moustique. Je reviens à mon champ de cannes. La canne à sucre est un grand et lourd roseau qui atteint communément 5 ou 6 pieds de hauteur, et quelquefois jusqu'au double. Elle est partagée en nœuds placés à deux ou trois pouces de distance, et qui mûrissent successivement à partir du pied. Quand ils sont mûrs, ils prennent une teinte violette. Le feuillage est dru et d'un beau vert. Comme les champs de coton, les champs de cannes ont besoin d'être travaillés avec grand soin; il faut, en outre, y pratiquer une série de fossés reliés les uns aux autres, afin de drainer le sol aussi complétement que possible. On plante la canne dans les mois de janvier et de février, et ce n'est qu'au mois de juin qu'on abandonne la récolte à elle-même. On coupe les cannes au mois d'octobre; alors commence la *roulaison*, c'est-à-dire la fabrication du sucre : elle dure jusqu'en décembre, deux mois ou deux mois et demi environ. On apporte la canne à la sucrerie; un plancher mobile l'amène sous les rouleaux, mus par une machine à vapeur, — autrefois on se contentait d'un simple manége; — le jus se sépare de la *bagasse* et s'écoule dans un réservoir où il dépose, puis dans une série de chaudières où il est purifié au moyen de la chaux et cuit au degré voulu. Ces

chaudières ont chacune leur dénomination spéciale :
la *grande*, la *propre*, le *flambeau*, le *sirop*, la *batterie*. Au sortir des chaudières on le laisse refroi-
dir, puis on le verse dans des boucauts percés de
trous, d'où la mélasse, se séparant peu à peu du
sucre, s'écoule dans un réservoir. Au bout d'une
vingtaine de jours la roulaison est terminée, le
jus de la canne est transformé en sucre. On estime qu'un acre de cannes fournit un boucaut de
1,200 livres de sucre et deux barils de mélasse. Une
plantation comme celle-ci produit de 2 à 300 boucauts de sucre et 1,800 barils de maïs qui est consommé par les mulets. Le maïs semé avec des fèves
sert d'assolement. On ne sépare pas, comme dans
l'industrie du sucre de betterave, la production de
la canne de la fabrication du sucre. Chaque propriétaire se borne à *rouler* ses cannes, et la nécessité de
resserrer les opérations dans un espace d'une soixantaine de jours a fait obstacle jusqu'à présent à
l'établissement de grandes sucreries à la mode d'Europe. La sucrerie de M. L... n'a pas coûté plus de
25,000 dollars. C'est déjà beaucoup dans un pays
où l'intérêt est à un taux exorbitant.

Arrivons au régime du travail. On emploie un
nègre libre pour 7 acres. Un nègre esclave suffisait
pour 10 acres. C'est la même proportion que pour le
coton. Les salaires ont beaucoup baissé depuis quelques années. Il y a trois ans, on donnait aux nègres
20 dollars par mois, la nourriture et le logement;

aujourd'hui, leur salaire n'est plus que de 18 dollars pour vingt-six jours de travail, soit environ 70 cents par jour, avec le logement, mais sans la nourriture. On leur en paie les deux tiers mensuellement ; le tiers restant, à la fin de l'année. La journée va du lever au coucher du soleil ; elle est, en moyenne, de quatorze heures dont il faut déduire deux heures pour le dîner et le déjeûner. Pendant la roulaison, époque où le travail est particulièrêment rude, elle n'est que de huit heures et demie ; mais on demande aux ouvriers un quart en sus de travail de nuit, qu'on leur paie à raison de 50 cents. Les femmes, employées aux mêmes travaux que les hommes, à l'exception du labour et du creusement des fossés d'écoulement, reçoivent 50 cents par jour. Le nègre a, de plus, la jouissance d'un jardin et même d'un morceau de champ où il cultive des légumes et du maïs. Cés salaires seraient fort suffisants pour répandre l'aisance dans le « camp », si l'ordre et l'économie n'étaient des vertus généralement inconnues à Tommy, et s'il n'éprouvait pas une passion de plus en plus prononcée pour le whisky. Un *store* assorti de toutes sortes d'articles de consommation, les sardines et le whisky compris, est attenant à l'habitation, et les nègres s'y pourvoient de préférence ; chaque semaine on leur remet un « ticket de travail » constatant le nombre de journées qu'ils ont faites et, par conséquent, la somme qui leur est due ; en échange de ce ticket, le gérant du *store* leur donne

une série de bons de 1 dollar, 50 cents, 25 cents et
même 10 cents, qu'il reçoit ensuite en paiement
des articles de consommation qu'on lui achète ; les
bons non présentés — on n'en compte ordinairement qu'un tiers, ce qui veut dire que les deux tiers
du salaire des nègres entrent dans la caisse du *store*,
— les bons non présentés, dis-je, sont échangés,
partie à la fin du mois, partie à la fin de l'année,
contre de l'argent. Ce système, qui s'est généralisé
dans les plantations de sucre, de riz et de coton,
rapporte aux planteurs de notables bénéfices, et il
leur permet, en outre, de réduire sensiblement leur
capital roulant ; il peut donner lieu à des abus, —
on en sait quelque chose en Angleterre, où il est
connu sous le nom de *truck system ;* — mais dans
les endroits où les *stores* n'existent pas, le salaire
de l'imprévoyant Tommy n'en passe pas moins, pour
la plus grande part, entre les mains des juifs, et
sa condition n'est pas meilleure. Les cases du
« camp », en planches brutes, ressemblent à celles
que j'ai vues en Géorgie ; leurs habitants flânent le
long de la levée, — c'est un dimanche. — Une
vieille négresse fume sa pipe ; un charpentier mulâtre, garçon économe et rangé, qui vient d'acheter
un morceau de terre sur ses économies, tient ses
enfants sur ses genoux ; un nègre à laine blanchis-
sante, à qui son maître fait des remontrances bien-
veillantes sur sa passion pour le whisky, lui répond
en pur nègre du boulevard : « Whisky, plus fort

que li. » L'heure du retour est arrivée, on signale au loin le convoi. Mon compagnon agite un mouchoir blanc; le train s'arrête, et deux heures plus tard nous rentrons à la Nouvelle-Orléans.

J'allais oublier la soirée de la veille, samedi, — jour où les deux partis tiennent de préférence leurs meetings suivis de promenades à la lueur des torches. Canal street et les rues adjacentes présentaient le spectacle d'une animation extraordinaire. Il y avait foule au pied de la statue de Henry Clay, foule aussi dans les maisons de jeux tolérées de la rue de Chartres et dans les bureaux de la loterie louisianaise, — une loterie d'État qui a un « petit tirage » par jour, sans compter les gros, et à·laquelle les cuisinières de la Nouvelle-Orléans ne manquent pas d'apporter le tribut quotidien des 25 cents qu'elles « économisent » sur leurs marchés. A neuf heures, les processions des clubs républicains et démocrates commencent à se former et à parcourir la ville sur deux files, chaque membre portant sa torche avec laquelle il exécute des évolutions variées. A mesure que les clubs du même parti se rencontrent, ils fusionnent; en sorte que les deux processions rivales finissent par s'allonger en une queue non moins interminable que flamboyante. En tête de la procession démocratique, un homme à cheval porte un transparent sur lequel apparaissent en grosses lettres les noms de Tilden et de Hendricks. Un orchestre précède les membres des clubs, en casquettes blanches de jockeys avec collet noir sur la chemise. Les républicains ont un aspect encore plus pittoresque s'il est possible. Leur procession s'ouvre par une grande voiture où deux blancs et deux nègres correctement vêtus sont assis fraternellement côte à côte ; puis vient un immense drapeau étoilé avec une couronne à la hampe ; puis un transparent avec les noms de Hayes et de Wheeler ; puis un orchestre qui exécute, avec accompagnement de fifres et de tambours, l'air des Conspirateurs de *la Fille de M*^me *Angot;* puis un club blanc, chapeaux de paille et manteaux vénitien en calicot vert, bleu, rouge, orange sur la chemise ; enfin, un club nègre, sévèrement vêtus de courtes redingotes noires, avec casquettes et ceintures blanches. Chaque club a sa bannière spéciale. Les deux processions se côtoient au milieu des *cars* et des voitures d'un train dont la vapeur siffle ; démocrates et républicains agitent leurs torches en se jetant des regards médiocrement fraternels ; quelques briques et d'autres menus projectiles sont lancés au détour d'une rue obscure ; les journaux démocrates dénoncent le lendemain cet outrage en l'attribuant aux républicains ; le journal républicaïn, de son côté, ne manque pas de l'attribuer aux démocrates. Ils ont probablement raison des deux parts. Je remarque une douzaine de gamins armés de transparents spéciaux qui essayent de se faufiler dans les rangs ; d'abord, on les laisse faire ; mais bientôt on les expulse avec indignation.

Je m'approche : les transparents représentent un homme de solide encolure avec cette inscription en légende : *Holman's cures without medicines !* (Guérisons sans médecines !) Pourtant, n'est-ce point aussi la devise des politiciens de tous les partis et de tous les pays : Guérisons sans médecines ?

XVI

LE MISSISSIPI — LES GRIEFS DU SUD

À bord du *Robert-E.-Lee,* 8 septembre 1876.

Je quitte la Nouvelle-Orléans le 5 septembre pour
remonter le Mississipi jusqu'à Vicksburg. Je m'embarque sur le *Robert-E.-Lee,* un des plus splendides
bateaux du fleuve. C'est un véritable palais flottant.
Il n'a pas moins de 317 pieds de longueur sur 90 de
largeur, et trois étages, sans compter la cale. Le
premier est destiné aux marchandises, et l'on peut y
empiler 6,000 balles de coton ; le second est occupé
par un salon luxueusement décoré et entièrement
couvert de tapis, de 240 pieds de long sur 18 1/2
de large. Des deux côtés s'ouvrent les cabines des
passagers, sans oublier deux *bridal rooms* tendues
de satin, et dans lesquelles un bon nombre d'Américains ont l'habitude de commencer ce voyage à

17

deux, plus ou moins accidenté et aventureux, qu'on appelle le mariage. Les cabines sont grandes comme des chambres à coucher, les lits peuvent contenir deux personnes. Ce détail me donne à réfléchir : je fais remarquer négligemment qu'ils tiennent beaucoup de place et qu'on pourrait sans inconvénient se contenter de couchettes moins larges. On me répond que les cabines sont pour deux personnes. — On couche donc à deux ? — Oui, mais seulement quand il y a beaucoup de monde. — Ah !... Je constate avec une satisfaction intime que les passagers sont rares sur le pont. Cependant ils se recrutent d'une manière alarmante aux stations voisines. On m'explique que ces passagers de renfort se rendent à une Convention démocratique convoquée pour je ne sais quelles élections. Heureusement, il n'y a pas de Convention républicaine, ce qui me permet d'arriver à Vicksburg sans camarade de lit.

Le troisième étage du steamer est affecté aux logements du capitaine, des officiers et employés de l'équipage. Au-dessus s'élève le belvédère carré où se tient le pilote. Deux hautes cheminées accouplées dominent l'élégant steamer, peint de blanc, ornementé de fines découpures et de glands dorés. A l'avant, deux larges passerelles de douze à quinze mètres de longueur, prises dans des étriers suspendus à un cordage que le jeu d'une poulie abaisse et relève en quelques secondes, servent à l'embarquement des passagers et des marchandises. On croirait voir les autennes d'un insecte monstrueux. Le *Robert-E.-Lee*, faisant le service des deux rives, s'arrête à chaque mille, plutôt deux fois qu'une. Le Mississipi, large, en moyenne, d'environ un mille, traverse une région presque entièrement boisée, entrecoupée de champs de cannes ou de maïs, et, plus haut, de champs de coton ; de loin en loin on aperçoit la maison blanche à colonnettes d'un propriétaire, et des cases de nègres en planches brutes. Les rives sont exhaussées par des levées que mord le profond et rapide courant du fleuve. La terre, d'un gris brun, sans une pierre ni même un caillou, s'éboule, entraînant avec elle des troncs d'arbres déracinés qui sont un des dangers de la navigation : ils s'enfoncent par la partie inférieure du tronc, naturellement la plus lourde, dans le lit du fleuve, et forment une espèce de pic ou *snag* qui pénètre dans la carène des navires. Lorsque le steamer a des passagers et des marchandises à embarquer ou à débarquer, il s'approche de la rive et projette une de ses antennes sur la levée. Aussitôt une escouade de nègres dépenaillés s'élancent pour débarquer les colis ou les mettre à bord. Ce qu'ils ont de chemise laisse à découvert leur torse admirablement modelé, couleur de bronze florentin. Je dois dire qu'entre la couleur du torse et celle de la chemise il n'y a pas une différence appréciable. La nuit, ce mouvement de va-et-vient se fait à la lueur des torches. Tantôt on aborde dans le voisinage d'un groupe d'habitations ou d'une maison isolée, tantôt sur des points qui paraissent complétement déserts et où les colis sont abandonnés à la garde de Dieu. Je vois débarquer les articles les plus divers, des caisses d'épiceries, des machines agricoles, une locomobile, une pirogue creusée dans un tronc d'arbre, des blocs de glace, une vieille dame impotente portée dans un fauteuil par quatre nègres robustes, des tonneaux de whisky,--beaucoup de tonneaux de whisky. En cette saison de l'année, le fleuve est presque désert : on ne rencontre que des barques de pêcheurs et des trains de bois descendant le Mississipi avec une petite équipe logée dans une cabane. La traversée est monotone, mais le temps est magnifique, et, le soir, la nappe immense du fleuve, éclairée par les rayons de la lune, au milieu de sa sombre bordure de forêts, présente un spectacle d'une tranquille et incomparable majesté. Le service du steamer est fait par une légion de nègres attentifs et polis. Excellents serviteurs, ces noirs fils de Cham, mais détestables maîtres !

Je profite des loisirs de la traversée pour résumer les impressions de mon voyage dans le Sud, et je tâche de me rappeler les points essentiels des nombreuses conversations que j'ai eues au sujet de l'esclavage, de l'émancipation et de la situation politique. Sur ces différents points, mes interlocuteurs, anciens confédérés pour la plupart et purs démocrates, n'avaient qu'une opinion, et, quoique cette opinion puisse choquer à bien des égards nos idées euro-

péennes, il est bon que nous la connaissions. D'ailleurs, j'ai reproduit le réquisitoire du sénateur
Morton contre le Sud ; n'est-il pas juste que je
mette sous vos yeux la défense du Sud?

« On s'est fait en Europe, me dit-on, une idée
complétement fausse du régime de l'esclavage tel
qu'il existait dans nos États du Sud. On nous a représentés comme les oppresseurs et les bourreaux
des nègres, représentés à leur tour comme des modèles de toutes les vertus. Si l'on s'était donné la
peine de prendre des renseignements sur l'esclavage
ailleurs que dans des sermons ou dans des romans,
on aurait été certainement moins prompt à nous
condamner. Nous n'avons pas la prétention d'être des
philanthropes, et nous obéissons, comme la généralité des hommes, à notre intérêt. Nous considérions
même, si vous voulez, nos nègres comme une espèce
particulière de bétail ou d'animaux domestiques ;
mais est-ce qu'un propriétaire intelligent et connais-
sant son intérêt maltraite son bétail? Ne s'applique-
t-il pas, au contraire, à le tenir dans la meilleure
condition possible? Nos nègres nous coûtaient fort
cher, — un nègre robuste valait 1000 dollars, et
davantage. — Qui donc s'avise de gaîté de cœur de
détruire ou d'endommager une propriété de 1000
dollars? Non-seulement nous nous gardions de les
maltraiter, mais encore nous évitions de les surmener, et les tâches que nous leur imposions auraient
paru légères à vos ouvriers d'Europe. Nous mettions

notre orgueil à les tenir en bon état ; vous avez vu
les cases qu'ils habitaient avant l'émancipation et
vous avez pu les comparer à celles où ils gîtent aujourd'hui. Chaque famille avait sa case avec un jardin, et souvent une petite pièce de terre. Les nègres
laborieux et économes ne manquaient pas d'en tirer
un bon parti ; nourris par le propriétaire, ils vendaient les produits de leur jardin et accumulaient un
capital qu'ils employaient à améliorer leur condition
ou à se racheter. Nous leur fournissions deux costumes par an : un costume d'été et un costume d'hiver;
quelquefois même, en sus, une toilette des dimanches. Nos dames étaient perpétuellement occupées
à tailler des étoffes et à distribuer de la besogne aux
couturières pour vêtir ces grands enfants. Nous les
obligions à tenir leurs cases en ordre et à se tenir
propres. En ce temps-là, ils prenaient des bains.
Étaient-ils malades, il y avait un médecin attaché à
toutes les grandes plantations, et, dans les autres,
la maîtresse de l'habitation s'empressait d'accourir
avec sa pharmacie, en attendant l'arrivée du médecin. On contraignait les indolentes négresses à soigner leurs enfants, et l'on punissait celles qui né-
gligeaient leurs devoirs de mères. Enfin, on prenait
soin des vieillards, et c'est dans la population de
couleur que se rencontraient les cas les plus nombreux de longévité. Sans doute, il y avait de mauvais
maîtres, mais ils étaient rares : la plupart n'appartenaient pas au pays, et ils ne craignaient pas d'af-

fronter la réprobation de l'opinion publique. C'étaient des Yankees, habitués à surmener leurs ouvriers, et qui transportaient dans le Sud les habitudes de rapacité du Nord ; ou bien encore dans la Louisiane, par exemple, où il était permis aux gens de couleur de posséder des esclaves, c'étaient des mulâtres : les maîtres les plus impitoyables qui existent. En général, l'esclavage avait conservé dans le Sud un caractère patriarcal ; c'était en quelque sorte la forme primitive de l'assurance sur la vie : le nègre nous donnait son travail, nous lui assurions en échange son entretien et celui de sa famille. Ceux qui se sentaient capables d'assurer eux-mêmes leur existence amassaient un pécule et se rachetaient ; mais c'était le petit nombre. La plupart d'entre eux se montraient satisfaits de leur sort, et on n'entendait dans la campagne que le bruit de leurs chansons. On disait d'eux qu'ils étaient la joie du Sud. Ils chantent moins aujourd'hui ! — Comme, après tout, c'est une bonne race dévouée et fidèle quand elle n'est point pervertie par l'abus de la liberté ou par des suggestions malfaisantes, nous nous étions attachés à nos esclaves, et ils nous le rendaient. En voulez-vous une preuve décisive ? S'ils avaient été, comme on le suppose, les victimes d'une oppression impitoyable, n'auraient-ils pas profité de la guerre de la sécession pour secouer violemment le joug ? Que s'est-il passé alors ? Tous les blancs valides étaient à l'armée ; il ne restait dans les habitations que des femmes, des enfants et des vieillards. Les nègres se sont-ils révoltés? Ils n'y ont pas songé, quoique les excitations du dehors ne leur aient pas manqué; jamais ils ne se sont montrés plus paisibles et plus soumis. Quand l'émancipation est venue, ils se sont enfuis comme des écoliers le jour des vacances; mais plus tard, lorsqu'ils se sont aperçus que la liberté ne leur donnait pas le pain de chaque jour, le plus grand nombre d'entre eux sont revenus demander du travail à leurs anciens maîtres, et chaque fois qu'il leur arrive une maladie ou un événement fâcheux, chaque fois qu'ils ont besoin d'un secours ou d'un conseil, c'est à eux qu'ils s'adressent.

« Maintenant, ce serait une erreur de croire que nous regrettions l'esclavage et que nous voudrions le rétablir si nous en avions le pouvoir. Non ! Si paradoxale que vous semble cette opinion, l'esclavage était aussi nuisible aux blancs qu'il était favorable aux noirs. Ce n'est pas impunément qu'une race supérieure se trouve perpétuellement en contact avec une race inférieure. Le nègre importé d'Afrique était un animal sauvage dont nous avons fait un animal domestique et parfois un homme, en lui inculquant des habitudes régulières de travail, des besoins et des goûts plus ou moins raffinés ; mais, en vivant au milieu de ses nègres et de ses négresses encore à demi-barbares, le propriétaire blanc devenait, en revanche, moins civilisé. Il prenait les défauts et les vices de ses esclaves ; le relâchement de leurs mœurs, les habitudes de promiscuité qu'ils avaient apportées d'Afrique et auxquelles ils sont en train de retourner devenaient contagieuses : la proportion considérable des sangs mêlés en fait foi ; aujourd'hui que ce contact a cessé, aujourd'hui qu'il n'y a plus entre le blanc et le nègre d'autres rapports que ceux de l'entrepreneur et de l'ouvrier, du maître et du domestique à gages, chacun vit dans sa sphère naturelle, et la barbarie nègre a cessé de déteindre sur la civilisation blanche. Il n'y a plus guère de mélange entre les deux races et il y en aura de moins en moins ; si le nègre y perd, le blanc ne peut manquer d'y gagner.

« Vous êtes étonné d'entendre soutenir que l'esclavage, malgré ses défauts et ses abus, était à l'avantage des nègres. C'est que vous jugez des nègres par les blancs. Vous partez de ce principe européen que tous les hommes sont égaux, par conséquent également dignes d'être libres, et capables d'user utilement de leur liberté. Il est possible que ce principe soit vrai pour les hommes appartenant à la race caucasienne, il est visiblement faux en ce qui concerne la race nègre. C'est, quoi qu'en puissent dire les philanthropes qui n'ont jamais vu de nègres, une race inférieure, ou si vous voulez, arriérée. Le nègre est un grand enfant, et il n'est pas plus capable de se gouverner lui-même que ne le serait un enfant. Supposons qu'on s'avise d'affranchir, à partir de

l'âge de sept ans, les jeunes Européens des deux
sexes de l'esclavage injustifiable où les retiennent
leurs parents ; supposons qu'on leur accorde les
droits civils sans oublier même les droits politiques,
qu'en adviendra-t-il au bout de quelques générations ? N'y a-t-il pas apparence que la liberté accordée à des mineurs incapables d'en user tournera à
leur détriment, que les enfants trop tôt émancipés
ne deviendront jamais des hommes, et que les nations au sein desquelles ce « progrès » aura été
réalisé courront le risque de s'éteindre ? Telle a été la
destinée des nègres dans toutes les colonies où ils
sont devenus libres, et particulièrement à Saint-Do-
mingue, où cependant ils sont les maîtres, où il est
même interdit aux blancs de posséder des terres et
d'acquérir des droits politiques. Ils étaient 400,000
à l'époque de l'émancipation, ils sont à peine 50,000
aujourd'hui, et, au lieu de s'élever à la civilisation
européenne, ils sont retournés à la barbarie africaine.
Car c'est là ce qui différencie complétement le nègre
du blanc : en supposant que les classes que vous
appelez dirigeantes viennent à disparaître du jour au
lendemain et qu'il ne reste en Europe que l'ouvrier
et le paysan, la civilisation subira certainement un
temps d'arrêt ; mais au bout d'un temps plus ou
moins long une nouvelle classe dirigeante se forme-
ra, et la civilisation reprendra son essor. Au sein de
la race nègre, les individualités capables de s'élever
sont trop peu nombreuses pour constituer une classe

dirigeante ; c'est pourquoi le nègre abandonné à lui-même retourne à la barbarie, et, comme toutes les races à l'état barbare, il ne résiste pas, en l'absence d'une tutelle, au contact de la civilisation. Au lieu de s'assimiler les qualités et les vertus conservatrices des races civilisées, il emprunte leurs vices destructeurs. C'est ce qui est arrivé à l'Indien, c'est ce qui arrive aujourd'hui au nègre. Consultez les relevés de l'état civil dans le Sud, et vous verrez que la mortalité des enfants de la race nègre est, proportion gardée, double ou triple de celle des enfants de la race blanche. Ceux qui survivent, abandonnés à leurs instincts, sans surveillance et sans discipline, forment une pépinière de vagabonds et de voleurs. La nouvelle génération vaut moins que l'ancienne, élevée sous l'esclavage ; la prochaine vaudra moins encore. Les nègres ne soignent ni leurs enfants, ni leurs parents, ni eux-mêmes ; ils sont incapables d'observer les lois les plus nécessaires de l'économie et de l'hygiène domestiques, faute d'une force morale suffisante pour résister aux appétits brutaux et désordonnés dont la nature les a richement pourvus. Voilà pourquoi, le whisky aidant, avant un siècle ils auront disparu de la terre américaine sans y laisser plus de traces que l'Indien Peau-Rouge. La tutelle rude mais indispensable de l'esclavage seule leur permettait d'y vivre, en s'élevant peu à peu dans l'échelle des races. La liberté les tuera.

« Mais,, encore une fois, nous ne regrettons pas

l'esclavage, nous en avons fait notre deuil, et nous
n'en voulons pas au Nord de l'avoir aboli. Seulement, était-il équitable de l'abolir par voie de confiscation, sans allouer aucune indemnité aux propriétaires ? — C'était une mesure de guerre, disait-on ;
mais le droit des gens n'interdit-il pas la confiscation des propriétés privées, même comme mesure
de guerre ? Nos esclaves constituaient la plus forte
part de notre capital ; c'est une valeur de deux ou
trois milliards de dollars (10 à 15 milliards de francs)
qui nous a été soustraite du jour au lendemain. N'é-
tait-ce pas un abus flagrant et odieux de la victoire ?
Ne faudrait-il pas remonter aux temps les plus barbares pour rencontrer un pareil attentat contre la
propriété ? Des milliers de familles opulentes ont été
réduites à la misère pour expier ce prétendu crime
d'avoir possédé des esclaves, dont l'importation
était, il y a un siècle à peine, la principale branche
de commerce de Boston, et notre économie rurale en a été bouleversée. Des propriétés hypothé-
quées au dixième de leur valeur ont dû être vendues
parce que la valeur du terrain dégarni de son cheptel avait cessé de couvrir l'hypothèque ; les grandes
exploitations ont été morcelées, et il a fallu, faute
de capital, recourir au métayage pour continuer la
culture. Le propriétaire a fourni la terre et ce qui
lui restait de cheptel à des petits entrepreneurs noirs
ou blancs, auxquels il a abandonné le tiers ou le
quart de la récolte ; mais que devient la terre dans

ce système? Elle ne tarde pas longtemps à s'épuiser,
le métayer ou le fermier à court terme n'ayant aucun intérêt à l'entretenir en bon état ; aussi voyons-
nous la culture du coton se déplacer rapidement :
elle abandonne la région de l'Est pour les terres
neuves de l'Ouest, jusqu'à ce que celles-ci soient
épuisées à leur tour. Et qu'a gagné le Nord à notre
ruine? Avant l'émancipation, le Sud était par excellence le marché du Nord, sa vache à lait ! Depuis
que le Sud est ruiné, la santé du Nord est-elle devenue meilleure? Demandez à ses manufacturiers le
compte de ce qu'ils nous vendaient avant la confiscation de nos esclaves et de ce qu'ils nous vendent
aujourd'hui? La crise dont souffre le Nord n'est-elle
pas le fruit amer de sa politique destructive à l'é-
gard du Sud?

« Remarquez encore à ce propos la profonde ini-
quité du régime douanier auquel la prépondérance
politique des États manufacturiers du Nord a assu-
jetti le Sud agricole. Notre production était, avant
la guerre, exclusivement agricole, et c'est seulement
depuis peu d'années qu'on a établi dans le Sud un
petit nombre de manufactures de coton. Nous expor-
tions en Europe notre coton, notre sucre, notre riz,
notre tabac ; en vertu du cours naturel des choses,
nous devions demander en retour à l'Europe ses
produits manufacturés. Mais nos frères du Nord ne
l'entendaient pas ainsi. Ils avaient établi des manufactures ; ils ont trouvé commode et avantageux de

les protéger à nos dépens ; tous les articles que nous recevons d'Europe ou que l'Europe pourrait nous fournir sont assujettis à des droits de 55 à 75 0/0 ; — sur les vins, les droits s'élèvent jusqu'à 500 0/0. Qu'en résulte-t-il ? C'est que le Nord peut nous faire payer ses produits de 35 à 75 0/0 plus cher qu'ils ne nous coûteraient en Europe. C'est un tribut pur et simple qu'il prélève sur nous, et un tribut sans compensation d'aucune sorte. En Europe, la protection peut encore se couvrir de prétextes plus ou moins spécieux. Si telle région fait les frais de la protection accordée aux industries d'une autre, en revanche elle a, de son côté, des industries à protéger. Chez nous, rien de pareil. Les manufactures de la Nouvelle-Angleterre nous achètent nos produits aux prix de la concurrence. Ils nous vendent les leurs aux prix du monopole. C'est comme si le Nord prenait dans nos poches la différence qui existe entre les articles de consommation qu'il nous force à lui acheter et ceux des marchés d'Europe. Il nous traite comme ses tributaires ; il a aboli chez nous l'esclavage domestique, qui obligeait les nègres à travailler pour nous, mais il ne se fait aucun scrupule de nous obliger à travailler pour lui ; il maintient à son profit et à nos dépens la servitude économique.

« Ce n'est pas tout. Nos frères du Nord ne se sont pas contentés de nous ruiner par la confiscation de nos nègres et de nous achever par leur tarif prohibitif, ils ont envoyé dans le Sud l'écume de leurs politiciens radicaux pour nous gouverner. A peine la guerre était-elle finie qu'on a vu s'abattre chez nous, comme une nuée de sauterelles affamées, tout ce que le Nord comptait de politiciens discrédités et tarés. Ils se sont emparés de l'esprit de nos nègres en trompant leur ignorance et en flattant leurs appétits cupides ; ils ont capté leurs votes en leur promettant le partage de ce qui nous restait de nos biens, et l'allocation d'une portion de terre de quarante acres avec deux mules à chacun. Ils ont poussé l'audace jusqu'à délivrer à leurs dupes de prétendus titres de propriété en vertu desquels nos esclaves de la veille venaient envahir nos terres, qu'il nous a fallu défendre le revolver au poing. Grâce au ciel nous en sommes venus à bout ; mais les *carpet baggers*, de leur côté, n'en étaient pas moins arrivés à leurs fins. Ils avaient envahi les positions officielles, que nous avions eu peut-être le tort de ne pas assez leur disputer ; ils avaient entre les mains le gouvernément des États, c'est-à-dire la machine à lever des taxes et à contracter des emprunts, et vous savez déjà comment ils en ont usé. La Sicile n'avait pas été pillée par Verrès comme le Sud l'a été par les *carpet baggers* du Nord, car on ne connaissait pas, au temps de Verrès, le merveilleux mécanisme du crédit : on en était réduit à piller la richesse actuelle, on ne pouvait pas anticiper sur la richesse à venir. A la fin, nous nous sommes ligués contre cette bande de vautours, et nous avons réussi à nous en débarrasser, non sans qu'ils soient retournés chez eux chargés de nos dépouilles. Mais, sauf dans la Caroline du Sud et dans la Louisiane, nous avons ressaisi le pouvoir, nous sommes redevenus les maîtres chez nous.

« Maintenant, que demandons-nous ? Voulons-nous revenir sur le passé, comme on le prétend dans le Nord ? Prétendons-nous réclamer une indemnité pour la confiscation de notre propriété esclave, ce qui serait pourtant rigoureusement équitable ? Voulons-nous replacer nos nègres sous le joug de l'esclavage, comme on le fait croire à ces pauvres gens ? Non ! nous ne voulons pas revenir sur le passé ; nous acceptons même l'égalité politique avec nos anciens esclaves, si monstrueuse qu'elle soit ; nous acceptons tout, sachant aujourd'hui par expérience que l'intelligence unie au capital, sans parler de l'ascendant de la race, a toujours raison du nombre. Nous ne demandons rien au Nord, rien, si ce n'est de ne pas intervenir dans nos affaires et de s'abstenir de transformer les troupes fédérales en agents électoraux. La seule requête que nous lui adressions est celle que Diogène adressait à Alexandre : « Ote-toi de mon soleil ! »

Telle est l'opinion et tels sont les griefs que j'ai entendu formuler uniformément dans un langage plus ou moins vif, de Charleston à la Nouvelle-Orléans. Il est impossible de ne pas reconnaître, dans une certaine mesure, la validité de ces griefs.

Sur l'opinion relative à l'esclavage j'aurais naturellement des réserves à faire. Que la question de l'émancipation ait reçu, comme toutes les questions qui
sont, ici du ressort de la politique, la solution la
plus désastreuse possible, soit que l'on considère
l'intérêt de la population blanche ou celui du peuple
de couleur, je l'accorde ; mais à qui la faute ? Je me
souviens d'une loi de la Caroline du Sud qui inter-
disait, sous les pénalités les plus rigoureuses, d'apprendre à lire aux nègres ; je me souviens aussi d'un
aphorisme d'un politicien du Sud déclarant que « les
nègres n'ont aucun droit que les hommes de race
blanche soient tenus de respecter » ; je me souviens
enfin du mode d'argumentation que l'on employait
naguère dans le Sud pour convaincre les abolitionnistes de la légitimité de l'esclavage. On les endui-
sait de goudron, on les roulait ensuite dans de la
plume et quelquefois on mettait le feu à la plume.
Ce genre d'argument avait le mérite d'être sommaire
et de ne pas laisser traîner la discussion en longueur ;
mais ne péchait-il pas visiblement contre les lois les
plus élémentaires de la logique ? D'un autre côté,
les honnêtes quakers qui ont pris l'initiative du mouvement en faveur de l'abolition de l'esclavage con-
naissaient-ils suffisamment le naturel et le tempérament particulier du nègre ? Ils se le représentaient
volontiers tel qu'ils étaient eux-mêmes, sobre, pré-
voyant, économe et, par conséquent, aussi capable
qu'eux-mêmes de pratiquer à la fois dans la vie pri-

vée et dans la vie publique le *self-government*. Si le nègre ne donnait pas l'essor à toutes ces vertus caractéristiques du quaker, c'est qu'il en était empêché par l'esclavage. L'esclavage seul le retenait dans une condition inférieure à celle du blanc. D'ailleurs, Dieu n'a-t-il pas créé tous les hommes égaux, et, par conséquent, également capables de jouir des inappréciables bienfaits de la liberté? Tel était le raisonnement du quaker. Ce raisonnement pouvait être irréprochable, mais le bon quaker ne connaissait pas Tommy. Il lui prêtait la nature et le tempérament du quaker. Or, s'il est en ce monde un être qui ressemble peu au quaker, c'est Tommy. Tommy a pardessus tout un naturel et un tempérament d'artiste. C'est un musicien et un conteur; il retient à la première audition les airs les plus compliqués et il a l'oreille d'une justesse incomparable; il chante de naissance comme le rossignol ou l'oiseau moqueur, il est éloquent et plein d'imagination. Mais il a les défauts de ses qualités : il est paresseux, il est gourmand et il n'a pas une notion bien claire de la distinction essentielle du tien et du mien. Il se promène la nuit comme les chats, et dans des intentions analogues. C'est un bohême ! Au fond, il est bon, serviable, aimant ; il dépensera jusqu'à son dernier sou pour acheter des colifichets à sa femme et des jouéts à ses enfants, ce qui ne l'empêchera pas de les laisser mourir de faim, car il n'a pas la notion du lendemain. Je sais bien ce qu'il faudrait à ce grand

enfant, incapable de se gouverner lui-même, et
encore plus de gouverner les autres. Il lui faudrait
non des droits politiques, dont il est aussi peu apte
à se servir que le seraient les mules ses compagnes
de travail, mais une tutelle à la fois ferme et douce
qui suppléerait à son incapacité à pratiquer les devoirs et les obligations de la vie civilisée ; une tutelle
qui le mettrait en garde contre le juif et le sauverait
du whisky ; une tutelle qui l'obligerait à prendre
soin de sa femme, de ses enfants et de lui-même,
tout en établissant une distinction, nécessaire à son
amour-propre, entre lui et ses mules. Voilà ce qu'il
faudrait à Tommy. Mais ai-je besoin de dire que ni
au Nord ni au Sud on ne s'occupe du tempérament
particulier de Tommy, non plus que du régime qui
conviendrait à Tommy ? Au Sud, on prévoit l'extinction prochaine et inévitable de sa race, et on songe
à le remplacer par des émigrants allemands ou
chinois. Au Nord, on croit avoir assez fait pour lui
en lui donnant la liberté. S'il se montre incapable
d'en user, c'est sa faute. S'il ne peut pas vivre
libre, qu'il meure ! Mieux vaut la mort que l'esclavage ! Pourtant, la mort, c'est dur. Pauvre Tommy !

Me voici arrivé à Vicksburg, la célèbre forteresse
dont la prise a décidé de la chute de la Confédération du Sud. Vicksburg est situé à l'extrémité d'une
série de hauteurs, dans un coude du Mississipi. C'est
une petite ville de 16,000 habitants, bâtie en amphithéâtre. J'y quitte le *Robert-E.-Lee* pour passer à

bord de l'*Illinois*, qui me conduira à Memphis, où je prendrai le train de Saint-Louis. J'ai été recommandé au commandant de l'*Illinois* par son obligeant collègue du *Robert-E.-Lee*. Non-seulement cet excellent homme — un vétéran mutilé de l'armée du Sud — me cède sa propre cabine, mais encore il me comble de prévenances et de *whisky cocktails*. Braves gens, ces gens du Sud ; seulement un peu trop *darwiniens* à l'endroit de leur frère cadet le nègre, et trop prompts à mettre la main sur leurs revolvers !.

XVII

SAINT-LOUIS

Chicago, le 15 septembre 1876.

De Memphis (Tennessee), où m'a déposé le steamer l'*Illinois*, à Saint-Louis (Missouri), la distance est de 440 milles que l'on franchit en une vingtaine d'heures par le chemin de fer. La physionomie du pays se modifie à mesure que l'on monte vers le Nord ; la végétation est moins puissante et moins drue ; le coton est maigre, et il ne dépasse guère 2 ou 3 pieds de hauteur ; le maïs seul pousse vigoureusement, et bientôt je n'aperçois plus que ses tiges géantes : les champs de coton avec leur triste encadrement de cases à nègres disparaissent peu à peu. Les nègres et leurs compagnes les mules deviennent rares ; mais les champs bien cultivés, les jolies maisons en bois, badigeonnées de blanc, avec leurs persiennes vertes, qui se rapprochent de plus en plus, attestent la présence d'une population énergique et intelligente. A chaque station, les voitures se remplissent de robustes gaillards aux larges épaules, qui parlent très-haut et dont la voix a des cris d'oie sauvage, mais à la physionomie franche et résolue. On peut leur reprocher de faire un trop fréquent usage du crachoir et de n'être pas suffisamment au courant de toutes les habitudes d'une civilisation raffinée ; cependant ils ont réalisé sous ce rapport des progrès notables. On m'assure qu'il y a quinze ans un mouchoir de poche était une rareté dans l'Ouest et que bien peu de gens pouvaient se vanter d'y avoir vu une brosse à ongles. Aujourd'hui, on trouve chez tous les pharmaciens, qui cumulent cette spécialité avec plusieurs autres, un assortiment complet d'articles de toilette, et l'usage du mouchoir est devenu général. Ajoutez à cela que les plus modestes habitations sont pourvues d'une baignoire, même dans les campagnes, et qu'à part les odeurs combinées du tabac et du whisky, le voisinage des gens de l'apparence la plus abrupte n'a rien qui affecte désagréablement l'odorat. — Nous arrivons le soir à Caïro, où l'Ohio se jette dans le Mississipi. Nous descendons de notre train à la lueur des torches et nous trouvons sur le *ferry boat* un autre train tout installé, moins la locomotive. Le *ferry* traverse l'embouchure de l'Ohio, et, quoique ce soit une machine lourde à manœuvrer, les deux rails qui

portent notre train vont s'ajuster droit à ceux de la
rive. On les réunit au moyen d'un écrou ; après
quoi, une locomotive vient s'atteler au convoi, et
nous continuons notre route sans avoir eu besoin
de nous déranger autrement. Mais il nous reste encore à traverser le Mississipi. C'est à Saint-Louis
même que nous le traversons, sur un pont qui est
un des plus splendides chefs-d'œuvre de l'art de l'ingénieur. Le pont Victoria, à Montréal, est plus long ;
mais il n'approche pas du pont de Saint-Louis pour
la masse, l'aspect grandiose et le confort de l'aménagement. Figurez-vous trois arches au-dessous desquelles les énormes steamers du Mississipi peuvent
passer sans abaisser leurs hautes cheminées, et dont
la triple envergure atteint près de 1 kilomètre. Elles
soutiennent à la fois deux ponts : un pont inférieur
suspendu par des câbles en fer, sur lequel passent
en même temps deux convois, et un pont supérieur
où circulent les *cars*, les voitures et les piétons.
Grâce à son élévation, le pont de Saint-Louis,
continué des deux côtés par de longs viaducs, franchit la ville basse, bâtie, comme la Nouvelle-Orléans,
dans un repli de la rivière, pour atteindre le plateau
où la ville haute se déploie en éventail.

Il me paraît tout à fait superflu de décrire la ville
de Saint-Louis. Comme je l'ai déjà dit, toutes les
villes américaines sont bâties sur le même plan, un
damier ; toutes les rues ont à peu près la même largeur, le même aspect et les mêmes noms, — géné-

ralement des noms d'arbres ou d'hommes illustres ;
— partout vous trouverez, par exemple, une rue
Washington et une rue Lafayette se croisant à angle
droit avec des avenues qui portent des numéros
au lieu de noms. Toutes les maisons et tous les édifices publics se ressemblent ; les hôtels sont bâtis
sur le même modèle colossal ; en sorte que si, après
avoir quitté une ville le soir et dormi dans un *Pullman car*, vous vous réveillez le matin dans une autre, vous avez quelque peine à vous figurer que
vous n'avez pas voyagé sur place comme dans *le
Voyage à Dieppe*, car l'hôtel où vous arrivez a la
même entrée à colonnes par laquelle vous êtes sorti
la veille, le même bureau en face de l'entrée, le
même débit de cigares et de journaux à côté du bureau, le même *elevator* orné de glaces, les mêmes
couloirs couverts des mêmes tapis rouges, la même
salle à manger desservie par les mêmes nègres polis
qui vous font les mêmes signes pour vous inviter à
vous asseoir ; si vous sortez de l'hôtel, vous trouvez
à côté, le même Ticket Office où l'on vous vend les
mêmes billets de chemins de fer, et au coin de la
rue le même pharmacien avec la même fontaine de
soda water. Qui donc a dit que la France était par
excellence le pays de l'unité ? Si l'unité se rencontre
quelque part, c'est bien en Amérique, et il faut con-
venir que la besogne du voyageur s'en trouve sensiblement simplifiée. Cependant, à Saint-Louis, il y a
quelques variantes que je note au passage. D'abord,

la ville n'est pas absolument plate ; ensuite, les noms des rues et des avenues vous font souvenir, comme le nom de la ville même, que Saint-Louis a été bâtie par les Français : rues Adèle, Cécile, Dubreuil, Gratiot, Labadie, Labeaume, Leduc, Soulard, avenues Carondelet, Mottard, etc. Il y a encore une particularité qui vous révèle que vous êtes ici au cœur même de ce grand pays et dans le voisinage des fortes et rudes populations de l'Ouest : c'est que tout est sur une échelle plus vaste que dans le Sud ou dans l'Est ; les avenues sont plus larges et on n'en voit pas la fin ; les maisons et les édifices sont des montagnes de pierres ou de briques ; les affiches et les annonces couvrent de leurs couleurs violentes des pans entiers de murailles ; les chapeaux, les bottes, les lunettes d'or, d'argent ou d'azur, qui servent d'enseignes, ont l'air d'appartenir à la descendance de Micromegas ; les statues en bois peint d'Indiens ou de polichinelles qui décorent dans toute l'étendue des États-Unis la porte d'entrée des magasins de tabac ont des poses et des couleurs plus accentuées : les Indiens sont plus féroces et les polichinelles plus bossus. Parmi les affiches, je remarque sous cet en-tête en lettres géantes ; *God save Ireland !* (Dieu sauve l'Irlande !) l'invitation à un grand « *pic-nic* » au profit des prisonniers féniens évadés d'Australie. C'est assez dire que les Irlandais sont en nombre à Saint-Louis. On y compte aussi 2 ou 3,000 Français, et peut-être une vingtaine de mille venus de France ou du Canada dans le Missouri. On m'en dit le plus grand bien. Ce sont, en général, des gens laborieux et faisant honnêtement leurs petites affaires ; malheureusement, il n'y a pas de grandes maisons françaises, et tous les articles français qui se consomment à Saint-Louis aussi bien que tous les produits de l'Ouest qui vont en France passent par des mains étrangères. Ne serait-il pas possible d'établir, à l'exemple non-seulement de l'Angleterre, mais encore de l'Allemagne, des rapports directs entre la France et les principaux foyers de la production et de l'exportation américaines? Cette question, on l'avait déjà posée devant moi à la Nouvelle-Orléans. J'allais bientôt la retrouver à Chicago, et elle donne lieu, je dois le dire, à des commentaires peu flatteurs sur le défaut d'initiative du commerce français. Il est possible qu'au début nos négociants aient quelque peine à soutenir la concurrence des intermédiaires établis de Liverpool, de Brème ou de Hambourg ; mais ils en viendraient à bout, et il n'y a certainement aucune raison sérieuse pour que les vins de Bordeaux aillent en Amérique, et les salaisons d'Amérique au Havre, en faisant le détour des ports anglais ou allemands. C'est un nouveau courant à établir, et peut-être cette entreprise serait-elle facilitée par l'institution à la Nouvelle-Orléans, à Saint-Louis et à Chicago, de chambres de commerce françaises se donnant pour mission de tenir notre commerce au courant des conditions et de l'état du marché. Tel est du moins le *desidera-tum* que j'ai entendu exprimer, et dont je me fais volontiers l'écho. — Au nombre des édifices les plus remarquables de Saint-Louis se trouve précisément la chambre de commerce, réunissant dans son enceinte la Bourse des grains et diverses autres institu-tions financières ou commerciales. Elle a été rebâtie récemment à la suite d'un incendie, et c'est vraiment un superbe édifice, dont nos architectes, beaucoup trop enclins à bâtir des Bourses ressemblant à des salles de spectacle et des salles de spectacle ressemblant à des Bourses, feraient bien d'étudier le style et les aménagements. Elle a été inaugurée l'année dernière, et, parmi les discours prononcés à cette occasion, je trouve un véhément plaidoyer en faveur de la liberté du commerce, qui donne des indications bonnes à signaler sur les tendances économiques du Grand Ouest.

« Que le commerce soit libre ! s'est écrié l'orateur. Que cette grande nation, qui a, au prix de tant de sacrifices de sang et d'argent, brisé les chaînes de l'esclave, affranchisse aussi le travail de l'homme libre ! Tandis que les transports à bon marché sont une condition vitale pour notre commerce, nous dépensons chaque année plus d'argent à bâtir de nouveaux bureaux de douane et à placer des barrières artificielles sur la route du commerce qu'il n'en faudrait pour débarrasser de leurs bancs de sable tous les fleuves de cette grande vallée. Tandis que le bon marché des transports est le grand besoin de notre pays, nos lois défendent aux armateurs américains d'acheter leurs navires où ils coûtent le moins cher ; et la conséquence de cette prohibition a été, vous le savez, de faire passer les trois quarts de nos transports entre les mains des étrangers. Combien de temps encore méconnaîtrons-nous ces leçons de l'expérience ? Combien de temps nous faudra-t-il pour abolir cette politique si mal nommée de la protection ? Combien de temps nous faudra-t-il pour ouvrir les prisons du commerce et le laisser libre ? Demandez à vos faiseurs de lois (*lawmakers*) l'abolition des bureaux de douane avec la création d'un système équitable d'impôts pour subvenir aux dépenses publiques et laissez le commerce libre ! Laissez le commerce libre, et les manufactures se développeront d'une manière plus saine ; elles auront une assiette plus stable, car elles n'auront plus à redouter les changements de tarifs ! Laissez le commerce libre, et le travail sera affranchi du tribut que la protection prélève sur lui ! Laissez le commerce libre, et l'agriculture, que l'antiquité avait déifiée, prendra tout le développement que comportent nos ressources ; elle sera la gardienne de notre indépendance et de nos vertus domestiques ! »

Je cite ce discours parce qu'il renferme l'exposé concis et énergique de l'opinion dominante dans l'Ouest en matière de tarifs. Cette opinion n'est pas inspirée par des théories. Elle est dictée par des in-

térêts, ce qui lui donne une importance particulière.
Sans doute, l'Ouest n'est pas purement agricole. La
ville de Saint-Louis, par exemple, est assise sur une
couche de fer et de charbon que l'on commence à
peine à effleurer; elle possède des fonderies et des
fabriques de fer, d'acier et de zinc, ainsi que quelques manufactures de laine et de coton; mais c'est
au transport, à la préparation et au commerce des
produits agricoles de l'Ouest, maïs, blé, bétail, salaisons, en échange desquels elle importe les articles
manufacturés des États de l'Est et de l'Europe, qu'elle
doit le développement rapide et énorme de sa population et de sa richesse. Elle n'avait pas 30,000 habitants en 1830; elle en a aujourd'hui plus de
400,000. Sur une production évaluée en 1875 à
85 millions de dollars, la préparation et la salaison
de la viande de porc, par exemple, compte pour
11 millions, et la mouture du blé ou du maïs pour 13.
On conçoit donc que Saint-Louis et l'Ouest en général subissent avec impatience le tribut que prélèvent
sur eux, sans compensation d'aucune sorte, les manufacturiers prohibitionnistes de l'Est. A cet égard,
la situation de l'Ouest est exactement la même que
celle du Sud. Seulement, le Sud est vaincu et épuisé,
tandis que l'Ouest est dans toute la force de sa vigoureuse croissance. Un jour viendra donc, — et cette
opinion je l'ai entendu exprimer vingt fois dans le
trajet de la Nouvelle-Orléans à Chicago, — un jour
viendra où l'Ouest refusera de payer tribut aux États

prohibitionnistes de l'Est, et où la sécession, que les politiciens du Sud ont eu le tort de vouloir précipiter, s'opérera d'elle-même. L'Union se scindera en trois fractions, assez vastes d'ailleurs pour former de puissants États, à moins, chose peu probable, que l'Est ne renonce à sa politique de monopole.

Je continue ma promenade à angle droit dans les rues de Saint-Louis. En sortant du *Stock-Exchange*, j'entre à la *Mercantile Library*, jolie bibliothèque, décorée avec goût, où je lis, le 13 septembre, le *Journal des Débats* du 29 août. La poste met quinze jours pour apporter les journaux et les lettres de Paris à Saint-Louis. Le télégraphe, lui, est autrement actif : il rend compte des événements avant l'heure où ils ont eu lieu en Europe, et il donne à neuf heures du matin le cours de la Bourse de Paris *du même jour*. On sait le parti que les auteurs du *Tour du Monde en quatre-vingts jours* ont tiré de ce phénomène astronomique. De la *Mercantile Library*, je passe au grand établissement des jésuites, l'Université, ou pour mieux dire le collége de Saint-Louis, car c'est un établissement d'instruction secondaire. Les bons Pères ne sont pas moins puissants en Amérique qu'en Europe, quoique personne ne songe à les persécuter. Ils ont partagé les États-Unis en quatre « provinces » sans que les protestants les plus ombrageux y aient trouvé à redire : le Missouri, la Nouvelle-Orléans, Baltimore et New-York. Dans le Missouri, ils possèdent trois colléges, dont le plus important est celui de Saint-Louis. Les études y sont partagées en deux branches : les humanités et la section commerciale. L'enseignement est donné par une vingtaine de Pères français, belges et américains. L'établissement est vaste et bien tenu; mais il n'approche pas, sous ce double rapport, de la magnifique maison des Dames du Sacré-Cœur à Maryville, un faubourg de Saint-Louis. C'est un vrai palais, encore inachevé, mais auquel les plus belles et les plus riches institutions du même genre en Europe ne peuvent être comparées. Parmi les dames institutrices se trouvent plusieurs religieuses chassées d'Allemagne par M. de Bismarck. Dans le voisinage, on me montre aussi un couvent de Franciscains de la même provenance. Comme les jésuites, les Dames du Sacré-Cœur ont partagé l'Amérique en quatre provinces : le Canada, New-York, la Nouvelle-Orléans et Saint-Louis. Elles ont également deux provinces dans l'Amérique du Sud : le Chili et Lima. Un simple chiffre donnera une idée du développement que le catholicisme a pris aux États-Unis sous un régime de libre et pleine concurrence. Il ne possède pas moins de vingt-neuf églises à Saint-Louis. J'ajoute qu'aux États-Unis les catholiques ne le sont pas simplement de nom, ils le sont de fait, et, chose plus singulière encore, ils ne paraissent avoir aucun goût pour le monopole. La liberté des cultes est entrée si profondément dans les mœurs, et, en dépit de quelques excentricités sans importance sérieuse, elle présente tant d'avantages avec si peu d'inconvénients, enfin les catholiques en ont tiré un si bon parti que je n'ai entendu aucun d'eux exprimer le vœu d'être protégé contre la concurrence des hérétiques par des lois prohibitives ou des subventions de l'État. Ces catholiques libre-échangistes ne devraient-ils pas bien venir faire de la propagande en Europe ?

En ce moment, la grande affaire à Saint-Louis, comme dans le reste des États-Unis, c'est l'agitation pour la prochaine élection présidentielle. Le Missouri paraît acquis aux démocrates, et je viens précisé- ment de visiter la grande et superbe salle du *Stock- Exchange* où s'est réunie la Convention qui a désigné au choix des électeurs démocrates les noms de Tilden et de Hendricks. Les séances n'étaient pas publiques, les membres du *Stock-Exchange* seuls avaient le droit d'y assister dans la galerie, et un billet d'entrée se payait jusqu'à cinquante dollars. Les républicains, de leur côté, ont tenu leur Convention à Cincinnati, et ils ont choisi MM. Hayes et Wheeler. Depuis que ces choix ont été rendus publics, le mouvement électoral a été *crescendo*; mais il n'arrivera à son paroxysme qu'au commencement de novembre, époque où seront élus, bien entendu avec mandat impératif, les électeurs chargés de la nomination du Président. Les chances se balancent tellement, que les plus fins politiciens sont incapables de prévoir qui l'emportera ; aussi les deux partis font-ils assaut d'activité. Dans chaque localité, et même dans de simples villages, ils ont un local désigné par cette affiche en lettres colossales : *Quartier général des démocrates* ou *des républicains*, ordinairement avec les portraits des deux candidats entourés de devises et de drapeaux. Dans les journaux, la polémique devient de plus en plus virulente. Un professeur de phrénologie a écrit à un journal démocrate que la tête de Tilden porte tous les indices de facultés extraordinaires, tandis que la tête de Hayes est véritablement celle d'un pauvre homme. Mais il y a mieux, ou, si vous le préférez, il y a pis. Les journaux républicains ont découvert que Tilden a fraudé le fisc, en dissimulant un *item* notable de son revenu ; les démocrates, de leur côté, ont fait une découverte nal ogue à la charge de Hayes : ils l'accusent d'avoir adissimulé la possession d'un piano et de plusieurs montres. On discute avec acharnement des deux parts sur la valeur de ce piano et de ces montres : les républicains affirment que ce sont de véritables patraques, sans valeur aucune, et ils ajoutent que Hayes les conservait seulement à titre de souvenirs de famille ; les démocrates, au contraire, sont d'avis qu'un homme aussi à son aise que Hayes — ils ont le compte de ses revenus — ne peut, à moins d'être un ladre de la pire espèce, se contenter de patraques. Ou un avare ou un voleur, voilà l'alternative ! Les meetings deviennent de plus en plus fréquents, les processions se multiplient. Aux électeurs présidentiels qu'il s'agit d'élire se joignent, dans un certain

nombre d'États, des gouverneurs et d'autres fonctionnaires dont le mandat expire, ce qui augmente
naturellement l'agitation.

J'ai sous les yeux la liste des députés et fonctionnaires de toute sorte qui sont élus dans l'État de
Missouri par le suffrage universel, et cette liste est
longue. Outre les membres de la seconde chambre du Congrès — les membres du Sénat sont élus
par la Législature de l'État — et les électeurs
présidentiels, il y a pour l'État le gouverneur,
le vice-gouverneur, le secrétaire d'État, le trésorier d'État, l'auditeur d'État (*auditor of State*)
et l'attorney général; pour le comté, le shérif,
le greffier de la Cour, le conseiller du comté, l'auditeur, le trésorier, le recorder, le marshall, le
coroner, le geôlier, l'administrateur public, les juges
des Cours inférieures et supérieures; pour la ville,
le maire, le contrôleur, le trésorier, l'auditeur, le
register, le city collector, le city marshall, l'inspecteur du port et les membres du conseil municipal.
Les mandats sont renouvelables les uns tous les ans,
les autres, tous les deux ans ou tous les quatre ans
au plus. Vous voyez qu'ici le métier d'électeur n'est
pas une sinécure. Il est vrai que les partis font le
gros de la besogne dans leurs Comités et dans leurs
Conventions, en se chargeant de désigner au choix
des électeurs les noms qu'ils ont préalablement
agréés eux-mêmes. L'électeur n'a plus qu'à choisir
entre les deux listes républicaine ou démocrate,

sous peine de perdre son vote. Ce système a été considéré, vous le savez, comme l'idéal du progrès démocratique; mais, si nous voulions le comparer à la méthode routinière de notre vieille Europe, nous trouverions peut-être qu'il complique la besogne du recrutement des fonctionnaires sans l'améliorer, au contraire! En Europe, la plupart des fonctionnaires dont je viens de donner la liste, ou leurs équivalents, sont nommés par des supérieurs hiérarchiques. On est donc obligé de se transformer en solliciteur et de mettre en jeu des influences de tout genre quand on veut obtenir une place. Il est bon d'être convenablement apparenté et même bien marié, afin d'avoir des relations nombreuses et bien posées. Tout ce faisceau d'influences masculines ou féminines se met en branle et déploie une activité plus ou moins fébrile jusqu'à ce que la nomination paraisse à l'*Officiel*. On ne saurait dire que les services rendus dans cet assaut d'une place soient absolument gratuits, — on ne donne pas son influence, on la prête, sinon à intérêts, du moins sous condition de réciprocité. C'est une sorte de franc-maçonnerie qui se crée entre les familles appartenant à la classe dirigeante.

Aux États-Unis rien de pareil, en apparence du moins ; mais, en réalité, c'est exactement la même chose avec une complication de plus. Ce n'est pas à des fonctionnaires plus ou moins élevés dans la hiérarchie que les sollicitations s'adressent, c'est aux politiciens dirigeants ou influents du parti. Voilà les

suffrages qu'il est indispensable de conquérir préalablement si l'on veut avoir une chance raisonnable
d'être élu. Or les politiciens sont gens trop positifs
pour donner gratis leur influence : il faut la leur
acheter d'une manière ou d'une autre, trop souvent
par des complaisances si l'on est juge, par des fa-
veurs si l'on est fonctionnaire ; il faut en outre s'en-
gager à contribuer aux frais de l'élection. Ces frais
sont très-élevés, et, si l'on songe que la place soumise à l'élection est purement temporaire, qu'on
n'en jouit que pendant un an ou quatre ans au plus,
et que les appointements en sont généralement modestes, il faut bien que le titulaire s'applique, d'une
manière ou d'une autre aussi, à en augmenter le
produit. Ce n'est pas tout. Quand on est agréé par le
Comité ou la Convention du parti, il faut obtenir
les suffrages du peuple. Le peuple, lui, ne vend pas
son influence ou sa voix, sauf cependant dans certaines occasions décisives ; il vote gratis, aussi est-il
naturellement paresseux à voter. Si on l'abandon-
nait à lui-même, en se contentant de lui présenter
la liste du parti, il y a cent à parier contre un que
le peuple resterait chez lui. Que fait-on ? On organise des processions et l'on réunit des meetings pour
exciter sa curiosité et stimuler son zèle, tout en
fournissant aux gens dévoués l'occasion, qui n'est
pas à dédaigner surtout en temps de crise, de gagner
sans trop de peine un certain nombre de dollars. On
les enrôle dans chaque quartier, à raison de 1 dol-

lar par soirée ; on les habille en garibaldiens ou en seigneurs vénitiens, — le costume de garibaldien, rouge ou bleu, est affiché dans tous les magasins de nouveautés au prix de 5 dollars ; — on leur fournit une torche perfectionnée et brevetée, au pétrole ; on achète des drapeaux, un tambour et un fifre, parfois on loue un orchestre, et la procession s'organise. Mais à quoi sert la procession ? Elle sert à « allumer » les électeurs et à les amener au meeting, où les orateurs du parti se chargent de leur démontrer que leurs intérêts les plus vitaux leur commandent de voter pour M. Smith ou pour M. Jones. J'ai pu me rendre compte *de visu*, à Saint-Louis, du mécanisme de l'opération.

Mercredi passé, 13 septembre, un *mass meeting* était convoqué dans un quartier passablement reculé, habité principalement par des Irlandais, au coin de Main et de Mulanphy streets. Un drapeau devait être érigé préalablement ; autrement dit, il devait y avoir un *flag raising*. J'arrive un peu tard, en traversant une rue obscure et horriblement pavée, à un endroit éclairé par une douzaine de lanternes chinoises. Le *flag raising* a eu lieu et le *mass meeting* a commencé. J'ai devant les yeux un échafaudage adossé à un débit de liqueurs ; une longue planche posée sur des piquets sert de tribune. Un gentleman en habit noir et en cravate blanche se démène derrière la planche. Un autre gentleman en paletot, le chapeau sur la tête, le cigare à la bouche, est assis

sur la planche même; il prend des notes : c'est un
reporter; au fond, dans la pénombre, une douzaine
d'autres gentlemen, en habit noir et en cravate blanche comme le premier, constituent le bureau.. L'é-
chafaudage est éclairé par six lampions et deux torches, sans oublier les lanternes chinoises accrochées
à une ficelle en travers de la rue. L'orateur s'applique à démontrer par les arguments les plus forts
la nécessité d'une « réforme » pour relever le pays
de sa ruine et faire monter les salaires, et il en dé-
duit cette autre nécessité de voter pour la liste ou le
ticket des démocrates, Tilden et Hendricks en tête.
Malheureusement , l'auditoire est peu nombreux ;
les femmes, les enfants et même de simples *babies* à
la mamelle sont en majorité ; plusieurs chiens, dont
les nerfs sont apparemment surexcités par cet appareil inusité, interrompent l'orateur par des aboiements intempestifs; les *babies* leur font chorus; l'o-
rateur n'en poursuit pas moins imperturbablement
son discours et il écrase dans une péroraison brû-
lante les républicains et leurs candidats. — Triple
salve d'applaudissements , à laquelle succède une
tempête musicale déchaînée par un orchestre placé
derrière le bureau. — Un second gentleman succède
au premier ; c'est un candidat aux fonctions de shérif. Le shérif est chargé de l'exécution des juge-
ments; ses appointements sont médiocres, mais le
casuel peut rapporter, dans une ville comme Saint-
Louis, 30 ou 40,000 dollars par an. C'est un vieux

bonhomme qui n'a pas la voix tonnante de l'orateur précédent ; on ne l'écoute pas, le bruit des aboiements, les cris des *babies* et les conversations animées des jeunes ouvrières qui rentrent de l'atélier et qui font çà et là un bout de *flirtation*, menacent de couvrir complétement sa voix ; au bout d'un quart d'heure l'auditoire fait mine de se disperser. Par bonheur, le son du fifre et du tambour se fait entendre, et voici qu'on aperçoit une longue procession de torches étincelantes au milieu des ténèbres : c'est la procession du club des Mohawks. Ils s'avancent majestueusement rangés sur deux lignes, musique en tête, avec des drapeaux et des transparents ornés de toute sorte de devises : *Tilden et la réforme. Plus de carpet baggers*, etc., etc. Ils sont vêtus d'une chemise rouge, avec le numéro de leur *ward* (quartier) brodé sur la poitrine ; sur la tête ils ont un béret rouge, orné de plumes de coq ; ils sont suivis d'un public mêlé des deux sexes ; la tête de la colonne s'arrête au pied de la tribune, l'orateur lui souhaite la bienvenue ; ils défilent au bruit des hourras en agitant leurs torches. Au moment où ils s'éloignent apparaît à l'autre bout de la rue un second club, en chemises rouges comme le premier, mais avec des casquettes de jockeys, puis un troisième en chemises et casquettes blanches. Second et troisième défilés. Les clubs se réunissent ; les grosses caisses, les fifres, les clarinettes redoublent d'énergie ; on agite les drapeaux, les transparents et les torches ; les spectateurs arrivent de tous les carrefours avoisinants ; le *mass meeting* a maintenant un public, et les journaux du parti pourront annoncer le lendemain qu'une manifestation imposante a eu lieu dans tel quartier, qu'on croyait à tort acquis aux républicains, en faveur du *ticket* démocrate. Vous voyez que les « processions » ont leur utilité : elles font un public aux meetings ; les meetings, à leur tour, stimulent les électeurs paresseux et les décident à apporter aux urnes un vote indispensable. Tel est, dans la pratique, le système à l'aide duquel on procède ici au recrutement des fonctions publiques. Ce système a certainement le mérite d'être pittoresque, et feu Bilboquet n'aurait pas trouvé mieux ; mais, n'en déplaise à nos démocrates à l'américaine, au point de vue du progrès politique et administratif, est-ce bien l'idéal ?

XVIII

New-York, le 22 septembre 1876.

De Saint-Louis à Chicago, le paysage change. Aux collines ondulées du Missouri succèdent les plaines à perte de vue de l'Illinois. Les arbres deviennent plus rares ; on n'aperçoit que des champs de maïs ou des prés dans lesquels paissent tranquillement force bœufs et porcs, en attendant que le chemin de fer les transporte aux *Stock Yards* ou dans les funèbres *Pork Packings* de Chicago. Le pays est riche et tout rempli de colons canadiens, belges, luxembourgeois, suédois, que n'effraie pas ce climat passablement rigoureux dans les mois d'hiver. Nous traversons une douzaine de villes encore à l'état d'embryons. On a tracé, perpendiculairement à la ligne du chemin de fer, une douzaine de larges avenues, en les coupant régulièrement, de distance en distance, par des rues transversales. La place est faite pour un demi-million d'habitants, et davantage ; les spéculateurs en terrains ne comptent pas sur moins. Naturellement, on n'a rien pavé. Seulement, dans les avenues où il y a des maisons, on a établi des trottoirs en planches, avec des passerelles aux encoignures. Une église, un magasin d'épiceries, un *bar*, quelquefois un *doctor* et un droguiste, un hangar en planches sur lequel flotte le drapeau étoilé de l'Union, avec cette enseigne : « Quartiers généraux de Hayes et Wheeler », ou « de Tilden et Hendricks », selon que les républicains ou les démocrates sont en force dans le canton, voilà le noyau de la ville nouvelle. Parfois l'endroit est judicieusement choisi, et comme nous le verrons tout à l'heure à Chicago, le demi-million d'hommes répond à l'appel des spéculateurs. Mais plus souvent, comme à Cairo, la spéculation avorte, et l'on atteint tout au plus 10 ou 15,000 âmes. Il arrive même que la tentative échoue tout à fait et que l'épicier, le *bar keeper*, le droguiste, le docteur et le clergyman, fatigués d'attendre une clientèle qui ne vient pas, transportent leurs pénates ailleurs. On sème de nouveau du maïs où les maisons ont refusé de pousser, et la spéculation en terrains à bâtir s'en va chercher à son tour un emplacement plus favorable.

En aucun lieu du monde elle n'a mieux réussi qu'à Chicago. En 1840, Chicago n'avait que 4,853 habitants, et la valeur de la propriété assise ou personnelle de cette petite agglomération était de 944,370 dollars seulement ; sa population s'élève aujourd'hui à 450,000 âmes, et la valeur de la propriété soumise à la taxe de 1 8/10 0/0 sur le capital dépasse 300 millions de dollars. Cet énorme et rapide développement est dû principalement à trois branches de commerce : le grain, le bétail, et en particulier l'espèce porcine, et le bois. 72 millions de boisseaux de céréales ont été emmagasinés en 1875 dans ses 14 *elevators* ; une armée de 920,843 têtes de bétail et de 3,912,110 porcs a campé, pendant la même année, dans ses *Stock Yards*. De là, le gros bétail est expédié vivant, pour la plus grande partie, sur les marchés de l'Est, tandis qu'un contingent chaque année plus considérable de l'espèce porcine ne s'en va qu'en barils. Il y a une vingtaine d'années, c'était Cincinnati qui était la plus grande manufacture de viande de porc de l'Union, d'où lui était venu le surnom caractéristique de *Porcopolis* ; mais ce surnom, si on le lui donne encore aujourd'hui, c'est par pure politesse. Tandis que Cincinnati n'a préparé dans la campagne de 1874-75 que 560,164 porcs, Chicago est arrivé à un chiffre triple de celui-là : 1,690,348. La vraie Porcopolis c'est Chicago.

On sait que cette jeune et grandissante capitale de l'Ouest a été présque entièrement détruite par un incendie il y a cinq ans. Dans la nuit du 8 au 9 oc-

tobre 1871, 17,500 maisons ou édifices, d'une valeur de 1 milliard 400 millions de francs, ont été la
proie des flammes ; un an s'était à peine écoulé qu'il
n'y paraissait plus : une nouvelle ville, plus belle et
plus colossale encore, s'élevait sur les ruines de
l'ancienne. Cependant, on n'avait pu se mettre sérieusement à l'œuvre qu'après la saison d'hiver;
mais alors, les capitaux des États de l'Est et de l'Europe aidant, — car Chicago appartient pour une
bonne part aux capitalistes de New-York, de Boston,
de Philadelphie et même de Londres, de Paris et de
Bruxelles, — elle s'est rebâtie avec une rapidité vertigineuse. Pour donner une idée de l'activité qui a
été déployée dans cette reconstruction, un statisti-
cien ingénieux a fait remarquer que dans l'intervalle
du 15 avril au 15 décembre 1872, contenant, à l'exclusion des dimanches, 200 journées de travail de
8 heures chacune, on a bâti par heure de travail,
une maison de 25 pieds de façade et de quatre à six
étages. C'est le damier le plus colossal que j'aie vu
aux États-Unis. Il est posé sur le bord du lac Michigan, dans un ancien marais, à l'embouchure de la
rivière Chicago. Les avenues aboutissant au lac ont
certainement deux fois la largeur de nos boulevards.
Les trottoirs sont pavés de superbes dalles longues
de 3 ou 4 mètres, que fournissent les carrières de la
Joliette, à 60 milles de Chicago ; en revanche, le pa-
vage en bois des chaussées laisse fort à désirer.
Toutes ces avenues, garnies de maisons monumen-

tales, portent les noms des Présidents des États-Unis
par ordre chronologique, sauf quelques lacunes :
Washington, Monroe, Adams, Jackson, Van Bu-
ren, etc., et elles sont traversées par des rues presque aussi larges où se concentre le mouvement des
affaires. On ne compte pas moins de 41 banques et
de 201 églises, dont 5 swedenborgiennes. Il y a
11 journaux quotidiens, parmi lesquels le *Chicago
Times*, le *Chicago Tribune* et l'*Evening Journal*
rivalisent, pour la masse des informations et le tirage, avec les feuilles de New-York ; enfin 35 grands
hôtels ; celui où je suis descendu, *Palmer house*,
est le palais le plus confortable que le génie de
l'hospitalité ait jamais ouvert à l'humanité errante
et suffisamment pourvue de dollars. Pas une chambre qui n'ait comme dépendance un spacieux cabinet de bains muni de robinets qui fournissent de
l'eau chaude et de l'eau froide à toute heure de
jour ou de nuit. Les garçons viennent à l'appel des
sonnettes, et l'on trouve ses bottes cirées tous les
matins. Une merveille ! — Je vais me promener du
côté du lac. Le quai est séparé du lac par une longue pelouse verdoyante, et par une demi-douzaine
de chemins de fer qui sont juxtaposés tout au bord
de cette petite mer d'eau douce de 350 milles de
long sur 60 milles de large, que l'on appelle le lac
Michigan. Le quai n'est encore qu'à moitié bâti. Dans
les intervalles laissés vides entre les maisons monu-
mentales en pierres ou en briques, des saltimban-

ques ont élevé leurs tentes ; j'entends le vieil air :
Dis-moi, soldat, dis-moi, t'en souviens-tu ? C'est
une exhibition du Python égyptien, de l'enfant sauvage de l'Asie, et de l'Enfer du Dante, avec un Mé-
phistophélès coiffé d'un chapeau mou et un Satan
déguisé en nourrice. En face, à côté de la pelouse,
on a construit un gros bâtiment où vient de s'ouvrir
une Exposition industrielle des États, qui dépasse,
d'après l'affiche, toutes les Expositions précédentes
sous le rapport de la nouveauté, de la variété et de
la commodité des arrangements. — Prix d'entrée,
50 cents. — J'entre. Les salles ne sont encore qu'imparfaitement garnies : j'y remarque un bel assortiment de machines agricoles, une spécialité de Chicago, et deux ateliers de chaussures en pleine
activité. Des ouvriers costumés les uns en garibaldiens, les autres en *boys in blue* (enfants en bleu),
y confectionnent en quelques minutes une paire de
souliers, en appliquant jusqu'à sa dernière limite le
principe économique de la division du travail. Je
jette un coup d'œil sur un aquarium où s'ébattent
des alligators petit format, et me voici dehors. J'ai
devant les yeux trois ou quatre *elevators* ; mais j'en
ai visité un à Baltimore, et ils se ressemblent tous.
D'ici à deux ou trois siècles on pourra probablement
voir au Havre ou à Marseille un de ces magasins économiques qui réduisent des deux tiers les frais de
manutention du blé.

Un aimable et obligeant cicerone offre de me

conduire aux *Stock Yards*, qui sont avec les *eleva-tors*, les sources où s'alimente la richesse de Chicago. J'accepte avec empressement. Nous franchissons rapidement 4 ou 5 milles dans un léger *boghey* en bois d'hickory, un bois dont nos carrossiers ne veulent point, me dit-on, — est-ce une calomnie ?— parce qu'il a le défaut de durer trop longtemps. Nous traversons des avenues bordées de charmantes villas, des parcs remplis d'élégants massifs de fleurs, et nous voici bientôt en face d'un portique en bois· que surmonte, en manière d'ornement ou d'enseigne, une gigantesque paire de cornes ; c'est l'entrée des *Stock Yards*, autrement dit des parcs de bestiaux. Nous faisons une centaine de pas dans une large avenue où la circulation est aussi active que dans Broadway ; tout un monde affairé de commission-naires, de courtiers, d'ouvriers, de conducteurs de bestiaux à pied ou à cheval, s'y presse, au bruit plus ou moins harmonieux du mugissement des bestiaux et du grognement des porcs. Nous entrons dans un vaste bâtiment situé au bord de l'avenue. C'est le siége de la Compagnie propriétaire des *Stock Yards*. Les bureaux sont installés au rez-de-chaus-sée. Elle loue le reste des bâtiments à des commis-sionnaires qui se chargent de la réception et de la vente des bestiaux. Ces opérations se font avec une grande simplicité de procédés. Un propriétaire de bétail du Texas, par exemple, avise par le télégraphe un commissionnaire de l'expédition de 500 têtes de bétail en le priant de les vendre au mieux. Le commissionnaire reçoit le bétail à l'arrivée, paie les frais du transport, case ses hôtes dans un parc loué à raison de tant par jour à la Compagnie, qui se charge de la nourriture et des soins nécessaires. Elle lui en donne un reçu sur lequel il peut emprunter ou vendre. Toutes les lignes de chemins de fer aboutissant à Chicago s'embranchent aux *Stock Yards*, en sorte que le bétail ne descend des wagons que pour entrer dans les parcs et remonter dans les wagons, à moins qu'il ne soit manufacturé dans le voisinage. Nous montons à un belvédère, d'où nous pouvons embrasser l'ensemble des *Stock Yards* et de leurs attenances. Nous avons sous les yeux un immense damier composé de 5 à 600 cases encloses de planches et séparées par de petites avenues. Ce sont les parcs. Ils sont d'inégale grandeur et peuvent contenir en moyenne 5 ou 400 têtes de bétail. Les uns, destinés au gros bétail, sont à ciel ouvert ; les autres, où sont parqués les porcs et les moutons, sont couverts d'une toiture en bois. Ils ont un plancher, des auges et un bassin alimenté par un puits artésien dont l'eau est montée dans un réservoir au moyen d'une machine à vapeur. Tout cela est assez proprement tenu. Le bétail est peu nombreux en ce moment ; ce n'est pas encore l'époque des grands arrivages, et la plupart des parcs sont vides. D'un côté de l'enceinte des *Stock Yards* s'est improvisée une petite ville de maisonnettes en bois, où se logent les employés et les ouvriers, avec une église et un journal, le *Chicago Sun*. De l'autre côté sont les chemins de fer, et, quelques pas plus loin, une série de grands bâtiments surmontés de hautes cheminées, vers lesquels je vois s'acheminer des troupeaux de porcs.

C'est là que s'opère le *Pork Packing*, c'est-à-dire le massacre et la préparation des 1,700,000 porcs que Chicago fournit annuellement aux amateurs de charcuterie des deux mondes. La période d'activité de ces établissements dure six ou sept mois, de novembre en avril ou en mai; quelques-uns égorgent et préparent alors jusqu'à 12,000 porcs par jour. Cependant plusieurs sont déjà à l'œuvre, et nous obtenons aisément la permission de visiter l'un des principaux, appartenant à MM. Murphy et C°. Le troupeau que nous venons de voir sortir des *Stock Yards* est entré dans un enclos attenant à l'établissement. Un couloir en pente conduit de l'enclos au premier étage, où se trouve la tuerie. Nous montons un escalier et nous voici dans un vaste atelier dont le plancher et les murs sont tout imprégnés de matières animales, et où une âcre odeur de sang nous prend à la gorge. L'atelier est divisé en deux vastes compartiments, l'un plus élevé que l'autre de quelques marches. Nous les franchissons, guidés par des grognements désespérés qui partent d'un réduit carré construit en planches et en poutrelles de bois. Une douzaine de porcs viennent d'arriver par le couloir, non sans y être un peu poussés, car ils ont de la méfiance ! Quelques-uns sont d'une taille monstrueuse. La porte s'est refermée sur eux. Un homme est debout au milieu de cette troupe grouillante et grognante. Il tient à la main une courte mais solide chaîne en fer, dont un bout s'élargit de manière à former un grand œillet surmonté d'un crochet. Il enroule avec dextérité cette chaîne autour de la patte de derrière d'un des arrivants, et il passe le crochet dans l'anneau d'une corde placée sur une poulie. La corde monte son fardeau à une hauteur d'environ trois mètres, à l'entrée d'un couloir au-dessus duquel est fixée une tringle en fer. C'est là que se tient le tueur, le couteau à la main. Au moment où la victime se sent enlevée du sol, elle pousse un grognement effroyable en essayant de se débattre ; mais, dès qu'elle arrive en face du couloir, la tête en bas, ce n'est plus qu'une masse inerte et sans voix. L'œillet de la chaîne glisse sur la tringle, l'animal suspendu passe devant le tueur qui lui enfonce d'un mouvement presque mécanique son couteau dans la gorge, un flot de sang jaillit et s'écoule sur le plancher en pente. — A un autre ! — Une douzaine de corps pantelants défilent sous nos yeux en trois ou quatre minutes. Une nouvelle escouade est poussée dans le réduit, et ainsi de suite. Cependant, les corps pendus à la tringle, et dont quelques-uns conservent un reste de vie qui se trahit par des mouvements convulsifs,

sont lestement décrochés et précipités dans une vaste
cuve remplie d'eau bouillante en contre-bas du couloir. On les y laisse deux ou trois minutes ; on les
ressaisit au moyen d'une énorme cuiller qui les
étend sur une longue table, on les dépouille de
leurs soies avec un racloir, après leur avoir préalablement coupé la tête, puis une corde sur poulie les
suspend de nouveau à la tringle ; on les fend, on les
vide, et, ces opérations achevées, on les fait glisser
jusqu'à une autre extrémité de l'atelier, où on les
coupe en deux, et d'où on les descend dans une
glacière. Au bout de quarante-huit heures on les retire de la glacière, on les sale et on les met en barils. Les dépouilles sont jetées dans de vastes chaudières à suif. Rien ne se perd ; mais, en somme, c'est
une vilaine besogne assez vilainement faite. On paie
les ouvriers de 1 dollar 1/2 à 3 dollars 1/2 par jour,
et jusqu'à 5 en hiver, au moment du coup de feu.
Le tueur, un grand garçon aux muscles solides, ne
reçoit que 2 dollars 1/2 ; mais on me fait remarquer
que sa besogne n'exige pas un déploiement particulier d'intelligence. En sortant de cette géhenne
porcine, nous apercevons de jolies fillettes pieds nus,
qui portent toutes sortes de débris saignants dans
leurs paniers. Ce sont des restes dont on fait cadeau
aux ouvriers par-dessus le marché. Voilà ce que
c'est que le *Pork Packing.*

Il ne me reste plus grand'chose à voir à Chicago.
J'achète, au premier office venu, un ticket pour

New-York, en passant par Cincinnati, Pittsburgh, la vallée de Juniata et Philadelphie. C'est l'affaire d'une quarantaine d'heures et de 19 dollars. On va même pour 13 dollars, par la route des lacs, de Chicago à New-York, grâce à la triple ou à la quadruple concurrence des Compagnies. Les *Pullman cars* se paient naturellement en sus, à raison de 2 dollars par nuit. Je m'arrête à Cincinnati, l'ancienne Porcopolis, qui est une très-jolie ville, moins exubérante que Chicago, mais où les fortunes sont plus solidement assises. Elle a un admirable pont suspendu sur l'Ohio, et elle est entourée de hauteurs que l'on franchit sur des *inclined plans*, chemins de fer inclinés, où des *cars*, maintenus dans une position horizontale au moyen d'un triangle portant sur les rails, montent et descendent attachés à une corde. On va en une nuit de Cincinnati à Pittsburgh, un des centres les plus actifs de l'industrie du fer, assis sur une puissante couche de charbon de terre, et perpétuellement couvert d'épais nuages de fumée qu'une centaine de hautes cheminées d'usines alimentent jour et nuit. De Pittsburgh à Harrisburgh, c'est la traversée des Alleghanys, série de mamelons et de hautes collines boisés, que le chemin de fer contourne avec des courbes et des pentes invraisemblables. De Harrisburgh on arrive directement à Philadelphie, où l'Exposition fait maintenant florès. La veille, elle a été visitée par 92,000 visiteurs, et l'on prévoit que ce flot grossira encore au mois d'octobre, — l'époque la plus agréable de l'année aux États-Unis. L'ouragan du 17 septembre n'a causé qu'un dommage insignifiant aux bâtiments de l'Exposition. La foule afflue jusque dans le réduit tranquille de MM. Schuyler et Armstrong. Les exposants sont dans la joie, et j'apprends avec plaisir que les beaux livres de la librairie parisienne trouvent des acheteurs de plus en plus nombreux. Le soir, un train d'un demi-mille de longueur me ramène à New-York. La foule qui encombre notre unique classe de voitures démocratiques est bien un peu mêlée. Non loin de moi, une élégante miss, soigneusement gantée, d'une tournure aristocratique, est l'objet des soins empressés de deux ou trois jeunes *beaux*, tandis que, sur un banc voisin, un gentleman entre deux âges est en train d'ôter ses souliers et, après ses souliers, ses bas. Cette opération paraît lui causer un soulagement visible, et il croise d'un air d'intime satisfaction sa jambe gauche sur sa jambe droite, avec des détails que je supprime. C'est un échappé de Chicago.

XIX

Boston, le 28 septembre 1876.

Dimanche 24 septembre, les habitants de New-York et de Brooklyn étaient en proie à une émotion extraordinaire. C'était le jour fixé pour l'explosion de l'amas de rochers qui obstruait l'entrée du détroit de Long-Island à Hell Gate, et ce n'était pas une petite affaire. J'ai déjà parlé du réseau de tunnels et de galeries que les ingénieurs du gouvernement, dirigés par le général Newton, avaient pratiqué sous cet énorme récif, dont la superficie était de près d'un hectare. Il s'agissait maintenant de le faire sauter. Depuis quelques jours on avait accumulé dans les parois des galeries 52,781 livres 1/2 de dynamite et de *vulcan powder*, distribuées en 3,680 charges mises en communication avec une batterie électrique.

Tout était terminé le samedi soir, et le général Newton avait décidé que l'explosion aurait lieu le dimanche à deux heures cinquante minutes de l'après-
midi. Mais ici se présentait un obstacle que le savant
ingénieur n'avait pas prévu : faire sauter un rocher,
c'est un travail, et même encore quelque chose de
pis, c'est un spectacle. Or, exécuter un travail et
offrir un spectacle quelconque à la curiosité publique, n'est-ce pas profaner la sainteté du dimanche ?
Le monde dévot ne pouvait laisser s'accomplir sans
protestation un pareil scandale, et un respectable
personnage, M. Dodge, à qui une invitation avait été
adressée, s'empressa de la refuser dans une lettre
rendue publique ; cette lettre était passablement
aigre : le respectable M. Dodge y rendait le général
Newton responsable du dommage qu'une violation
si peu justifiée et si scandaleuse du dimanche allait
causer à la moralité publique ; à quoi le général
Newton répondit, sur un ton non moins vif, que la
mine était chargée, et qu'il ne pouvait imposer vingt-
quatre heures de plus un pareil voisinage aux habitants des environs pour complaire au respectable
M. Dodge ; que, du reste, on n'avait adressé des
lettres d'invitation qu'à un certain nombre de gentlemen, et que, si M. Dodge en avait reçu une, ce ne
pouvait être que par méprise. L'opinion publique, il
faut le dire, se prononça en faveur du général Newton, et de bonne heure, en dépit d'un temps détes-
table, la foule affluait sur les hauteurs qui dominent

Hell Gate pour assister à cette explosion scandaleuse.
A deux heures, je quittais le quai de la vingt-troi-
sième rue sur un léger steamer, le *Pleasant-Valley*,
chargé d'une foule de gentlemen peu soucieux des
anathèmes du respectable M. Dodge. Nous longeons
Blackwell Island, où se trouvent réunis un workouse,
un pénitencier et un *Lunatic Asylum*, et nous apercevons une longue procession de folles, dans les costumes les plus variés, qui s'acheminent vers l'extrémité de l'île la plus éloignée de Hell Gate, sous la
conduite d'une escouade de policemen. Quoique le
général Newton eût déclaré qu'aucun danger n'était
à craindre, on n'était pas très-rassuré aux environs :
les pessimistes affirmaient que cette explosion sans
précédents, d'une masse énorme de dynamite, pourrait bien causer un tremblement de terre analogue à
celui de Lisbonne. Un chimiste avait ajouté que les
gaz délétères résultant de cette conflagration empoi-
sonneraient immanquablement ceux que le tremblement de terre aurait épargnés. Cependant, le *Pleasant-Valley* traverse bravement la passe minée et
s'en va courir des bordées à trois ou quatre cents
mètres au delà, dans le détroit. Sur le rivage, silence
absolu : les habitants ont émigré en masse, en laissant portes et fenêtres ouvertes, selon la recommandation, d'ailleurs médiocrement rassurante, du général Newton. A deux heures trente-cinq minutes, un
coup de canon retentit : encore un quart d'heure
d'attente ! On compte les minutes. A l'avant du na-

viré, on se pousse, on se presse, toutes les têtes se penchent, tous les regards sont tendus. A deux heures cinquante minutes, un léger mouvement s'opère dans les eaux de Hell Gate, un gros nuage jaunâtre surgit et s'élève jusqu'à une hauteur de trente ou quarante mètres, pour retomber presque aussitôt. Point de tremblement de terre ; il n'y a pas de gaz empoisonnés, à peine un léger bruit. La dynamite a fait sa besogne, rien de plus, et, comme on a pu s'en assurer bientôt par les sondages, rien de moins. L'opération a merveilleusement réussi. Nous traversons, quelques minutes plus tard, le lieu de l'explosion : rien d'inusité ne s'y présente aux regards, sauf une masse de poutres brisées provenant des galeries que la dynamite vient de faire sauter. Sur le rivage se presse une foule curieuse et bruyante, des centaines de barques se promènent au milieu des débris ; nous longeons de nouveau l'île de Blackwell et nous croisons encore une fois le bizarre défilé des habitants du *Lunatic Asylum* qui regagnent leurs cellules. Nous n'apercevons pas le respectable M. Dodge. Hourra pour le général Newton !

Le lendemain soir, je pars pour Boston par le splendide steamer le *Bristol*, aussi vaste, aussi confortable que le *Robert-E.-Lee*, et plus magnifiquement décoré encore s'il est possible. On franchit la passe de Hell Gate, maintenant accesssible même aux bateaux transatlantiques ; on traverse le détroit qui sépare Long-Island du continent, et le lendemain matin on aborde à Fall' river, d'où le chemin de fer nous amène en deux heures à Boston ; en tout quatorze heures qui se réduisent à sept quand on préfère la voie de terre, car il y a partout, en ce bienheureux pays, abondance et même surabondance de moyens de transport. Boston est la ville savante des États-Unis, et j'y suis venu principalement dans l'intention de visiter ses bibliothèques, ses musées et ses établissements d'éducation. Un *car* me conduit en moins d'une heure à Cambridge, presque un faubourg de Boston, où se trouve la célèbre Université de Harvard.

Il y a quelques mois, lors du vote de notre loi sur l'enseignement supérieur, quelques amis de la liberté d'enseignement avaient eu l'idée d'en profiter pour fonder une Université à la .fois libre et libérale. — Le parti libéral, se disaient ces esprits non moins confiants qu'inventifs, est nombreux en France, et il compte dans ses rangs l'élite de la finance, du commerce et de l'industrie. Si nous lui demandons les cinq ou six millions nécessaires pour fonder une Université, il nous en offrira dix, et nous ne les refuserons point, car c'est une Université modèle que nous voulons instituer. Ils avaient déjà choisi leur emplacement : non pas à Paris même, mais aux environs, afin d'unir les avantages hygiéniques et moraux de la campagne aux ressources que procure le voisinage d'un grand foyer intellectuel ; ils avaient dressé leurs plans avec les devis,

et même à peu près nommé le personnel des direc-
teurs, administrateurs et professeurs. Il ne manquait
plus que les millions. Malheureusement, ceux-ci pré-
féraient encore en ce temps-là les emprunts haïtiens
ou turcs. L'Université libre et libérale demeura donc
à l'état de rêve. Eh bien ! ce rêve, je l'ai trouvé réalisé à Cambridge. L'Université de Harvard est à la
fois libre et libérale, et les millions ne lui manquent
point. Elle possédait, le 31 décembre 1875, outre
ses établissements et son matériel d'instruction éva-
lué à trois millions de dollars, une somme nette et
liquide de 3,139,217 dollars 99 cents, placés en
fonds des États-Unis, en actions et obligations de
chemins de fer, de mines, de manufactures, en
avances à d'autres établissements d'instruction qu'elle
a commandités, etc., etc., ayant rapporté, dans l'année, 146,597 dollars 39 cents. En joignant à ce revenu les rétributions des étudiants, les dons et ressources extraordinaires, on arrive à un total de
recettes de 894,000 dollars, dépassant de 70,000
dollars la dépense. J'ai à peine besoin d'ajouter que
ce capital de 6 millions de dollars, près de trente
millions de francs, qui se trouve investi dans l'Université de Harvard, provient des dons et legs qui lui
ont été faits depuis sa fondation. Ce sont des biens
de mainmorte, puisqu'il faut appeler les choses par
leur nom ; mais cette qualification sinistre ne possède
pas ici comme en Europe le pouvoir de terrifier absolument les âmes et de clore hermétiquement les

poches libérales. L'Université d'Harvard est devenue,
grâce à la mainmorte, le centre intellectuel le plus
actif et le plus vivant des États-Unis ; elle est visiblement utile à la génération présente, et je ne sache
personne qui s'inquiète du mal qu'elle pourra faire
aux générations futures. Les Américains estiment,
non sans raison peut-être, que les générations futures auront assez d'esprit pour prendre soin d'elles-
mêmes et accommoder à leur usage ou supprimer au
besoin les institutions devenues inutiles ou nuisibles.
A part *Memorial Hall*, vaste édifice en briques qui
ressemble à une cathédrale gothique, et qui sert
pour une moitié de réfectoire et pour l'autre de salle
de théâtre, les bâtiments de l'Université n'ont rien
de monumental. Ce *Memorial Hall* a été bâti en
commémoration de la guerre civile. Les noms des
élèves qui ont succombé pour la cause de l'Union
sont inscrits sur une série de tables de marbre blanc
le long du vestibule. Je doute que les étudiants du
Sud s'y promènent avec plaisir, et cette abondance
de monuments, ici en l'honneur des héroïques défenseurs de l'Union, là en mémoire des non moins
héroïques soldats de la Confédération, ne me paraît
pas précisément propre à effacer les âcres et doulou-
reux souvenirs de la guerre civile. Je visite le musée
où se trouve l'admirable collection de poissons de
l'illustre professeur Agassiz, et après le musée, la
bibliothèque, dont le personnel est composé, pour
une bonne part, de jeunes *misses*. Notez que cette

bibliothèque est à l'usage à peu près exclusif des
étudiants de l'Université. Mais les jeunes misses de
Cambridge sont des personnes savantes et sages ;
elles ont étudié le latin, voire même le grec, et l'on
m'assure qu'elles n'ont pas d'autre passion que
celle du catalogue. Il est vrai que ce catalogue est
une merveille de méthode et de clarté. Il est distri-
bué dans une série de tiroirs à portée de la main et
classé par ordre de matières. Voulez-vous étudier,
par exemple, l'histoire de la Révolution française ;
vous ouvrez un tiroir dans la section d'histoire et
vous y trouvez lisiblement écrits sur des cartes juxtaposées par ordre alphabétique, les noms des auteurs
ou la désignation des documents que contient la bibliothèque sur cette époque de l'histoire de France.
Quoi de plus pratique ! Je visite ensuite les « dortoirs » qui ne sont pas des dortoirs, mais de grands
corps de bâtiments divisés en chambres ou en petits
appartements, dont le prix varie de 40 à 100 dollars
par an, non meublés. La plupart sont couverts de
tapis et tout à fait confortables. Les cours, l'usage
des bibliothèques, des salons de lecture, etc., coûtent 150 dollars par an ; la nourriture, que les étudiants prennent pour la plupart en commun dans le
Memorial Hall, 152 dollars ; puis il y a les frais
d'examen, les livres, etc. ; le tout revenant à cinq
ou six cents dollars par an. Au bout de quatre
années consacrées à l'instruction générale, ils entrent
dans les colléges spéciaux de l'Université, collége

médical et *dental*, collége de législation, collége de théologie, collége des sciences. On peut toutefois entrer d'emblée dans les colléges spéciaux ; il suffit de deux ans pour obtenir un diplôme de médecin, de dentiste ou d'avocat, et, dans ce pays où l'on est généralement pressé de faire de l'argent, c'est le cas le plus fréquent. Le collége médical de l'Université a été installé à Boston même, à proximité des hôpitaux ; les autres colléges sont à Cambridge. L'Université proprement dite compte une cinquantaine de professeurs, d'assistants et de tuteurs, — les professeurs payés à raison de 4,000 dollars par an, — et environ 800 élèves. Elle en aurait probablement davantage si elle était en meilleure odeur auprès du monde dévot ; mais c'est une Université libérale et laïque : les matières religieuses sont laissées en dehors de l'enseignement général, et ni les professeurs ni les élèves ne sont astreints à la pratique régulière d'un culte. Les églises ne manquent pas toutefois dans le voisinage, et elles sont convenablement fréquentées le dimanche. Il y a des Sociétés d'étudiants où ceux-ci se délassent en faisant de la musique et de la gymnastique, et aux environs de cet atelier de la science s'élèvent, au milieu des jardins, les paisibles habitations des professeurs, remplies de vieux livres et d'objets d'art authentiques.

Rentré à Boston, je vais visiter l'Athenæum, autre fondation particulière dont la bibliothèque de 80,000 volumes et les collections de journaux sont à la disposition du public, et la Bibliothèque de Boston, qui possède une des collections les plus complètes des éditions de Shakespeare et des commentaires sur les œuvres du grand poëte anglais ; il y en a bien 5,000 volumes. L'administration de la Bibliothèque a fait dernièrement un coup d'État que les respectables Dodges du Massachussetts ne lui ont pas encore pardonné : elle a décidé qu'une de ses salles de lecture serait ouverte le dimanche, et, jusqu'à présent du moins, cet acte de scandaleuse immoralité n'a pas attiré sur Boston le feu dévorant de Sodome et de Gomorrhe. Inutile de dire qu'à l'Athenæum et à la Bibliothèque de Boston comme à Harvard, le personnel se compose en majorité d'agréables et laborieuses misses. Elles sont en majorité aussi dans l'enseignement primaire et même secondaire ; enfin, dans un *Girls' high school*, école supérieure de filles de West Newton street, dont les portes me sont gracieusement ouvertes, le personnel enseignant se compose de 20 dames et d'un seul homme. Cet établissement contient 5 à 600 élèves de 14 à 20 ans, et son programme est des plus étendus : il comprend le latin, le grec, le français, l'allemand, la physique, la chimie, la géographie, la trigonométrie, l'algèbre et la photographie, sans parler de la rhétorique et de l'éthique. Je n'y trouve rien à redire ; seulement je constate que les dames américaines savent très-mal les langues vivantes, l'anglais seul excepté, et peut-être trou-

veraient-elles plus de profit et même d'agrément
à savoir un peu mieux le français ou l'allemand,
dussent-elles négliger le latin avec le grec. Ce n'est
pas leur avis cependant, et je ne trouvais pas, je
l'avoue, grand'chose à répondre à cet argument *ad
hominem* que me poussait une aimable Philaminte
de Boston : — Pourquoi enseigne-t-on les langues
mortes aux enfants du sexe masculin? Parce qu'on a
reconnu qu'aucune étude n'est plus propre à développer leur esprit. Eh bien! serait-il juste de refuser aux femmes l'usage de cet instrument supérieur
de culture et de civilisation? Ne trouveriez-vous pas
choquant qu'on nous interdît l'accès des chemins
de fer ou l'usage du télégraphe? De deux choses
l'une : ou il faut enseigner le latin et le grec aux
deux sexes, ou il faut ne les enseigner à personne.
— L'argument n'était-il pas sans réplique ? — Je
reviens à la *Girls' high school* de West Newton
street. L'instruction y est gratuite comme dans toutes les écoles publiques : riches et pauvres y sont
confondus ; la couleur même n'est pas une cause
d'exclusion, et j'aperçois avec plaisir une jolie mu-
latresse dans ce blanc troupeau. Le laboratoire de
chimie est dirigé par une « miss » ; et c'est une
autre miss, terriblement maigre et nerveuse celle-ci,
qui enseigne la gymnastique. On reconnaît généralement aux femmes une aptitude particulière pour
l'enseignement, et on les préfère encore aux hommes
pour un autre motif : c'est qu'elles coûtent moins

cher. Les professeurs féminins de la *Girl's high school* sont payés à raison de 800 à 1,200 dollars seulement ; des professeurs du sexe masculin coûteraient le double. Cependant, cette préférence provoque des jalousies, et dans l'État de New-York, par exemple, où l'on compte 2,500 professeurs féminins sur 300 masculins, un certain M. Fuller vient de commencer une campagne en règle contre l'invasion féminine de l'enseignement. Ce M. Fuller est un tacticien redoutable, et il procède avec une habileté vraiment machiavélique. Il s'est bien gardé de demander qu'on diminuât la part des femmes dans l'éducation publique. A Dieu ne plaise ! Seulement, il est d'avis qu'il existe une incompatibilité naturelle entre les devoirs de la maternité et les fonctions de l'enseignement, et il demande, en conséquence, que les professeurs féminins soient tenus de rester célibataires. « J'estime, disait-il dans une séance récente du Bureau d'éducation, qu'on doit raisonnablement s'attendre à ce qu'une femme mariée soit obligée chaque année de s'absenter de l'école pendant trois mois ; de plus, dans les mois suivants, l'accomplissement de ses devoirs maternels ne peut manquer de présenter des inconvénients sérieux dans les salles de classes. En ce moment, la situation est encore tolérable, parce que les dames professeurs sont peu nombreuses ; mais elles tendent à se multiplier, et nous sommes exposés à voir avant peu nos écoles remplies de femmes mariées. Non-seulement l'enseignement en souffrira, mais, — et c'est ici qu'apparaît dans toute sa noirceur le machiavélisme de cet ennemi de l'enseignement féminin, — mais les femmes mariées tiendront la place des nombreuses et intéressantes jeunes filles qui ont besoin de se créer une position sociale. De deux choses l'une : ou une femme professeur doit épouser un homme capable de pourvoir à son entretien, ou elle ne doit pas se marier. » Il est certain qu'en renvoyant les femmes mariées on fera de la place aux jeunes filles, mais l'obligation d'observer la loi rigide du célibat sous peine de destitution n'écartera-t-elle pas les jeunes filles de la carrière de l'enseignement? Les moins énergiques et les moins capables se résigneront seules à subir cette « servitude », et alors, en présence de l'insuffisance intellectuelle et morale du personnel féminin, ne faudra-t-il pas ouvrir à deux battants les portes de l'enseignement à la horde masculine? Le comité n'a pas admis les conclusions de ce perfide et doucereux ennemi des femmes professeurs, mais il a laissé la question en suspens, et c'est un gros point noir à l'horizon de l'enseignement féminin.

Le vieux Boston se compose d'un réseau de rues tortueuses où se concentre le mouvement des affaires; mais la ville est en train de s'étendre indéfiniment au delà des *Commons*, magnifique parc qui sépare les vieux quartiers des quartiers neufs. On s'aperçoit, à une foule d'indices caractéristiques, qu'on se trouve dans un foyer de richesses déjà ancien, et où toutes choses ont acquis un degré de stabilité qu'elles n'ont pas ailleurs. Les gares des chemins de fer, si négligées aux États-Unis, sont vastes, commodes et élégamment décorées ; les *cars* sont propres, les rues sont presque pavées ; on rencontre à chaque pas non-seulement des églises, cela va sans dire, mais des magasins de vieux livres et d'objets d'art. Parmi les églises, en voici une, *Old South*, qui est toute tapissée d'immenses pancartes d'où s'échappent des cris d'indignation et des appels véhéments au patriotisme des Bostonnais. *Old South* est sur l'emplacement désigné d'une rue nouvelle, et l'on doit démolir prochainement ce vénérable débris du vieux Boston. Il s'agit d'empêcher cette profanation et de sauver *Old South* des atteintes des Vandales. — Il y a un siècle, disent les affiches, un incendie qui venait de détruire le quartier des affaires s'est arrêté devant *Old South*, ce qui prouve que Dieu avait encore ses desseins sur cette église. — Napoléon lui-même, dit une seconde affiche, a fait exécuter un détour à la route du Simplon afin de respecter un arbre mentionné dans les Commentaires de César. Serez-vous moins respectueux pour une église remplie des souvenirs de votre passé, que Napoléon ne l'a été pour les Commentaires de César? Une troisième affiche adresse un appel suprême aux hommes et aux femmes du Massachussetts pour les conjurer d'épargner cette souillure ineffaçable à l'honneur de Boston: Un tronc entouré de drapeaux est placé à l'entrée de l'édifice, et les passants qui ont la religion des souvenirs sont invités à contribuer au salut d'*Old South* en y déposant leur offrande. Un bon nombre répond à l'appel, et il est permis d'espérer qu'*Old South* — entre nous, une assez vilaine masure — échappera à la rage impie des Vandales. Voici encore d'autres affiches qui offrent aux amateurs des arts et des plaisirs de l'esprit les attractions les plus variées. Devant la galerie de Bramatt, où s'étale, par parenthèse, un superbe portrait de Béranger, on annonce que la merveilleuse *Barque de Cléopâtre*, de Henri Picou, sera encore visible pendant trois jours. Plus loin, ce sont les portraits juxtaposés du célèbre acteur Sothern, en ce moment de passage à Boston, et du pasteur Murray, de l'Église d'Angleterre, qui prononcera incessamment son premier sermon à Music Hall. A Tremont Temple, c'est une série de lectures et de concerts portant en vedette les noms les plus attractifs ; en tête apparaît le célèbre homme d'État irlandais John O'Connor Power, membre du Parlement anglais, suivi du pasteur Lorimer et du fameux humoriste E.-M. Barley, plus connu sous le nom du nouvelliste de Dambury. Cependant il n'est pas permis à tout le monde d'aller à Corinthe ; ne figure pas qui veut sur les affiches de Tremont Temple et de Music Hall : la fameuse mistress Woodhull en sait quelque chose.

Pendant mon séjour à Boston, mistress Woodhull,

l'apôtre le plus notable de l'émancipation des femmes, y était venue pour ouvrir une série de conférences sur le «corps humain, temple de la Divinité»; mais, qui le croirait? toutes les salles lui étaient demeurées fermées. En vain un de ses admirateurs, dans une lettre adressée au *Boston Daily Globe*, s'était-il efforcé de la justifier de l'accusation d'avoir prêché le « libre amour » ; rien n'a pu vaincre l'intolérante obstination des propriétaires bostonnais, et la pauvre mistress Woodhull a été obligée de rapporter à New-York son « temple de la Divinité. » A ce propos, je ferai remarquer que les excentricités religieuses, morales et autres, n'ont pas aux États-Unis l'importance qu'on s'est plu à leur attribuer, sur la foi de certains écrivains à sensation, M. Hepworth Dixon entre autres. Elles n'y trouvent aucune faveur auprès de la masse du public, et souvent même aucune tolérance. On ne les supporte guère qu'à la condition de les ignorer; les persécutions auxquelles les Mormons ont été et sont encore en butte, pour avoir adapté à la Bible un article du Coran, en fourniraient au besoin la preuve. Il s'est créé en Russie, par exemple, sous le régime de l'autocratie politique et du monopole religieux le plus absolu, des sectes autrement immorales et anti-sociales que celles auxquelles la liberté politique et religieuse a donné naissance dans l'Union américaine. Il n'y a point de nihilistes aux États-Unis, et j'y ai même cherché en vain un journal socialiste.

Quant aux *Revivals* et aux *Camp Meetings*, ces pè-
lerinages méthodistes ressemblent singulièrement
aux nôtres, et les *free lovers* eux-mêmes sont des
agneaux sans tache auprès des affreux *skopsi*. Ce
n'est pas ici le pays des rêves, et, si l'excentricité
n'y fait pas défaut, elle se garde bien de se dépenser
en utopies « qui ne paient pas. » Elle a, comme tout
le reste, un cachet pratique. Elle s'est mise au service des dentistes et des marchands de pilules ; elle
rédige des prospectus et des affiches, et elle en tire
plus de dollars que la *Théorie des quatre mouvements* et le *Nouveau Christianisme* n'ont rapporté
de centimes à Fourier et à Saint-Simon.

Le soir, les délassements ne manquent pas, surtout en ce moment d'agitation électorale. J'ai le
choix entre une douzaine de meetings, démocrates
ou républicains, et trois ou quatre théâtres. Dans
Harvard square, il y aura un *flag-raising* (plantation
d'un drapeau) républicain. Le bataillon des cadets
de Hayes et Wheeler sera présent, suivant la promesse de l'affiche, dans ses uniformes neufs, et des
orateurs de premier ordre se feront entendre au Ly-
ceum Hall. Les démocrates, renchérissant encore
sur leurs adversaires, auront deux *flag raising*, une
procession avec des torches, et un *mass meeting*
sous les auspices du Tilden Reform Club. Dans le
voisinage, les républicains de Taunton annoncent
une « campagne de drapeaux » qui défiera toute
concurrence. Leur drapeau est le plus grand qui

existe dans l'État de Massachussetts : il ne mesure pas moins de 42 pieds sur 35. Deux mâts de 60 pieds de haut seront érigés, l'un en face de *Machinist Bank*, l'autre au coin du square, et réunis par une corde à laquelle sera attachée la bannière. Il y aura une procession aux torches de cent cavaliers et une infanterie considérable. Enfin les prohibitionnistes (apôtres de la tempérance) et les partisans du suffrage des femmes tiendront un meeting à Lower Hall dans le but d'organiser un club pour la campagne présidentielle. D'un autre côté, voici les affiches non moins remplies de promesses du *Boston Theater*, du *Boston Museum*, du *Globe Theater*, du *Howard Athœneum* et des *Little Mac's California Minstrels*. Je me laisse séduire par la splendide affiche jaune du *Boston Museum*. Deux pièces nouvelles, les derniers grands succès de Paris et de Londres, constituant ensemble une *attraction of exceptionnal brilliancy*, y sont offertes tous les jours, et même deux fois par jour, le mercredi et le samedi, au public de cet heureux théâtre. L'une, l'*Indian Summer*, l'*Été indien*, est tirée de la comedietta, l'*Été de la Saint-Martin*, de MM. Meilhac et Halévy, dramatisée par un gentleman de cette ville; l'autre, *Wanted a divorce* (On demande un divorce) est empruntée au *Procès Vauradieux*, de MM. Delacour et Hennequin, dont une traduction a obtenu récemment un immense succès à Londres, sous ce tire : *le Grand Cas de divorce !* et qui a été expressément dramatisée pour le *Boston Museum* par Fred. Williams esq., avec des scènes nouvelles appropriées au sujet par Glissing. — Acte 1ᵉʳ : Une consultation légale, en présence d'une belle-mère. — Acte 2 : Incidents judiciaires inattendus. — Acte 3 : Triomphe de l'éloquence du barreau. Trois causes gagnées, une belle-mère perdue, et tout le monde heureux ! *Every body made happy.*

Combinaison charmante !

Gaîté délirante !

Applaudissements frénétiques !

Comment résister à une affiche aussi séduisante? J'entre donc. Au guichet, on me montre le plan de la salle : toutes les places sont numérotées. On me donne pour la modique somme d'un dollar une excellente stalle d'orchestre. La salle est complétement dépourvue d'élégance; en revanche, on y est fort à son aise. En France, nous avons presque partout dans nos théâtres du luxe sans confort; en Amérique, on a du confort sans luxe. On arrive à sa place par des allées spacieuses; les bancs sont convenablement espacés; enfin, les billets numérotés se vendant avec les tickets des chemins de fer et des bateaux à vapeur dans les principaux offices, on n'est pas réduit à faire queue. Que voulez-vous ? En France, c'est une vérité administrative consacrée par l'expérience des siècles que « le public aime à être gêné »; en conséquence, partout, dans les bureaux des administrations publiques, aux gares des

chemins de fer, aux stations des omnibus, aux guichets des théâtres, on lui prend son temps, on le
réglemente, on le gêne sans le moindre scrupule. En
Amérique, au contraire, où c'est une vérité non
moins bien établie que « le publie aime à être à son
aise », on s'évertue à le traiter suivant ses goûts, et
c'est pourquoi on ne sait pas ce que c'est que d'attendre un car ou un omnibus, d'être expulsé des
compartiments réservés d'une gare ou inséré dans
une queue. Au premier abord, cela gêne un peu les
voyageurs français de n'être pas gênés, mais à la
longue ils s'y accoutument et ne se plaignent plus
qu'avec modération d'un état de choses si peu conforme à leurs habitudes.

La salle du *Boston Museum* est comble, et la
troupe n'est vraiment pas trop mauvaise. L'*Indian
Summer* n'a peut-être pas été suffisamment drama-
tisé par le gentleman de cette ville, et il laisse le
public froid. En revanche, *On demande un divorce* est enlevé avec entrain : Fauvinard — on
prononce Vauvenard, — Gatinet et Tardivaud obtiennent un succès de fou rire. On pourrait reprocher aux acteurs bostonnais d'émailler leur dia-
logue d'un trop grand nombre de : *No, Mossier*, et
de *Mon Dié, Madam !* Mais le lieu de la scène
est à Paris, et il faut bien faire un peu de couleur locale. Rentré à *Tremont house*, je trouve, —
pour la première fois dans un hôtel américain, —
une bible sur ma table. Cela me fait souvenir que

Boston a été pendant longtemps le foyer ardent du protestantisme et le sanctuaire des mœurs puritaines. On y brûlait jadis les papistes, et on y marquait les adultères d'une lettre rouge. Le *Procès Vauradieux* a pénétré, hélas! dans ce sanctuaire, et les flammes de ce foyer ne brûlent plus personne. Les passions religieuses se sont attiédies, sinon éteintes. Ce n'est plus qu'un été de la Saint-Martin.

XX

**LES MEETINGS — LE PARTI DES GREENBACKS — LES COURS
DE JUSTICE — LA PRISON DES TOMBES**

New-York, le 29 septembre 1876.

A New-York comme à Boston, les deux partis en
présence déploient une activité de plus en plus
fébrile ; à chaque pas, d'immenses bannières suspendues en travers de la rue signalent le voisinage
d'un « Campaign Club » républicain ou démocrate.
Le plus souvent, les portraits des candidats rivaux,
Hayes et Wheeler, Tilden et Hendricks, sont photo-
graphiés sur la bannière ; dans les magasins de *Po-
litical goods*, marchandises politiques, où l'on peut
se procurer des uniformes de fantassins et de cavaliers, chemises rouges ou bleues, manteaux vénitiens, toques ou casques emplumés, casquettes de
jockeys, torches brevetées, etc., etc., les images de

Hayes et Tilden sont fraternellement accouplées, ou simplement séparées par une belle femme en costume grec, qui les enveloppe, avec une sollicitude impartiale, dans les replis du drapeau étoilé. Le soir, on n'a que le choix des meetings avec ou sans processions et *flag raising*. La fièvre électorale a gagné le paisible Brooklyn lui-même, cette « chambre à coucher de New-York », comme le nomment familièrement ses voisins. J'assiste, à l'Académie de musique de Brooklyn, à un double meeting démocrate : l'un dans la salle, où se pressent 3 à 4,000 personnes; l'autre dans la rue, où l'affluence n'est pas moindre. Les orateurs les plus notables, le sénateur Bayard entre autres, se font entendre dans la salle; mais le spectacle est plus animé au dehors. Il n'y a pourtant ni procession ni *flag raising*. C'est un meeting sérieux.

Une baraque en planches, avec estrade, a été élevée au milieu de la rue. L'estrade est occupée par un bureau composé de diverses notabilités; derrière est installé un orchestre, avec une grosse caisse majestueuse; non-seulement la scène est éclairée *à giorno* par des becs de gaz, des torches et des feux du Bengale, mais un Tildeniste enthousiaste a eu l'inspiration ingénieuse et brillante de dresser juste en face de l'estrade un phare électrique. Les orateurs, qui se succèdent de quart d'heure en quart d'heure, projettent de leur côté des torrents de lumière sur les questions à l'ordre du jour, et, après chaque discours, l'orchestre lance ses fusées de notes éclatantes. Le lendemain, le compte rendu de cette manifestation imposante remplissait six colonnes en petit texte du *Brooklyn Eagle*. Cependant on ne saurait contenter tout le monde. Des journaux qui se piquent d'impartialité et de modération, tels que le *New-York Herald* et la *Tribune*, trouvent quelque chose à reprendre, même dans ces meetings sérieux. Ils accusent les orateurs de chercher à passionner la foule plutôt qu'à l'éclairer; ils reprochent aux démocrates d'abuser des personnalités et de se servir trop souvent des expressions peu parlementaires de concussionnaires et de voleurs; ils sont d'avis, d'un autre côté, que les républicains ont le plus grand tort d'agiter la *chemise sanglante, the bloody shirt;* autrement dit, de renouveler les souvenirs de la guerre civile et d'employer trop volontiers les qualificatifs peu fraternels de traîtres et d assassins. Ces feuilles sages conseillent aux orateurs des deux partis d'abandonner les controverses irritantes et de renoncer aux expressions offensantes pour discuter d'une manière calme et approfondie les questions politiques, économiques, financières et administratives à l'ordre du jour. Évidemment, le conseil est bon; mais est-il bien facile à suivre? La mise en scène des meetings américains n'est pas précisément celle d'une Académie des sciences morales et politiques, et il faut bien que l'éloquence se monte,

dans ces assemblées populaires, au diapason de l'é-
clairage et de la musique.

Jusqu'à présent, les chances des candidats rivaux
paraissent se balancer, et les politiciens les plus ex-
périmentés eux-mêmes n'osent s'aventurer à pré-
dire qui l'emportera, de Tilden ou de Hayes. En
attendant, voici venir un troisième parti et un troisième candidat, le parti des *Greenbacks*, qui porte
à la présidence M. Peter Cooper, un philanthrope
émérite, fondateur du *Cooper Institute*, et à la vice-
présidence, M. Cary, de l'Ohio. Le parti des Greenbacks s'est constitué, comme l'indique son titre,
pour conserver et perpétuer le régime du papier-
monnaie; il est *inflationiste*, ce qui signifie qu'au
lieu de réduire la quantité du papier en circulation,
il se propose de l'augmenter, en vue de faire renaître l'activité industrielle et commerciale. Il y a
passablement d'*inflationistes* dans les États de
l'Ouest : les uns démocrates, les autres républicains.
Il s'agit d'en faire un parti indépendant, et c'est à
quoi travaillent activement M. Peter Cooper et ses
amis. Ils ont tenu, dans ce but, une première Convention à Indianapolis le 17 mai, et ils viennent
d'en tenir une seconde le 26 septembre à Albany.
Ils ne s'appliquent pas moins que leurs concurrents,
démocrates ou républicains, à soigner la mise en
scène. A New-York, leur quartier général, situé au
coin de Chatham street, chez un chapelier, est décoré d'une immense pancarte avec cette inscrip-

tion caractéristique : « *Si vous voulez le travail et l'abondance, votez pour Peter Cooper; si vous voulez le chômage et l'émeute, votez pour Hayes ou pour Tilden.* » A Albany, la salle où se tenait la Convention était ornée d'images et d'emblèmes non moins propres à frapper les esprits et à conquérir les votes. Sur le devant de l'édifice était suspendu un énorme tableau qui représentait d'un côté le Diable conduisant une lourde charrette traînée par Grant et Tilden, tandis que, de l'autre côté, on voyait un boa monstrueux, ouvrant une gueule énorme pour avaler Peter Cooper, lequel se tenait majestueux et impassible sur une plate-forme de greenbacks. Les 150 délégués environ qui composaient la Convention étaient décorés de larges rubans avec cette inscription : « Candidats du *Centennial*, Cooper et Carry. » Quelques-uns y avaient ajouté un emblème plus significatif encore en cousant sur leur habit un billet d'un dollar. Après les discours et les résolutions de rigueur, la Convention a nommé un « Comité central », et entendu la lecture d'une lettre d'acceptation de M. Peter Cooper. Dans cette lettre-manifeste, le candidat des Greenbacks se plaint de ce que la circulation du papier-monnaie a été réduite de 58 dollars par tête à 15 depuis la fin de la guerre; il attribue à cette « contraction » de la circulation la crise dont souffre actuellement l'industrie américaine, et il se présente aux suffrages des électeurs comme le champion de la monnaie du peuple et des véritables principes d'une saine économie financière. Les *greenbackers* reconnaissent toutefois qu'ils n'ont pas la certitude de l'emporter dans l'élection actuelle, — l'éducation financière et monétaire du public n'étant pas encore assez avancée ; — mais ils sont le parti de l'avenir, et, s'ils échouent cette année, ils sont assurés de vaincre en 1880.

Je n'ai pas, malheureusement, le loisir nécessaire pour étudier d'une manière approfondie le manifeste de M. Peter Cooper et me rendre compte des chances du parti des Greenbacks. Il ne me reste plus que deux jours à passer à New-York, et je les consacre de préférence à visiter les cours de justice, les prisons et les journaux. La Cour de justice de New-York, située en face du Post-Office, a été construite par le plus illustre voleur de l'Union, le fameux Tweed, que l'Espagne, où il s'était réfugié après son évasion, vient de restituer aux États-Unis, et il a fait œuvre de connaisseur : c'est un bâtiment spacieux et confortable ; les salles sont vastes et bien aérées ; il n'y a pas de couloirs tortueux et infects ; et les accusés que je vois descendre de la voiture cellulaire, quoique un peu gênés dans leurs allures par les menottes qui les enchaînent deux à deux, montent facilement l'escalier en fer par lequel ils arrivent à la salle du *recorder*. L'aménagement de cette salle ne diffère pas sensiblement de celui de nos tribunaux, si ce n'est qu'on n'y remarque aucun

emblème religieux ou autre. Le juge ou *recorder* se
tient seul dans une sorte de chaire ; à sa gauche sont
les siéges du jury ; plus bas se trouve la table du
greffier et de ses assistants ; puis vient une balustrade devant laquelle les accusés sont amenés sous
la conduite d'un gardien sans uniforme, après avoir
été préalablement débarrassés de leurs menottes ;
derrière eux, une série de bancs réservés aux avocats et aux témoins ; enfin, une seconde balustrade
où se tient un huissier, toujours sans uniforme ;
puis un vaste espace garni de bancs en amphithéâtre
pour le public. Absence complète de costumes. Le
recorder, en paletot, entre, un chapeau de paille à
la main ; les avocats sont en habit du matin ; mais
tout le monde s'est découvert à l'entrée du juge, et
il n'est pas nécessaire d'imposer silence à l'auditoire. Je demande à un jeune avocat qui a défendu
la veuve et l'orphelin en Europe et en Amérique si
cette absence de costume et d'apparat ne diminue
pas le prestige de la justice. Il n'a pu constater à cet
égard aucune différence appréciable, et il prétend
même que les robes de nos avocats forment avec le
costume moderne une dissonance plus bizarre qu'imposante. Le personnel judiciaire pourrait avoir aux
États-Unis une tenue plus sévère, mais on n'y pren-
drait pas au sérieux des costumes datant de la reine
Élisabeth. Au surplus, on attache peu d'importance
à la forme, et on s'efforce de simplifier autant que
possible les formalités de tout genre. Il n'y a point

de juge d'instruction; c'est un jury qui décide, après une enquête sommaire, s'il y a lieu ou non de poursuivre l'accusation. On ne fait pas languir les accusés en prison; d'ailleurs, la mise en liberté sous caution est admise pour tous les cas, à l'exception de ceux qui entraînent la peine capitale. On amène l'accusé devant le tribunal, et on lui demande s'il plaide coupable ou non coupable. S'il y a flagrant délit ou si la culpabilité est évidente, l'accusé plaide presque toujours coupable, et, en ce cas, son affaire est terminée en quelques minutes, le juge prononçant seul dans tous les cas où la pénalité ne dépasse pas cinq années. Si l'accusé plaide non coupable, on procède, quand il y a lieu, à la formation du jury. J'assiste à l'appel des jurés, qui ont été choisis sur la liste des électeurs par le shérif, conjointement avec la municipalité. Ceux qui viennent prendre place sur leurs siéges sont, en général, des gentlemen de bonne mine; ils prêtent serment sur la Bible, à l'exception d'un seul, qui est exempté de cette formalité en sa qualité d'israélite. Les accusés ont un droit de récusation fort étendu; j'en ai pu juger dans l'affaire qui a occupé presque toute la séance et dont je ne puis malheureusement parler qu'avec discrétion. C'est une affaire qui aurait certainement exigé le huis clos de l'autre côté de l'Atlantique. L'avocat ayant demandé insidieusement à un juré dont la mine ne lui revenait point « s'il avait une mauvaise opinion des gens qui tiennent une maison de tolé-

rance », et le juré ayant répondu d'une manière af-
firmative, l'avocat a réclamé sa récusation, par le
motif qu'il avait manifesté des préventions défavo-
rables aux accusés, et il a été fait droit à sa demande. On ne met à l'amende les jurés absents que
dans le cas où il n'y a pas assez de jurés présents
pour remplir les douze siéges du jury.

L'unanimité est nécessaire pour la condamnation,
ce qui n'empêche pas, au dire de mon cicerone, les
tribunaux américains de condamner pour le moins
aussi souvent que ceux d'Europe. Je lui demande
encore si le mode de recrutement des juges par le
suffrage universel ne présente pas d'inconvénients.
A son avis, ces inconvénients n'ont pas le caractère
de généralité qu'on leur attribue : les juges jouissant
d'une réputation de capacité et d'honorabilité sont
presque toujours réélus. Il m'en cite un qui siége
depuis près de trente ans. Il convient toutefois que
les choix sont viciés par des influences politiques,
surtout quand il s'agit des magistrats d'un rang
inférieur; mais on hésite à confier à des gouverneurs
élus pour un an ou deux ans au plus la nomination
de juges inamovibles. Le jury installé, on procède à
l'interrogatoire des témoins, que l'on ne croit pas
nécessaire d'isoler. Seulement, tout n'est pas rose
dans le métier de témoin, la justice américaine
ayant, comme la justice russe, le droit de retenir
sous clef les témoins dont la présence lui paraît
indispensable. Ce système a sans doute l'avantage

d'empêcher les témoins de manquer à l'appel ; en revanche, est-il bien propre à multiplier les témoignages? Je me souviens d'avoir assisté un jour, à Moscou, à une course désordonnée d'*istvochicks* (conducteurs de traîneaux) fuyant dans toutes les directions comme si le diable avait été à leurs trousses. Un crime venait d'être commis auprès de leur station, et ils redoutaient, non sans raison, d'être obligés d'aller attendre en prison, à titre de témoins, le jugement du coupable. Il est permis de croire que ces braves gens auraient été moins prompts à dérober leur témoignage à la justice s'ils avaient eu en perspective une indemnité au lieu d'une arrestation.

Les témoins qui défilent sous mes yeux, tous du sexe féminin, sont interrogés contradictoirement par un jeune substitut vêtu d'un élégant paletot bleu et par l'avocat des accusés ; le juge résume brièvement l'accusation ; l'avocat fait un court plaidoyer ; le jury se retire et rend, au bout d'un quart d'heure, un verdict de culpabilité ; le juge prend de nouveau la parole : il déclare qu'en considérant les horribles révélations qui se sont produites dans cette cause, il s'étonne que le Tout-Puissant n'ait pas encore fait subir à la ville de New-York le sort de Sodome et de Gomorrhe pour la punir de ses débauches et de ses iniquités, après quoi il prononce la sentence. Les accusés, un homme et une femme, sont condamnés à une année de *hard labor* (travail dur) et à une amende de 250 dollars, pour avoir tenu une *disorderly house*. Jugement sévère, mais qui n'empêchera pas les *disorderly houses* de continuer leur commerce à la condition assez facile à remplir, à New-York du moins, de rester en bons termes avec les autorités. En sortant de la cour nous passons par une salle des Pas Perdus inachevée, — on n'a pas laissé à ce pauvre Tweed le temps de la terminer. Un bureau télégraphique y est installé à l'usage des avocats et du personnel judiciaire. Mon cicerone expédie une dépêche à son Office et il reçoit la réponse en moins de cinq minutes.

Le lendemain matin, je vais visiter les *Tombes*, massive prison, en style pseudo-égyptien, où l'on enferme les accusés, et d'où les condamnés sont dirigés sur les autres établissements pénitentiaires, à l'exception des condamnés à mort, que l'on pend dans la cour. Un tribunal de police est annexé à la prison. Les policemen de service amènent tous les matins devant le juge leur récolte de la nuit. C'est le déversoir des égouts de New-York. Les pouvoirs de ce juge sont très-étendus : il peut condamner à un an de prison et à 250 dollars d'amende ; il peut encore imposer une caution jusqu'à concurrence de 1,000 dollars. — Les prévenus sont, pour la plupart, des ivrognes, des perturbateurs nocturnes, de jeunes vagabonds et des femmes de mauvaise vie. Chaque policeman amène ses clients à la barre, prête serment sur la Bible et expose l'affaire en deux mots. Voici deux enfants de dix à douze ans qui ont volé du chocolat et des mouchoirs aux étalages : ils sont envoyés dans une maison de correction jusqu'à leur majorité. Voici un défilé d'ivrognes : ceux qui comparaissent pour la première fois devant le juge sont renvoyés avec une simple réprimande ; les autres, en état de récidive, sont punis de dix jours de prison et 10 dòllars d'amende. — 1 dollar d'amende se rachète par un jour de prison. — Un mari qui a battu sa femme sans ménagements : 15 dollars d'amende et 300 dollars de caution pendant six mois ; s'il récidive dans l'intervalle, sa caution sera confisquée. — Une prostituée qui demande à s'amender : envoyée à l'établissement du Bon Pasteur. — Une autre prostituée, d'un âge et d'une figure invraisemblables, 10 dollars. Chaque cause prend en moyenne une minute : exposé de l'affaire par le policeman, 30 secondes ; tentative infructueuse de justification du prévenu, 10 secondes ; jugement avec ou sans admonestation, 20 secondes. La déposition du policeman fait loi, et, sur les quarante prévenus qui viennent de comparaître en quarante minutes, pas un seul n'est renvoyé complétement absous. Cela s'appelait autrefois de la justice à la turque, c'est de la justice à l'américaine ; la seule différence, c'est que le cadi est nommé ici par le suffrage universel. Après tout, les sentences que je viens d'entendre prononcer à la vapeur n'ont rien d'excessif ; le juge, j'allais dire le cadi, paraît

être un homme de bon jugement. Mais ne pourrait-
il pas accorder à la défense 10 secondes de plus ? —
On entre dans les *Tombes* par un guichet fortement
grillé ; on traverse un jardinet et on se trouve devant
un bâtiment rectangulaire à quatre étages de cellules.
Portes grillées à l'entrée de l'escalier de chaque
étage. Cellules closes par une grille et une porte en
tôle que leurs habitants ferment à volonté : la plupart sont entre-bâillées ; l'intérieur des cellules est
proprement blanchi à la chaux ; quelques-unes sont
ornées de photographies : un républicain y a affiché
le portrait de Hayes ; un lit en fer, une cruche, des
objets de toilette élémentaire, aucune mauvaise
odeur ; mais la prison étant devenue insuffisante,
presque toutes les cellules contiennent deux prisonniers. Leurs noms sont écrits au-dessus de l'entrée
de la cellule. Les noms irlandais dominent. Les
jeunes gens de seize à vingt-cinq ans me paraissent
malheureusement en majorité, symptôme peu rassu-
rant pour l'avenir. Les condamnés à mort n'ont pas de
cellules spéciales, mais pour le moment les *Tombes*
n'en contiennent aucun. Il y a quelques cellules capi-
tonnées. La plupart des prisonniers sont en train de
lire les journaux ; la seule demande que quelques-
uns nous adressent, c'est de leur donner des timbres-
poste. Les visiteurs ne sont pas admis dans le quartier des femmes. En revanche, nous entrons dans
une annexe où l'on enferme les accusés de moins de
seize ans. Les cellules, étroites et humides, sont bien

dignes d'une prison qui porte ce funèbre nom de *Tombes*. Allons-nous-en !

De ces *Tombes* mornes et silencieuses je passe, sans transition, à ce qu'il y a de plus vivant et de plus bruyant aux États-Unis, je veux parler des journaux. Il y a à l'Exposition de Philadelphie un bâtiment — et ce n'est pas le plus petit — qui leur est exclusivement consacré. Au point de vue du nombre, du tirage, de la masse et de la célérité des informations, de la quantité des annonces, la presse américaine laisse loin derrière elle la presse européenne, et nous aurions, sous ces divers rapports, plus d'un emprunt à lui faire ; mais une étude sur la presse des États-Unis exigerait un volume, et me voici au bout de mes notes. Ai-je besoin de dire que j'ai reçu partout chez mes confrères américains, à New-York, à Baltimore, à la Nouvelle-Orléans, à Chicago, le plus cordial accueil ? Dans les bureaux du *Herald*, je traverse une salle où les vingt-cinq reporters ordinaires du journal, sans parler de l'extraordinaire, exécutent à toute vapeur leur besogne quotidienne ; dans la bibliothèque, je remarque un casier servant d'obituaire où s'accumulent les matériaux propres à composer sur l'heure, comme les billets d'enterrement, les notices nécrologiques. A la *Tribune*, dont le bâtiment à huit étages domine de haut tout le voisinage, l'administration occupe le rez-de-chaussée, la rédaction le septième, et les compositeurs le huitième. Un ascenseur transporte le personnel en quelques

minutes de la base au sommet, et une machine
pneumatique fait parvenir la copie en quelques secondes des salles de la rédaction à l'atelier des compositeurs. Inutile d'ajouter qu'un télégraphe met en
communication le bureau du rédacteur en chef avec
les parties les plus reculées du globe. A côté de
ces géants de la publicité, le *Courrier des États-
Unis*, le *Messager franco-américain* et l'*Abeille*
de la Nouvelle-Orléans représentent honorablement
la presse française aux États-Unis. Aux remercîments qui reviennent de droit à mes confrères de la
presse, qu'il me soit permis de joindre ceux que je
dois aux membres du corps consulaire, dont l'accueil hospitalier et les aimables prévenances m'ont
fait si souvent retrouver sinon Paris, — notre émi-
nent et spirituel collaborateur M. Laboulaye lui-même
ne l'y retrouverait plus, — du moins la France en
Amérique.

XXI

LE RETOUR

A bord du *Labrador*, 30 septembre-
11 octobre 1876.

Je m'embarque le 30 septembre, à trois heures,
sur le *Labrador*, capitaine Sanglier, de la Compagnie
générale transatlantique, et le temps ne me manque
pas pour débrouiller et résumer les impressions passablement mêlées et confuses que me laisse un séjour
de trois mois de l'autre côté de l'Atlantique. Si l'on
veut porter un jugement impartial sur le peuple américain, il faut naturellement tenir compte des éléments qui le composent, de l'influence que ces éléments si divers exercent les uns sur les autres, et du
milieu où ils se développent. L'émigration européenne, qui a principalement contribué à peupler
l'Amérique du Nord, y a implanté les rejetons les

plus vigoureux des populations actives et industrieuses de notre zone tempérée, Anglais, Écossais, Français, Hollandais, auxquels sont venus se joindre plus tard les Irlandais, les Allemands, les Suédois, les Norvégiens, les Suisses et les Italiens. Les dissidents anglais qui ont fondé les États de la Nouvelle-Angleterre étaient, parmi tous ces émigrants, les mieux trempés pour la lutte, et à bien des égards, malgré leur étroit esprit d'intolérance religieuse, ils étaient supérieurs aux autres par l'éducation, la moralité et les aptitudes politiques. C'est pourquoi on s'explique qu'ils aient imprimé leur cachet sur la civilisation américaine ; et quoique, dans l'Ouest, cette empreinte se modifie sous l'influence grandissante de l'élément germanique ; quoique, dans le Sud, la colonisation française et l'importation des esclaves de la côte d'Afrique aient créé un état de société fort différent de celui des États de la Nouvelle-Angleterre, la langue, les institutions, les mœurs et même les habitudes domestiques des énergiques pèlerins de la *May-flower* y ont prévalu. L'Union américaine porte, des bords des grands lacs au golfe du Mexique, la marque profonde et probablement indélébile de la civilisation britannique. Cette société si diversement recrutée, mais dont la classe dirigeante venait d'Angleterre, a subi, naturellement aussi, dans une large mesure, l'influence du milieu où elle a grandi ; et, si l'on considère combien l'Amérique diffère de l'Europe, on ne s'étonnera point que les hommes, de même que les végétaux et les animaux importés du vieux monde, aient pris une autre physionomie dans le nouveau.

En admettant que le continent de l'Amérique du Nord fût aussi anciennement peuplé et civilisé que l'Europe, il contiendrait aujourd'hui 4 ou 500 millions d'habitants, et il les contiendra probablement un jour; en attendant, il n'en a pas encore 50 millions. C'est un immense dépôt, à peine effleuré, de richesses naturelles; mais ces richesses, on ne les obtient point sans peine. A moins de se contenter, comme l'Indien son prédécesseur, du maigre produit de la chasse et de la pêche, le colon européen a dû préparer le sol et explorer le sous-sol, abattre les forêts, dessécher les marécages, endiguer les fleuves et créer de toutes pièces un réseau de voies de communication, indispensable à l'échange des produits de son travail. Si l'on a égard au petit nombre des hommes qui ont entrepris et poursuivi cette œuvre laborieuse de l'appropriation et de la mise en valeur d'un continent vierge; si l'on songe à l'exiguité de leurs ressources et à l'immensité des difficultés qu'ils avaient à surmonter; si l'on fait ensuite l'inventaire du travail qu'ils y ont accumulé sous toutes les formes en moins de trois siècles : défrichements, moyens de défense contre la nature et les hommes, habitations, ateliers, matériel agricole, industriel et commercial, routes, canaux, chemins de fer, etc., on restera pénétré d'admiration, car jamais effort aussi colossal n'a été accompli et jamais résultats aussi prodigieux n'ont été obtenus par l'industrie humaine. Les seules levées du Mississipi, dans la Louisiane, ont exigé plus de travail que les digues de la Hollande, et le réseau des chemins de fer des États-Unis est presque aussi étendu que celui de l'Europe.

Cependant la création des assises matérielles d'une civilisation exige principalement le concours et la mise en œuvre de certaines facultés qui se développent alors plus que les autres, et fréquemment aussi aux dépens des autres. C'était, avant tout, une œuvre d'ingénieur qu'il fallait accomplir pour rendre le nouveau continent accessible, et cette œuvre, il fallait encore la mener à bonne fin avec des ressources relativement limitées en travail et en capitaux. Aussi l'Américain a-t-il acquis et possède-t-il au plus haut degré les aptitudes de l'ingénieur, en même temps qu'il excelle dans les inventions et les combinaisons qui permettent d'obtenir un résultat industriel moyennant la plus faible dépense. Voyez, par exemple, la traversée des Alleghanys. A l'époque où l'industrie des chemins de fer était encore dans l'enfance, il s'agissait de traverser ce massif inextricable de hautes collines et de vallées pour mettre en communication les États de l'Est avec ceux du Centre. Des ingénieurs d'Europe auraient percé les collines et comblé les vallées, en dépensant 2 ou 3 millions par kilomètre ; les ingénieurs américains ont éludé les obstacles au lieu de les supprimer ; ils ont contourné les collines, suivi les vallées, et réussi à établir, presque sans viaducs ni tunnels, un chemin de fer aussi économique que pittoresque. Les Américains ont, sinon inventé, du moins vulgarisé la machine à coudre, généralisé l'emploi des machines agricoles, multiplié les machines-outils, trouvé les procédés les plus propres à épargner le travail dans toutes les branches d'industrie et jusque dans l'économie domestique. En cela, ils nous dépassent de loin, et qui rapporterait du *Centennial* un inventaire illustré de toutes les inventions et ingéniosités américaines rendrait un bon service à nos agriculteurs, à nos industriels et même à nos ménagères.

Ils n'ont pas acquis à un degré moindre, et sous l'influence de causes analogues, l'esprit d'entreprise. Toute création nouvelle constitue une entreprise, et dans un continent où tout était à créer, un débouché pour ainsi dire illimité était ouvert aux hommes d'initiative. Pour une entreprise possible dans notre vieille Europe, il y en avait cent dans la jeune Amérique. Les Européens transplantés en Amérique devaient naturellement y devenir plus entreprenants, et cette aptitude, fortifiée par un exercice fréquent, ne pouvait manquer de s'augmenter encore, en s'accumulant, dans leur descendance. L'esprit d'entreprise développe à son tour des facultés, des qualités et des défauts particuliers, en même temps qu'il agit d'une manière générale sur les mœurs du monde des affaires. L'habitude de tenter des œuvres nouvelles donne à l'esprit une certaine justesse d'appréciation prompte que résume assez bien cette expression pittoresque : « avoir l'œil américain » ; elle donne aussi un certain tour résolu au caractère, avec une insouciance peut-être excessive des risques attachés à toute entreprise; d'un autre côté, les gros profits que procure, dans un pays neuf, une affaire judicieusement engagée et vigoureusement conduite, engendre des habitudes de prodigalité qui deviennent aisément contagieuses et qui contribuent à affaiblir, dans toutes les couches sociales, la propension à l'épargne. Sauf dans les États de la Nouvelle-Angleterre, dont la situation économique se rapproche de celle de l'Europe, on épargne peu en Amérique; on vit largement, en comptant sur des chances heureuses, qui se présentent en effet plus souvent qu'ailleurs, pour soutenir un train de vie coûteux ; mais alors viennent les mauvais jours, — ils sont venus, hélas! — et l'on est obligé de recourir à des expédients qui ne sont pas toujours irréprochables. Enfin, dans un pays où l'esprit d'entreprise a improvisé tant de merveilles, on se montre volontiers indulgent pour ses écarts et pour ses chutes. Une affaire est une bataille, et, comme telle, soumise, dans une certaine mesure, aux caprices de la fortune. Un industriel ou un négociant, aussi bien qu'un général, peut être malheureux, tout en déployant la même somme d'intelligence et d'énergie qui, dans d'autres circonstances, avaient été récompensées par le suc-

cès. Dans les pays où l'on a l'habitude de la guerre,
une défaite ne déshonore point, à moins qu'elle ne
soit visiblement entachée par l'incapacité, la lâcheté
ou la trahison. Aux États-Unis, une faillite est considérée comme une défaite, et si le vaincu a déployé
dans la lutte les qualités de l'homme d'affaires, s'il
n'a péché notamment que par excès d'audace, non-
seulement sa réputation ne s'en trouve pas entachée,
mais encore il arrive fréquemment que les victimes
de son imprudence elles-mêmes soient les premières
à l'encourager et à l'aider à reprendre la campagne.
On m'a nommé à Chicago un négociant qui venait,
après une lutte énergique contre la fortune, de déposer son bilan en donnant 20 0/0 à ses créanciers.
— Et maintenant, qu'allez-vous faire? lui dit l'un
d'entre eux. — Je n'en sais rien. — N'avez-vous pas
une idée? — Si, j'ai bien une idée, mais il me faudrait 25,000 dollars pour entreprendre l'affaire, et
je ne les ai plus. — Dites-nous toujours de quoi il
s'agit. Là-dessus il expose son idée. Ses créanciers la
trouvent pratique, ils tirent leurs carnets de chèques
de leurs portefeuilles et lui remettent, séance te-
nante, 25,000 dollars. — Les lois sont, sur ce point,
d'accord avec les mœurs; elles se montrent particulièrement indulgentes pour les défaites de l'esprit
d'entreprise. Ne faut-il pas bien, en effet, risquer
d'être battu pour vaincre? Et si l'on se montre impitoyable pour les vaincus, qui donc voudra encore
courir les risques des batailles? On craindra de s'ex-

poser à la réprobation publique ; on deviendra ti-
mide, irrésolu, et l'on perdra ainsi les qualités mêmes qui commandent le plus souvent la victoire. Qui
voudra entreprendre, qui osera encore risquer les
coups d'audace que le succès couronne si une affaire
malheureuse entraîne la perte de la considération et
de l'honneur avec celle de la fortune? — Ces mœurs
que l'habitude des entreprises a créées, sont-elles
meilleures ou plus mauvaises que les nôtres? Je ne
me prononcerai point sur cette question délicate.
Tout ce que j'ai voulu montrer, c'est qu'elles sont
un produit naturel du milieu où s'est trouvée placée,
dès l'origine, la société américaine, et des circonstances dans lesquelles elle a grandi. J'en dirai autant de ce culte du dieu Dollar, *almighty dollar*,
qu'on lui reproche, à mon sens, avec quelque exagération. Et d'abord est-ce là un culte exclusivement
américain ? Les Juifs adoraient le veau d'or ; — probablement une pièce de monnaie à l'effigie d'un
veau ou d'un bœuf, le dollar de ce temps-là. En Russie, j'ai entendu les moralistes gémir des progrès
que fait tous les jours le culte du dieu Rouble. En
Allemagne, le dieu Thaler est l'objet d'une adoration
de plus en plus fervente. En Autriche, on a une vé-
nération particulière pour le dieu Florin, et je crois
bien qu'en France on ne méprise pas le dieu Cinq-
Francs. Il faut bien vivre ! Et à une époque où chacun est chargé de la responsabilité de son existence,
où il n'y a plus ni domination héréditaire d'une

classe, ni sujétion héréditaire d'une autre, faut-il
s'étonner que la préoccupation générale soit de se
procurer les moyens de vivre, autrement dit, de faire
de l'argent ? Aux États-Unis, où les fortunes assises
sont rares, cette préoccupation ne doit-elle pas être
encore plus répandue et plus intense qu'ailleurs ?
Que le dieu Dollar soit un plus grand dieu que
le dieu Rouble, le dieu Thaler, le dieu Florin ou le
dieu Cinq-Francs, je l'accorde ; mais il n'habite pas
seul l'Olympe monétaire, et tous les adorateurs du
veau d'or ne sont pas en Amérique.

En tout cas, et quels que soient les défauts et les
vices que des pédagogues naturellement irréprochables reprochent au peuple américain, il n'en a pas
moins accompli une œuvre prodigieuse en créant de
toutes pièces les assises d'une civilisation dans un
continent plus étendu que l'Europe. En visitant ces
vastes contrées, naguère parcourues seulement par
quelques tribus faméliques d'Indiens chasseurs,
maintenant défrichées, assainies, couvertes d'habitations riantes et de moissons plantureuses, sillonnées
de chemins de fer aboutissant à des cités géantes, je
ne pouvais m'empêcher de m'incliner devant le génie
pratique et la puissante énergie qui ont accompli
cette transformation merveilleuse, et je me disais :
Voilà une grande œuvre et voilà un grand peuple !

Cependant, il y a un revers à cette splendide médaille. En dirigeant avec une vigueur sans pareille,
mais peut-être d'une manière trop exclusive, leur

activité vers la création du matériel de la civilisation,
les Américains ont négligé ou laissé sur le second
plan les sciences et les arts, qui ont pour objet la
culture de l'homme lui-même et le bon gouvernement de la société. La littérature américaine est pauvre à l'excès, et, depuis quelques années surtout,
elle n'a produit que bien peu d'œuvres de science
ou d'imagination qui vaillent la peine d'être citées.
Les beaux-arts commencent seulement à être cultivés ; on fabrique aux États-Unis des pianos supérieurs, mais on n'y forme point d'artistes. Le matériel de l'instruction est irréprochable, les écoles sont
vastes, bien chauffées et bien aérées, les pupitres et
les siéges des élèves sont perfectionnés, mais les programmes sont simplement copiés sur les nôtres, et
le seul progrès notable qu'on ait réalisé dans ces
derniers temps, ça été d'apprendre le grec aux jeunes filles. Il ne semble pas que le communisme de
l'enseignement gratuit ait contribué sensiblement à
améliorer l'alimentation intellectuelle des jeunes générations. On puise dans les immenses gamelles des
écoles publiques, primaires ou secondaires, une instruction uniforme, abondante sans doute, mais peu
choisie et médiocrement substantielle. La multiplication des écoles privées, payantes, en concurrence
avec les écoles publiques, gratuites, ne prouve pas,
au surplus, que l'enseignement public mérite absolument aux États-Unis les éloges hyperboliques
qu'on lui adresse dans les *platforms* des partis et dans

les harangues des meetings, avec accompagnement de grosse caisse.

Chose plus grave encore! L'entraînement général vers les entreprises matérielles, déterminé par l'élévation des profits qu'elles procurent dans un pays neuf, et surexcité encore par les primes énormes que le système prohibitif a allouées à un grand nombre de branches d'industrie, a détourné peu à peu l'élite de la population de l'exercice des fonctions publiques et laissé tomber la direction politique et administrative du pays entre les mains d'une classe aussi peu recommandable par sa moralité que par son éducation et ses lumières. A l'origine, les fonctions publiques, mal rétribuées, le plus souvent même gratuites, étaient exercées par les propriétaires riches ou aisés, pour lesquels elles n'étaient qu'un accessoire, et qui s'en chargeaient en vue de l'influence et de la considération qu'elles procurent. Mais à mesure que là population et la richesse se sont accrues, et qu'elles ont exigé une protection plus attentive, ces fonctions sont devenues plus compliquées et plus absorbantes, pendant que, d'un autre côté, l'extension de l'arène ouverte aux entreprises par le développement des voies de communication et par tant d'autres progrès qui ont marqué les quarante dernières années, a incessamment augmenté l'inégalité originaire des profits de l'industrie privée et des salaires des fonctions publiques. En conséquence, la classe

supérieure s'est retirée de ces fonctions ingrates
pour s'adonner d'une façon de plus en plus exclusive aux affaires. Qu'est-il arrivé alors ? C'est que la
direction politique de la société américaine, avec la
disposition des budgets de l'Union, des États et des
cités, est tombée entre les mains d'un personnel
mêlé, recruté soit dans le rebut de la classe supérieure, parmi les déclassés qui avaient perdu, faute
d'intelligence, d'activité et d'esprit de conduite, la
fortune et la considération, soit parmi les aventuriers des couches sociales inférieures que leur aptitude à l'intrigue, leur faconde oratoire et leur audace peu scrupuleuse rendaient particulièrement
propres aux besognes troubles de la politique. Ainsi
s'est constituée la classe des « politiciens » qui a
graduellement accaparé depuis trente ou quarante
ans le gouvernement de l'Union. A mesure que cette
nouvelle classe dirigeante, formée d'éléments inférieurs ou suspects, acquérait plus d'influence, elle
travaillait naturellement à consolider sa situation,
comme aussi à reculer les barrières qui limitaient
son débouché ; elle élargissait le droit de suffrage
qu'elle manœuvrait à son gré, et étendait les pouvoirs des électeurs en allongeant la liste des emplois
soumis à l'élection. Elle est arrivée à ses fins, et
l'Union américaine se trouve aujourd'hui sous le régime de la démocratie illimitée. Tout Américain,
blanc, noir ou coloré, est électeur, et tous les emplois importants sont confiés à l'élection. Seulement,

les élections sont faites par les politiciens et pour
eux ; et telle est la puissance de leur organisation,
que la masse électorale est entre leurs mains comme
un troupeau de moutons sous la houlette du berger.
Il faut voter pour les candidats qu'ils ont élus dans
leurs Conventions après les avoir préalablement triés
sur le volet dans leurs comités, ou se résigner à perdre sa voix.

Cependant, les politiciens avaient ici un écueil à
éviter : c'est que l'électeur, dépouillé de l'essen-
tiel de son droit pour n'en conserver que l'apparence, ne renonçât à l'exercer, c'est que cette
machine à voter ne cessât de fonctionner. Qu'ont-ils
fait? Mettant à profit le goût naturel pour les fêtes
et les spectacles qui a caractérisé de tout temps et
sous tous les régimes ce grand enfant qu'on appelle
le peuple, ils ont transformé la période électorale en
un immense carnaval. Ils ont costumé les agents
électoraux en garibaldiens, en seigneurs vénitiens
ou en Indiens Mohawks; ils ont organisé des processions électorales, à pied et à cheval, avec des torches, des étendards et des bannières multicolores,
ornées de toutes sortes d'emblèmes et d'images : ils
ont institué des *flag raising*, plantations patriotiques de drapeaux, avec accompagnement de pétards
et de feux du Bengale. Comment résister à des attractions aussi enivrantes? Comment ne pas assister
au feu d'artifice et au *flag raising?* Comment ne
pas suivre la procession, infanterie et cavalerie avec

équipements de campagne et *torchlicht?* Or la pro-cession conduit au meeting, et le meeting lui-même est un spectacle. Les orateurs parlent au milieu de guirlandes de lanternes chinoises, la face illuminée par des projections de lumière électrique ; leurs dis-cours sont scandés par les ronflements de la grosse caisse et des éclats de cuivres à faire danser les morts. D'ailleurs, ces orateurs sont des gentlemen bien mis et polis : ils n'hésitent pas à rendre au peuple la justice qui lui est due ; ils lui disent qu'il est le plus puissant, le plus intelligent et le plus ver-tueux des peuples ; et il est toujours agréable d'en-tendre faire son éloge. A quoi il faut ajouter que ces gentlemen bien mis et polis se donnent tant de peine uniquement dans l'intérêt du peuple : ils savent, de source certaine, que si cet intrigant de Smith ve-nait à être élu maire, shérif ou président de la répu-blique, au lieu de l'incorruptible Jones, les finances seraient ruinées, le commerce et l'industrie anéan-tis, les salaires abaissés et l'Union irrévocablement perdue. On ira donc voter pour l'incorruptible Jo-nes ! Et voilà comment il se fait que les élections américaines ont fini par ressembler à des farces de carnaval ou à des parades de saltimbanques. Voilà comment, à mon indicible stupéfaction, j'ai vu pré-parer l'élection du chef futur d'une des nations les plus civilisées et les plus puissantes de la terre, avec le même appareil dont on se sert dans les foires pour attirer la foule à l'exhibition extraordinaire du çaniche qui joue aux dominos, de la sirène du Tropique et de l'Albinos de Madagascar.

Mais ce n'est pas impunément qu'une nation abandonne la direction de ses affaires à une classe d'hommes au-dessous de cette tâche. Depuis que les politiciens gouvernent les États-Unis, les catastrophes ont succédé aux catastrophes; ils ont déchaîné la guerre civile, ruiné le Sud par la confiscation et la rapine, élevé à un niveau fantastique le budget de l'Union, gaspillé les revenus publics et introduit jusque dans les sphères les plus élevées la concussion et le vol. Le budget des États-Unis, en y comprenant l'ensemble des dépenses de l'Union et des États particuliers, atteint aujourd'hui le chiffre énorme de 3 milliards 500 millions de francs; il dépasse, pour une population à peine supérieure à celle de la France, de plus de 500 millions le budget français, quoique la dette américaine soit inférieure à la dette française, quoique l'armée permanente de l'Union ne soit que de 26,000 hommes, quoique, aux États-Unis, la plupart des travaux publics dont l'État est chargé en France soient exécutés aux frais et risques de l'industrie privée. En outre, on peut évaluer, sans exagération aucune, au tiers du budget des dépenses le coulage résultant des pratiques véreuses auxquelles le personnel gouvernant et administrant a recours pour suppléer à l'insuffisance des émoluments attachés aux fonctions publiques. Total, 5 milliards au plus bas mot. Voilà ce que coûte au peuple américain une classe dirigeaute de qualité inférieure.

Ce revers de la médaille de la grande république, il n'est pas inutile de le montrer aux autres nations, et particulièrement à celles qui sont entrées dans les voies de la démocratie. Mais faut-il y lire la condamnation de la république? Non, à coup sûr. L'*école* que les Américains sont en train de faire à leurs dépens prouve seulement, à mon avis, que les institutions républicaines sont corruptibles comme toute chose en ce monde ; peut-être aussi que le régime de la démocratie illimitée n'est pas le dernier mot de la sagesse des nations. Toutefois, je n'irai même pas jusque-là, et je me bornerai à tirer du spectacle singulier dont j'ai été témoin deux conclusions qui me paraissent de nature à être acceptées par les esprits modérés de tous les partis : la première, c'est qu'il ne nous suffirait pas d'aller à nos réunions électorales, costumés en troubadours ou en Turcs, pour améliorer sérieusement la composition de notre personnel politique ; la seconde, c'est que, s'il y a beaucoup à admirer et même à emprunter aux États-Unis, il y a aussi quelque chose à laisser.

Mais le moment est venu pour moi de prendre congé des lecteurs qui ont bien voulu m'accompagner jusqu'au bout dans mes pérégrinations transatlantiques. Le *Labrador* est un solide navire bien commandé et confortablement aménagé, qui fait régulièrement ses 12 nœuds à l'heure. Le temps est excellent, la mer est calme. L'équinoxe paraît avoir épuisé toute l'activité de l'Océan ; il goûte et nous fait goûter jusqu'aux abords de la Manche le *far niente* le plus complet et malheureusement aussi le plus monotone. Nous relâchons à Plymouth, et nous voici en vue du Havre, ayant fait nos 3,200 milles (5,926 kilomètres) en un peu moins de onze jours. Dans une heure, le *Labrador* débarquera ce que la cuisine et les moustiques américains ont laissé de votre collaborateur dévoué.

FIN

L'ORGANISATION DES PARTIS

Un de mes honorables confrères de la presse de Baltimore a bien voulu me remettre la note suivante sur l'organisation et le mode de fonctionnement des deux partis qui se disputent le pouvoir aux États-Unis :

I. ÉLECTIONS PRÉSIDENTIELLES. — Les deux partis, républicain et démocrate, tiennent, chacun, une convention nationale pour nommer les candidats à la présidence et à la vice-présidence. Chaque État a le droit d'envoyer à cette convention autant de délégués qu'il possède de membres de la Chambre des Représentants et de sénateurs. Toutefois, les républicains ont pris l'habitude d'envoyer le double de ce nombre à leur convention. Par exemple, dans le Maryland, qui a droit à huit voix, les républicains envoient 16 délégués.

Après que les conventions nationales ont fait leurs nominations, elles instituent chacune un « comité national » composé d'un délégué de chaque État, qui dure pendant quatre ans. Les fonctions de ce comité consistent à conduire la campagne, et, quatre ans plus tard, à choisir le lieu et le moment le plus favorables pour tenir la future convention nationale.

Les délégués aux conventions nationales sont choisis par des conventions d'État ; les délégués aux conventions d'État sont élus par des conventions de cité ou de comté, chaque comté et chaque cité ayant le droit d'envoyer autant de délégués à la convention d'État qu'il possède de représentants dans la Législature de l'État.

Les délégués aux conventions de cité ou de comté sont choisis dans les réunions primaires (*primary meetings*) tenues dans chaque quartier (*ward*) de la ville et dans chaque district des différents comtés. La convention de la ville de Baltimore comprend cent délégués, à raison de cinq délégués pour chacun des vingt quartiers entre lesquels la ville est partagée. Tous les citoyens majeurs ont le droit de voter à ces réunions primaires, qui proposent d'abord les candidats à nommer président et vice-président par la convention nationale.

II. ÉLECTIONS CONGRÉSSIONNELLES. — Dans chaque district congressionnel, des réunions primaires sont tenues pour élire des délégués à une convention chargée des nominations. Ils sont choisis généralement avec le sous-entendu qu'ils voteront pour un certain candidat. Ce qui veut dire que si John Brown et John Smith sont concurrents pour un siége au Congrès, Smith aura des délégués élus en sa faveur dans quelques-uns des comtés ou quartiers, et Brown dans d'autres. Quand ces délégués se réunissent dans la convention, celui des concurrents qui obtient le plus grand nombre de voix est nommé candidat du parti.

III. ÉLECTION DU GOUVERNEUR DE L'ÉTAT. — La même voie est suivie pour la nomination des candidats aux fonctions de gouverneur de chacun des États. En premier lieu des réunions primaires, en second lieu des conventions de comtés et de villes chargées d'élire des délégués à une convention d'État. La convention d'État nomme le candidat, puis désigne un comité central de l'État [1] (*state central committee*) dont les fonctions du-

---

[1]. Dans la Louisiane, c'est le président de la Convention qui est chargé de désigner les membres du comité de l'État.

rent deux ans, et qui non-seulement conduit la campagne, mais encore organise et met en mouvement toute la machine politique lorsqu'il y a lieu de convoquer les réunions primaires et les conventions pour la nomination des fonctionnaires de l'État dans cet intervalle.

IV. Élections des magistrats municipaux. — Il y a aussi un comité urbain qui convoque les réunions primaires pour le choix des délégués aux conventions chargées de nommer les candidats aux fonctions de maire, de conseillers municipaux et de tous les fonctionnaires qui sont élus par le peuple. Ce comité reste en fonctions pendant deux ans ou jusqu'à ce qu'il soit remplacé par un nouveau comité.

Réunions primaires (*primary meetings*). — Les réunions primaires, qui choisissent virtuellement les candidats pour lesquels tous les électeurs républicains ou démocrates doivent voter s'ils ne veulent pas perdre leurs voix, sont malheureusement négligées par la classe de citoyens la plus paisible et la meilleure. C'est pourquoi il arrive souvent que les nominations portent sur des hommes qui ne sont pas l'expression de la majorité du parti.

Durée des fonctions. — Le président des États-Unis est élu pour quatre ans.

Les sénateurs des États-Unis sont nommés, à raison de deux pour chaque État, par les législatures des différents États pour un terme de six ans. Le renouvellement du Sénat se fait par tiers tous les deux ans.

Les membres de la Chambre des Représentants sont élus pour deux ans.

Les gouverneurs des États sont nommés, quelques-uns pour un an, d'autres pour deux ans, d'autres encore pour trois ans.

TABLE DES MATIÈRES

———

———

9 782013 429481